Innovatives Lieferantenmanagement

Marc Helmold

Innovatives Lieferantenmanagement

Wertschöpfung in globalen Lieferketten

Marc Helmold
IUBH Internationale HS - Campus Berlin
Berlin, Deutschland

ISBN 978-3-658-33059-0   ISBN 978-3-658-33060-6   (eBook)
https://doi.org/10.1007/978-3-658-33060-6

Die Deutsche Nationalbibliothek verzeichnet diese Publikation in der Deutschen Nationalbibliografie;
detaillierte bibliografische Daten sind im Internet über http://dnb.d-nb.de abrufbar.

Planung/Lektorat: Susanne Kramer
Springer Gabler ist ein Imprint der eingetragenen Gesellschaft Springer Fachmedien Wiesbaden GmbH und ist
ein Teil von Springer Nature.
Die Anschrift der Gesellschaft ist: Abraham-Lincoln-Str. 46, 65189 Wiesbaden, Germany

Vorwort

Die zunehmende Globalisierung, Megatrends, die voranschreitende Digitalisierung, weltweite Lieferketten und die COVID-19-Pandemie haben in Gesellschaft und Unternehmen zu einer näheren Betrachtung von Wertschöpfungsketten geführt. Durch Leistungsverlagerungen auf Lieferantennetzwerke, die im Wettbewerb zu einander stehen, entstehen neue Leitbilder, Strategien und Abläufe, die zu bewältigen sind. Der Fokus in der Zukunft liegt somit schon lange nicht mehr nur auf der Hebung unternehmensinterner Kostenvorteile, sondern viel mehr im Informationsaustausch, in stabilen Lieferketten und der Ausschöpfung globaler unternehmensübergreifender Potenziale.

Das Buch beantwortet diese Fragen durch die Darstellung von innovativen, präventiven, digitalen und strategischen Beispielen, wie ein erfolgreiches Lieferantenmanagement funktionieren und agieren muss. Durch Megatrends und die Corona-19-Pandemie stehen zahlreiche Organisationen vor einem soziokulturellen, ökonomischen und digitalen Umbruch noch nicht greifbaren Ausmaßes. Der Umbruch in das digitale Zeitalter ist spätestens seit der Pandemie real. Wenn Zulieferer und Abnehmer noch enger und aktiver zusammenarbeiten, können Warenbestände in Echtzeit abgefragt und angefordert werden. Gängige Produkte entwickeln sich zu „intelligenten" Erzeugnissen entlang der gesamten Wertschöpfungskette. Ziel der Digitalisierung im Einkauf von Pionierunternehmen ist die vollintegrierte Steuerung der Lieferkette über viele Zulieferer und Kunden hinweg. Am Ende könnte die Digitalisierung im Einkauf es sogar ermöglichen, die Ausrichtung der Produktion je nach Gewinnaussichten und Kostenstrukturen permanent zu wechseln. Das Lieferantenmanagement umfasst in dieser Hinsicht mehrere Teilprozesse, die von der strategischen Ausrichtung bis hin zum Lieferantencontrolling reichen.

Das Lieferantenmanagement steht daher vor signifikanten Herausforderungen. Die weltweite Digitalisierung und der Drang nach immer schnelleren und neuen Innovationen zwingen Unternehmen ihre Strategie und traditionellen Leitbilder radikal zu verändern. Die zunehmende globale – und vor allem digitale – Vernetzung von Kunden, Lieferanten und Interessengruppen, der nahezu uneingeschränkte Austausch von Daten und Informationen sowie die damit einhergehende maximale Transparenz über einen Großteil der wertschöpfenden Aktivitäten innerhalb von weltumspannenden

Lieferketten wirft die Frage nach der zukünftigen Generierung von Wettbewerbsvorteilen von produzierenden Handels- und Dienstleistungsunternehmen auf. In diesem Kontext kommt dem Lieferantenmanagement, also die Funktion, die die gesamte Wertekette steuert, über die gesamte Wertschöpfungstiefe hinweg eine wesentlich wichtigere Bedeutung zu als dies in den vergangenen Jahren der Fall war. Denn erst der integrative Ansatz vom Kundenauftrag über die Planung, Beschaffung, Produktion, Logistik bis hin zum Retouren-Prozess verschafft Unternehmen die notwendige Entscheidungsgrundlage ihres zukünftigen Handelns.

Die praktische Relevanz steht hier im Vordergrund, wobei die konkreten Erfahrungen aus Industrie, Lehre, Forschung und Wirtschaft mit theoretischen Elementen verknüpft werden, was eine prägnante und verständliche Darstellung der Inhalte ermöglicht. Verknüpft mit zahlreichen Praxisbeispielen und länderspezifischen Handlungsempfehlungen besitzt dieses Werk zahlreiche Alleinstellungsmerkmale.

Interessant ist dieses Buch insbesondere für Mitarbeiter in den Bereichen Vertrieb, Einkauf, oder Marketing, die Leistungsmerkmale von Produkten und Dienstleistungen, wie Spezifikationen, Leistungsbeschreibungen, Qualitätseigenschaften, Preise mit Kunden oder Lieferanten verhandeln müssen. Darüber hinaus gibt das Buch auch Handlungsempfehlungen für Mitarbeiter aus den Bereichen Entwicklung, Qualitätsmanagement, Produktion, Personal, Finanzwesen oder Logistik, die durch ihre Funktion anteilig in der Wertschöpfungskette direkt oder indirekt beteiligt sind. Auch Führungskräfte und Projektmanager gehören zu dem Kreis der Interessierten, insbesondere wenn interkulturelle Besonderheiten und Elemente im Lieferantenmanagement mit Geschäftspartnern zum Tragen kommen. Zuletzt gehören Unternehmer, Eigentümer von kleineren Unternehmen oder Start-ups zu der Zielgruppe, die im internationalen oder nationalen Kontext Geschäftsbeziehungen anbahnen oder pflegen wollen. Ferner ermöglicht die Symbiose von Theorie und Praxis die Anwendung im Hochschulbereich, sodass dieses Werk auch auf Professoren, Lehrpersonal und Studierende im internationalen Kontext fokussiert. Zuletzt richtet sich das Buch an öffentliche Auftraggeber und Kommunen, die ihre Mitarbeiter im Projektmanagement und in der Auftragsvergabe zu Experten im Lieferantenmanagement entwickeln möchten. Zielgruppe sind sowohl kleinere und mittelständische Unternehmen als auch internationale Konzerne.

Dieses Buch schließt die Lücke, wie es Unternehmen gelingt, nicht nur innovative Methoden im Lieferantenmanagement erfolgreich umzusetzen, sondern auch erfolgreich Geschäftsbeziehungen beizubehalten und Projekte wirtschaftlich erfolgreich umzusetzen. Die wertvollen Handlungsempfehlungen verknüpfen praktische und konzeptionelle Aspekte gezielt mit kulturellen und theoretischen Komponenten auf Basis der langjährigen Erfahrung des Autors. Neben den sechs Phasen im Lieferantenmanagement werden andere Aspekte wie Transformation, Strategie, Organisationstypen und Nachhaltigkeit detailliert beschrieben.

Das Buch vermittelt Wissen, wie auch internationale und interkulturelle Elemente effektiv im Lieferantenmanagement berücksichtigen werden können. Es ist wissenschaftlich anspruchsvoll, zugleich jedoch nachvollziehbar und kompakt. Der Aufbau folgt damit einer dezidiert anwendungsorientierten Konzeption.

Dank gebührt den unzähligen internationalen Geschäftspartnern, die mit ihrer Unterstützung diese Publikation unterstützt haben. Der Autor wünscht sich, dass er mit seinen weitreichenden Erfahrungen in diesem Buch eine ideale Hilfestellung geben kann, um langfristige Beziehungen zu nationalen und internationalen Geschäftspartnern aufzubauen. Vielfalt, Wertschätzung anderer Kulturen und Weltoffenheit gehören zu den gegenwärtigen und zukünftigen Schlüsselfaktoren für erfolgreiches und nachhaltiges Lieferantenmanagement.

Dank gebührt Frau Kramer, Frau Thangavelu und dem gesamten Springer-Team für die freundliche, kompetente und professionelle Abwicklung.

Prof. Dr. Marc Helmold

Inhaltsverzeichnis

Über den Autor

Prof. Dr. Marc Helmold (M.B.A.) ist Professor an der Internationalen Hochschule Bad Honnef (IUBH) am Campus Berlin für Betriebswirtschaftslehre, Strategisches Management, Lieferantenmanagement im internationalen Kontext und Supply Chain Management (SCM). Vor seiner Berufung zum Professor war er in unterschiedlichen Führungspositionen bei namhaften Unternehmen in der Automobil- und Bahnindustrie tätig. Von 2002 bis 2006 hat er als Führungskraft im Rahmen einer globalen Kooperation bei einem führenden Automobilhersteller in Japan gearbeitet und Lieferantenmanagement im höheren dreistelligen Millionen-Euro-Bereich durchgeführt. Neben der Tätigkeit in der Automobilindustrie war er von 2010 bis 2017 bei einem Hersteller für S-Bahnen, Straßenbahnen, Regional- und Schnellzügen tätig. Hier war er Leiter der Hauptabteilung Einkauf und Supply Chain Management (SCM) mit einem Einkaufsbudget im höheren dreistelligen Millionen-Euro-Bereich. In China war er bei der gleichen Firma von 2013 bis 2016 als Geschäftsführer der China-Aktivitäten für das internationale Einkaufsbüro (IPO, International Procurement Organization) und für den Vertrieb von Ersatzteilen in China verantwortlich. Insbesondere in Asien war die nachhaltige Berücksichtigung interkultureller Elemente im Lieferantenmanagement notwendig. Die Projektvolumina beliefen sich auch hier im dreistelligen Millionen-Euro-Bereich. Das Einkaufsbüro hatte ca. 70 Mitarbeiter an 5 Standorten in China. Seine Promotion hat er an der Universität zu Gloucestershire im Bereich des Lieferantenmanagements abgeschlossen. Parallel zu seiner

Berufung an der IUBH Berlin im Jahr 2016 hat er seine
eigene Beratungsfirma in der Prozessoptimierung gegründet.
Im Rahmen dieser Tätigkeit führt Prof. Dr. Marc Helmold
Schulungen für Praktiker und Akademiker im Bereich von
Lieferantenmanagement durch.

Abkürzungsverzeichnis

AAA	American Arbitration Association
B2B	Business-to-Business
B2C	Buisness-to-Customer
BME	Bundesverband Materialwirtschaft, Einkauf und Logistik
CISG	United Nations Convention on Contracts for the International Sale of Goods
DIN	Deutsches Institut für Normung
EN	Europäische Norm
EUR	Euro
GmbH	Gesellschaft mit beschränkter Haftung
ICC	International Chamber of Industry and Commerce
IFM	Institut für Mittelstandsforschung
IHK	Industrie- und Handelskammer
IPO	International Procurement Organisation
ISO	International Standardization Organisation
IUBH	International University Bad Honnef
JIT	Just-in-time
JV	Joint Venture
KMU	Kleine und mittlere Unternehmen
LBR	Line Balancing Ratio
LER	Line Efficiency Ratio
LLK	Lieferantenlenkungskreis
MEP	Margin Enhancement Plan
NGO	Non Governmental Organization
NPO	Non-Profit Organization
OP	Operation (Arbeitsstation)
PESTEL	Political, Economic, Social, Technological, Environmental, Legal Aspects
QKL	Qualität, Kosten, Logistik
QKLT	Qualität, Kosten, Logistik, Technik

ROP	Risks and Opportunities
SCM	Supply Chain Management
SWOT	Stärken-Schwächen-Analyse
UN	United Nations
VMI	Vendor Managed Inventory
VO	Virtuelle Organisation
WFOE	Wholly Foreign Owned Enterprise
3R	Retention, Related Sales und Referrals
5S	Seiri, Seiton, Seiso, Seiketsu und Shitsuke
7P	Product, Price, Place, Promotion, Physical Evidence, People, Process

Abbildungsverzeichnis

Tabellenverzeichnis

Lieferantenmanagement, Einkauf und Beschaffung

Verstehen heißt handeln.

Taiichi Ohno (1912–1990)

1.1 Einordnung und Wertigkeit des Lieferantenmanagements

1.1.1 Bedeutung von Liefer- und Wertschöpfungsketten

Unternehmen stehen vor signifikanten Herausforderungen. Die Covid-19-Krise, die voranschreitende Globalisierung, die Notwendigkeit zur weltweiten Digitalisierung und der Drang nach immer schnelleren und neuen Innovationen zwingen Unternehmen ihre Strategie und traditionellen Leitbilder radikal zu verändern. Die zunehmende globale und vor allem digitale Vernetzung von Kunden, produzierenden Unternehmen, Lieferanten und anderen Interessengruppen, der nahezu uneingeschränkte Austausch von Daten und Informationen sowie die damit einhergehende maximale Transparenz über einen Großteil der wertschöpfenden Aktivitäten innerhalb von weltumspannenden Lieferketten wirft die Frage nach der zukünftigen Generierung von Wettbewerbsvorteilen von produzierenden, Handels- aber auch Dienstleistungsunternehmen auf. In diesem Kontext kommt dem Lieferantenmanagement, also der Funktion, die die gesamte Wertschöpfungskette über die gesamte Wertschöpfungstiefe steuert, eine wesentlich wichtigere Bedeutung zu als dies in den vergangenen Jahren der Fall war. Denn erst der integrative Ansatz vom Kundenauftrag über die Planung, Beschaffung, Produktion, Logistik bis hin zum Retouren-Prozess verschafft Unternehmen die notwendige Entscheidungsgrundlage ihres zukünftigen Handelns. Die Aufgaben im Lieferantenmanagement haben sich von

Abb. 1.1 Input-Transformation-Output-Modell

einer rein beschaffenden Funktion hin zu einer wertgestaltenden, führenden und wertschöpfenden Funktion entwickelt (Abb. 1.1).

1.1.2 Wertschöpfung und Wertschöpfungsnetzwerke

Durch Konzentration auf Kernkompetenzen und Leistungsverlagerungen auf Lieferantennetzwerke, die im Wettbewerb zu einander stehen, entstehen neue Leitbilder, Strategien und Abläufe, die das Lieferantenmanagement in eine zentrale Rolle jeder Unternehmung führt. Der Fokus in der Zukunft liegt somit schon lange nicht mehr nur auf der Hebung unternehmensinterner Kostenvorteile, sondern viel mehr im Informationsaustausch und der Ausschöpfung der globalen unternehmensübergreifenden Potenziale. Wertschöpfungsumfänge können nicht mehr allein durch den Hersteller erledigt werden, sondern müssen auf innovative, effiziente und flexible Zulieferstrukturen zurückgreifen. Der zunehmende Wettbewerb, globale Trends, die COVID-19-Pandemie, Nachhaltigkeitselemente, der technologische Wandel und verkürzte Produktlebenszyklen, stellt immer höhere Anforderungen an Unternehmen und ihre Lieferanten in zahlreichen Branchen. Die steigende Produktvielfalt, kürzere Innovationszyklen sowie branchenübergreifende Geschäftsmodelle mit digitalen Geschäftsprozessen erweitern zusätzlich die Komplexität der zukünftigen Steuerung der Wertschöpfungsnetzwerke. Jedoch wird die Planung, Steuerung und Beobachtung der vorgelagerten (Engl.: Upstream) Wertschöpfungsnetzwerke, also den Lieferantennetzwerken, schwieriger, sodass diese Aufgaben durch ein ganzheitliches, standardisiertes und innovatives Lieferantenmanagement abgedeckt werden müssen. Doch moderne Lieferantenstrukturen werden zunehmend volatiler. Somit muss sich auch die Steuerung der externen Wertschöpfungsnetzwerke an die neuen Anforderungen anpassen. Risikoprävention in der Lieferkette nimmt daher einen zentralen Stellenwert in jeder Unternehmung ein. Jedoch betreiben nur 17 % der Unternehmen ein präventives Lieferantenmanagement mit frühzeitiger und standardisierter Einbindung ihrer Lieferanten, und mehr als zwei Drittel beurteilen nur eine Auswahl von Lieferanten (Dust 2016). Diese alarmierenden Zahlen gehen aus der Studie „Total Supplier Management – Strategische Wettbewerbsvorteile durch Risikoprävention im Lieferanten-

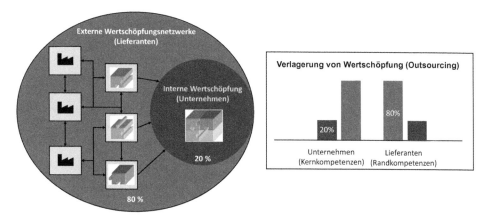

Abb. 1.2 Wertschöpfungsnetzwerke im Kontext des Lieferantenmanagements

management" hervor. Erstellt wurde die repräsentative Umfrage unter 221 Firmen unterschiedlicher Branchen aus Industrie, Handel und Dienstleistung von der Technischen Universität Berlin in Kooperation mit der BME-Region Berlin-Brandenburg (Dust 2016). Abb. 1.2 zeigt die Verlagerungsanteile von Randkompetenzen an externe Zulieferer auf mehr als 80 % (Outsourcing). Eigene Kernkompetenzen, also Prozesse und Fähigkeiten aus denen Wettbewerbsvorteile für das eigene Unternehmen entwickelt werden, liegen dagegen bei ungefähr 20 %.

1.1.3 Wertschöpfungskette mit Lieferanten (Upstream) und Kunden (Downstream)

Die Wertschöpfungskette beinhaltet die Lieferkette, das eigene Unternehmen und die Kunden, wie Abb. 1.3 zeigt. Zentrale Aufgabe ist die Verbindung von Wertschöpfungsnetzwerken und Unternehmen, die über vor- und nachgelagerte Verknüpfungen miteinander in Beziehung stehen. Das Lieferantenmanagement hat die Aufgabe die Planung, Steuerung und Ausführung der Lieferantenseite zu übernehmen, sodass Aktivitäten und Prozesse in das eigene Unternehmen integriert und mit demselben synchronisiert sind. Upstream, der vorgelagerte Teil der Lieferkette, umfasst die Lieferanten des Unternehmens, die Prozesse und die Beziehungen zu ihnen. Der Downstream, der nachgelagerte Teil, besteht aus den Organisationen und Prozessen für den Vertrieb und die Lieferung von Produkten an die Endkunden (Helmold 2020). Wertschöpfungsaktivitäten beinhalten in diesem Kontext integrative Ansätze zur Steuerung des Gesamtflusses eines Vertriebskanals vom Lieferanten zum Endverbraucher. Jedes Produkt und jede Dienstleistung haben ihre eigene Lieferkette, die sowohl global, komplex als auch kompliziert sein kann. Der Aufbau eines Vertriebskanals umfasst daher auch Lieferanten, Hersteller, Händler und Kunden, die durch einen gemeinsamen Prozess durch eine Reihe

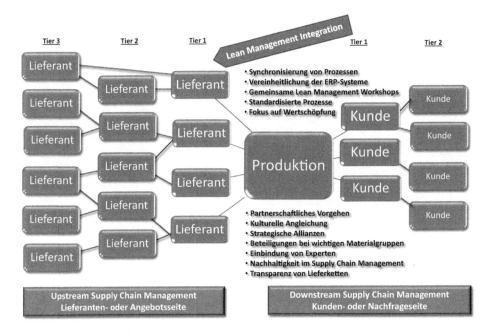

Abb. 1.3 Wertschöpfungskette mit Lieferanten und Kunden

unterstützender Verbindungen in Bezug auf Standort, Transport und andere Vermittler verbunden sind.

1.1.4 Wertschöpfungskette nach Porter

Die Wertkette bzw. Wertschöpfungskette in Abb. 1.4 (Engl.: Value Chain) stellt die Stufen der Produktion als eine geordnete Reihung von Tätigkeiten dar. Diese Tätigkeiten schaffen Werte, verbrauchen Ressourcen und sind in Prozessen miteinander verbunden. Das Konzept wurde erstmals 1985 von Michael E. Porter veröffentlicht. Nach Porter gibt es fünf Primäraktivitäten, die den eigentlichen Wertschöpfungsprozess beschreiben: interne Logistik, Produktion, externe Logistik, Marketing & Verkauf und Service. Außerdem gibt es vier Unterstützungsaktivitäten, die den Wertschöpfungsprozess ergänzen: Unternehmens-Infrastruktur, Personal, Technologie-Entwicklung und Beschaffung. Jede Unternehmensaktivität stellt einen Ansatz zur Differenzierung dar und leistet einen Beitrag zur relativen Kostenstellung des Unternehmens im Wettbewerb.

Abb. 1.5 zeigt die Wertekette von Porter mit einem Lieferantenmanagement als zentrale Funktion für die Steuerung und Kontrolle von Lieferantennetzwerken.

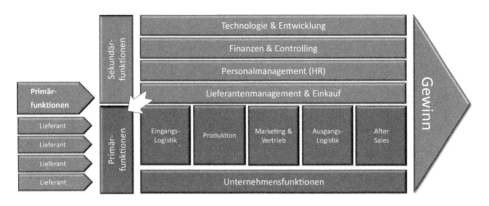

Abb. 1.4   Wertschöpfungskette nach Porter

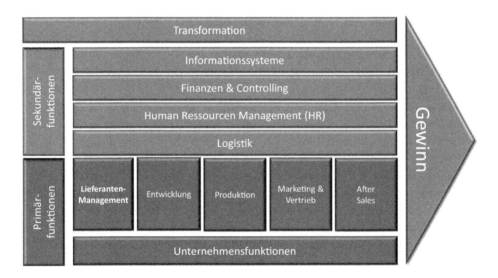

Abb. 1.5   Transformation zum Lieferantenmanagement als Primärfunktion

1.1.5   Wertschöpfung und Verschwendung

Im Sinne eines optimalen Lieferantenmanagements kommt es darauf an, durch Planung, Steuerung und Integration von Lieferketten Prozesse, Durchlaufzeiten und Aktivitäten zu optimieren, Verschwendung zu eliminieren und Abläufe mit dem eigenen Unternehmen zu synchronisieren. Durchlaufzeiten werden so aufgrund der vollständigen Eliminierung von Verschwendung (Jap.: Muda) reduziert. Verschwendungsarten lassen sich in offene und versteckte Verschwendung unterteilen, wie Abb. 1.6 zeigt. Die Verschwendungsarten der offenen (offensichtlichen) und versteckten (verdeckten)

Abb. 1.6 Wertschöpfung und
Verschwendung

Verschwendung sind in dem Kreisdiagramm dargestellt. Offensichtliche (offene) Verschwendung beinhaltet alle Tätigkeiten und Aktivitäten, die offensichtlich nicht notwendig sind, um dem Produkt Mehrwert hinzuzufügen. Der Kunde ist nicht bereit für diese Aktivitäten ein Entgelt zu entrichten und diese zu bezahlen. Die verdeckte Verschwendung umfasst Tätigkeiten, die keinen Wertzuwachs bringen, aber unter den gegebenen Umständen getan werden müssen. Auch für diese Aktivitäten sieht der Kunde keinen Grund zu bezahlen. Alle anderen Aspekte (dem Produkt Wert zuführende Aktivitäten) stellen wertschöpfende Tätigkeiten dar und werden vom Kunden getragen. Die einzige wirksame Methode Verschwendung zu eliminieren ist die Wegnahme der scheinbaren Sicherheit (Abb. 1.7). Durch die Transparenzmachung der wirklichen Probleme erfolgt eine leichte Identifizierung der Problemtreiber, ebenso der Zwang zur schnellen Lösung. Durch die nachhaltige Beseitigung der Ursachen für die Verschwendung werden niedrigere Durchlaufzeiten und damit automatisch niedrigere Bestände ermöglicht. Ein wesentlicher Ansatz des Lieferantenmanagements ist die nachhaltige Verbesserung, d. h. also den Ersatz der Verschwendung durch Wertschöpfung, nicht die Komprimierung bzw. Leistungsverdichtung. Hauptziel eines jeden Lieferantenmanagements sollte es daher sein, die JIT-Philosophie von der eigenen Unternehmung auf die Lieferantenkette zu übertragen und die Verschwendung durch Wertschöpfung zu ersetzen. Abb. 1.6 zeigt Anknüpfungspunkte für die Optimierung der Lieferkette durch die Eliminierung von sieben Verschwendungsarten im Produktionsprozess der Lieferanten bzw. in der Lieferkette.

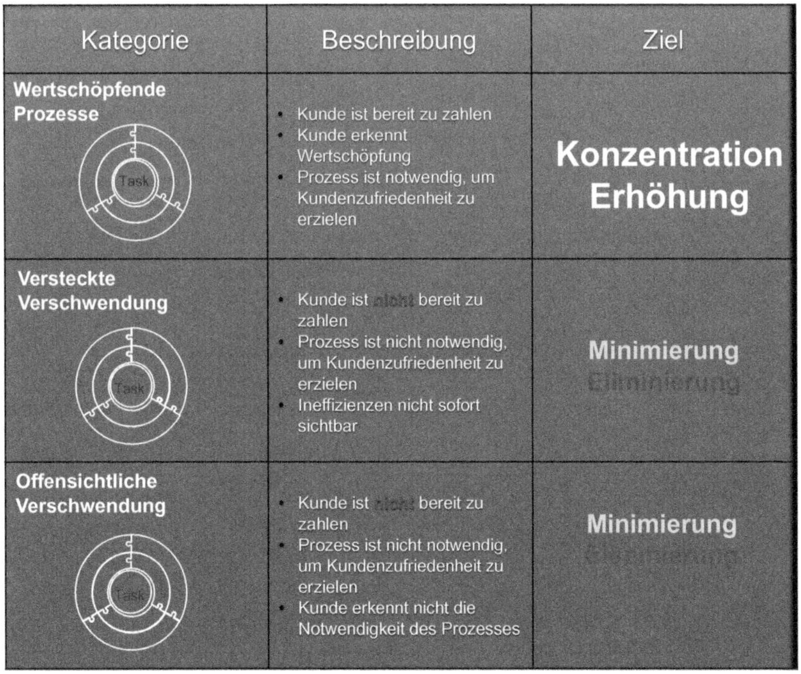

Kategorie	Beschreibung	Ziel
Wertschöpfende Prozesse	• Kunde ist bereit zu zahlen • Kunde erkennt Wertschöpfung • Prozess ist notwendig, um Kundenzufriedenheit zu erzielen	**Konzentration Erhöhung**
Versteckte Verschwendung	• Kunde ist nicht bereit zu zahlen • Prozess ist nicht notwendig, um Kundenzufriedenheit zu erzielen • Ineffizienzen nicht sofort sichtbar	**Minimierung** Eliminierung
Offensichtliche Verschwendung	• Kunde ist nicht bereit zu zahlen • Prozess ist nicht notwendig, um Kundenzufriedenheit zu erzielen • Kunde erkennt nicht die Notwendigkeit des Prozesses	**Minimierung** Eliminierung

Abb. 1.7 Konzentration auf Wertschöpfung und Eliminierung von Verschwendung

1.2 Verschwendungsarten in der Wertschöpfungskette

Die Beseitigung von verschwenderischen Aktivitäten ist eine der wichtigsten Voraussetzungen für den Aufbau eines erfolgreichen Unternehmens. Dieses Konzept ist integraler Bestandteil des Lean-Denkens und hilft Ihnen, die Rentabilität zu steigern. Die Idee, Verschwendungen jeglicher Art zu vermeiden, stammt aus dem Toyota-Produktionssystem. Taiichi Ohno, der als einer der Gründerväter der Lean-Herstellung gilt, widmete seine Karriere, um solide und effiziente Arbeitsprozesse zu etablieren. Während seiner Reise beschrieb Ohno drei Haupthindernisse, die die Arbeitsprozesse eines Unternehmens negativ beeinflussen können: Muda (verschwenderische Aktivitäten), Muri (Überlastung) und Mura (Unregelmäßigkeiten). Basierend auf seinen Beobachtungen und tiefen Analysen kategorisierte er die sieben Arten der Verschwendung (7 Mudas), die später zu einer populären Praxis der Kostenreduzierung und Optimierung von Ressourcen wurden (Helmold 2020). Abb. 1.8 zeigt die sieben Verschwendungsarten:

• Transport
• Bestände

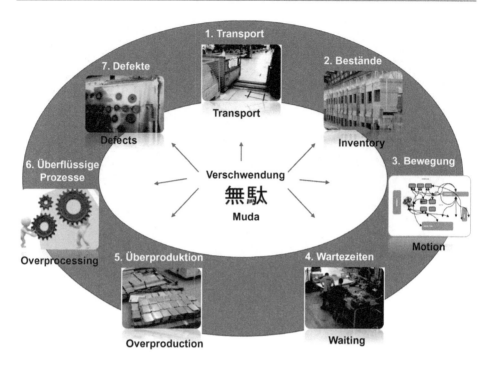

Abb. 1.8   TIMWOOD – 7 Verschwendungsarten

- Bewegung
- Wartezeiten
- Überproduktion
- Überarbeitung
- Defekte

In der Praxis haben sich Checklisten (Abb. 1.9) bewährt, mit denen Abteilungen, Bereiche, Prozesse oder Arbeitsstationen auf Verschwendung und Wertschöpfung hin untersucht werden.

1.2.1   Verschwendung durch Transport

Übermäßiger Transport (Abb. 1.10) ist eine erhebliche Verschwendung, da die Zeit, die Arbeitskräfte, die Energie, der Aufwand und die Ressourcen, die zum Bewegen von Gegenständen erforderlich sind, dem Kunden egal sind und er nicht bezahlen möchte. Beispiele für Transportabfälle sind der Transport von Produkten von einem Funktions-

Checkliste: Bereich			
T	Transport	**Transport**	
I	Inventory	**Bestände**	
M	Motion	**Bewegung**	
W	Waiting	**Wartezeiten**	
O	Overproduction	**Überproduktion**	
O	Overprocessing	**Überarbeitung**	
D	Defects	**Defekte**	

Abb. 1.9 Checkliste: TIMWOOD

1. Transport (Transport)

Definition	Mögliche Ursachen
• Unnötiger Materialtransport • Unnötiger Werkzeugtransport • Unnötiger Informationstransport • Der Transport ist eine notwendige Art von Abfall, sollte jedoch auf ein Minimum reduziert werden	• Unzureichende Anordnung der benötigten Materialien und Geräte • Physischer Abstand zwischen Materiallieferung und -nutzung • Zwischenlagerung von Material (Puffer)
Konsequenzen	**Beispiel**
• Zusätzlicher Platz für den Transport • Kapazitätsblockierung durch zusätzlichen Logistikaufwand • Zusätzliche Kapazitätsnutzung • Mögliche Schäden an Produkten	• Langer oder zusätzlicher Transport von: • Rohstoffen • Halberzeugnissen • Fertigerzeugnissen • Werkzeuge und Geräte • Informationen

Abb. 1.10 Verschwendung durch Transport

bereich, wie dem Pressen, zu einem anderen Bereich, wie dem Schweißen oder die Verwendung von Materialhandhabungsgeräten, um Materialchargen innerhalb einer Arbeitszelle von einer Maschine zu einer anderen zu bewegen. Dies verschwendet Zeit, da die Bediener die verfügbare Zeit des Arbeitstages dem Verschieben von Objekten von einem Ort zum anderen widmen. Es verschwendet Energie und Ressourcen, da die Zeit der Mitarbeiter besser genutzt werden könnte und weil einige für den Transport verwendete Werkzeuge (Gabelstapler, Lastwagen, Hubwagen) Energie, wie Strom oder

2. Bestände (Inventory)

Definition	Ursachen
• Es wird mehr gebraucht als verarbeitet oder produziert werden kann • Rohmaterialen und Rohstoffe • Halbfertigerzeugnisse • Work-in-Progress-Material (WIP) • Fertigprodukte und Fertigerzeugnisse	• Planungs- und Logistikprozesse • Unzureichende Lieferantenqualität • Mangelhafte Prozesse in der Wertschöpfungskette • Nicht synchronisierte Werteketten • Hohe Produktvielfalt
Konsequenzen	**Beispiel**
• Hohe Kapitalbindungskosten • Hohe Lagerkosten • Duplikationen innerhalb der Wertschöpfungskette • Doppeltes Anfassen • Schrott und Ausschuss	• Überfüllte Läger • Zu viel Material an Arbeitsstationen • Pufferbestände • Verstopfte Korridore und Gänge • Sicherheitsbestände

Abb. 1.11 Verschwendung durch Bestände

Propan, verbrauchen. Indem Maschinen und Bediener Zeit für die Verschwendung von Aktivitäten aufwenden, sind sie nicht mehr frei und können Mehrwertaktivitäten übernehmen. Abb. 1.11 zeigt die Beschreibung, Ursachen, Konsequenzen und Beispiele für Transportverschwendung. Gründe können unzureichende Layouts und große Entfernungen zwischen einzelnen Operationen sein. Die Folgen dieser Verschwendung sind der erhöhte Zeitbedarf und die verringerte Produktivität. Eine verminderte Produktivität führt zu höheren Betriebskosten und kann die Rentabilität des Unternehmens beeinträchtigen.

1.2.2 Verschwendung durch Bestände

Der Lagerbestand besteht aus überschüssigem Material von Fertigwaren, Halbzeugen oder Rohstoffen. Der Fertigwarenbestand ist im Allgemeinen der teuerste Bestand, da er mit Arbeitskräften und anderen Gemeinkosten verbunden ist, zusammen mit den Materialkosten, die während der Produktion verbraucht werden. Um diesen Bestand zu reduzieren, sind Prozessverbesserungen sowie eine höhere Genauigkeit bei der Prognose der Kundenanforderungen erforderlich. Inventarabfälle beziehen sich auf Abfälle, die durch unverarbeitetes Inventar entstehen. Dies umfasst die Verschwendung von Lagerbeständen, die Verschwendung von Kapital, das im unverarbeiteten Inventar gebunden ist, die Verschwendung beim Transport des Inventars, die Container, in denen das Inventar aufbewahrt wird, die Beleuchtung des Lagerraums usw. Darüber hinaus können überschüssige Lagerbestände die ursprünglichen Abfälle verbergen. Die Umweltauswirkungen von Inventarabfällen sind Verpackung, Verschlechterung oder Beschädigung der unfertigen Erzeugnisse, zusätzliche Materialien als Ersatz für beschädigtes oder veraltetes Inventar und die Energie für die Beleuchtung sowie entweder Wärme oder Kälte für den Inventarraum. Abb. 1.11 zeigt die Definition, Gründe, Konsequenzen und Beispiele für Bestände. Die Lagerbestände stellen Kapitalbindungskosten dar. Daher werden sich diese negativ auf das Betriebskapital und den Cashflow auswirken, sodass sich eine ausgefeilte Produktionsplanung auf die optimalen Lagerbestände in der gesamten Wertschöpfungskette und im gesamten Betrieb konzentrieren muss (Helmold und Terry 2016).

1.2.3   Verschwendung durch überflüssige Bewegungen

Unnötige Bewegungen sind ein weiterer Aspekt, der die Produktivität signifikant senkt. Zur unnötigen Bewegung zählt sowohl Bewegung in eher kleinen Maßstäben, wie zum Beispiel das Reichen von Werkzeugen oder das Hinlangen zu unnötig weit entfernt angeordneten Komponenten als auch Bewegung in großen Maßstäben wie der Gang zur zentralen Werkzeugausgabe, um ein Ersatzwerkzeug zu holen. Oft ist eine ungünstige oder fehlende Arbeitsplatzergonomie Grund für unnötige Bewegung, die nicht nur die Effizienz des Mitarbeiters einschränkt, sondern auch in vielen Fällen zu Arbeitsunfällen oder schlechter Qualität führen kann. Um die Arbeitsplatzergonomie zu verbessern, müssen die Arbeitsabläufe genau analysiert werden, um anschließend optimale Bedingungen für den Arbeitsablauf schaffen zu können. Durch die richtige Anordnung der Komponenten und Betriebsmittel auf dem Montagetisch, die vollständige Verfügbarkeit aller benötigten Materialien und Werkzeuge und die richtigen Umgebungsbedingungen, wie etwa Beleuchtung und Tischhöhe, können meist schon erhebliche Verbesserungen erzielt werden. Unnötige Bewegung im größeren Maßstab äußert sich durch regelmäßiges Umherlaufen des Mitarbeiters innerhalb des Arbeitsbereichs oder dadurch, dass der Mitarbeiter sogar den eigenen Arbeitsbereich verlassen muss, um beispielsweise fehlende Dinge aus anderen Bereichen zu beschaffen. Unordnung ist daher sehr oft ein Grund dafür, dass viel Arbeitszeit mit der Suche nach Werkzeugen oder Materialien verschwendet wird. Bei solchen Suchaktionen legt der Mitarbeiter vielfach erhebliche Strecken zurück, währenddessen er natürlich nicht wertschöpfend tätig sein kann. Die Anwendung der 5S-Methode, bei der im ersten Schritt nicht benötigte Dinge am Arbeitsplatz rigoros aussortiert werden, um dann im zweiten Schritt Ordnungssysteme zu installieren, die eine Verfügbarkeit der tatsächlich benötigten Dinge gewährleisten, kann in solchen Fällen schnell Abhilfe schaffen. Abb. 1.12 zeigt die Definition, Ursachen, Konsequenzen und Beispiele für Verschwendungen in dem Bereich Bewegungen.

3. Bewegung (Motion)

Definition	Ursachen
• Jede Art von Bewegung, die dem Wertschöpfungsprozess dient oder Teil des Wertschöpfungsprozesses ist	• Fehlerhafte oder fehlende Analyse der Arbeitsabläufe • Nicht sachegerechte Anordnung der Arbeitsstationen • Unzureichende Bereitstellung von Materialien, Werkzeugen oder Informationen
Konsequenzen	**Beispiele**
• Sinkende Produktivität • Anstieg der Vorlaufzeiten und Durchlaufzeiten • Kapazitätsschwankungen • Unzureichende ergonomische Prozesse • Gesundheitsschäden und Krankheit	• Lange Wege zwischen Stationen • Lange Wege für die Materialbereitstellung • Lange Werkzeugbeschaffungswege • Fehlende Materialien, Werkzeuge oder Informationen

Abb. 1.12 Verschwendung durch Bewegungen

1.2.4 Verschwendung durch Wartezeiten

Wartezeiten sind unproduktive Zeiten, in denen keine Wertschöpfung erzeugt werden kann. Oft wird ein großer Teil der Wartezeit durch Maschinenstillstände verursacht. Wartezeiten können aber auch manuelle Operationen betreffen, wo die Abfolge der Tätigkeiten nicht synchronisiert ist und nachgelagerte Prozessschritte auf Teile oder Erzeugnisse der vorherigen Station warten müssen. Die Reduzierung von Wartezeiten bzw. die Reduzierung der Maschinenstillstände erhöht die verfügbare Maschinenzeit und damit den Output. Bei gleicher verfügbarer Maschinenzeit steigt damit auch die Produktivität (=Output/Input). In logischer Konsequenz bedeutet dies, dass Maschinenstillstände, ob geplant oder ungeplant, auf ein Minimum reduziert werden müssen. Grundsätzlich ist festzuhalten, dass Verschwendung nicht vollständig vermieden werden kann. Das Ziel ist es, die Verschwendung an den Stellen, an denen sie entfallen kann, zu eliminieren (z. B. Ausschuss) und an den Übrigen zu minimieren (z. B. Transportwege). Speziell bei Maschinenstillständen zielt die vorbeugende Instandhaltung darauf ab, durch umfassende Planung und Umsetzung von Instandhaltungsmaßnahmen den Eintritt von schadensbedienten und damit oft kostspieligen Anlagenausfällen zu vermeiden. Dabei ist zwischen folgenden Maßnahmen zu unterscheiden:

- Inspektion
- Wartung
- Vorbeugende Reparatur oder Austausch von Maschinenkomponenten
- Installation überwachender Systeme

4. Wartezeiten (Waiting)

Definition	Ursachen
• Perioden und Zeitfenster, in denen keine Aktivitäten stattfinden • Mitarbeiter sind gezwungen zu warten • In Wartezeiten findet keinerlei Wertschöpfung statt • Produkte und Dienstleistungen warten auf die Bearbeitung und Weiterbehandlung	• Unzureichend synchronisierte Abläufe • Nichtabgestimmte Materialflüsse • Nichtausbalanzierte Aktivitäten in den Stationen • Fehlende Materialien, Werkzeuge oder Informationen • Fehlende Mitarbeiter an Stationen
Konsequenzen	**Examples**
• Geringere Produktivität • Demotivation • Lange Fertigungszeiten • Hohe Durchlaufzeiten • Ineffizienzen • Hohe Bestände	• Warten auf Materialien, Werkzeuge oder Informationen • Fehlende, gut qualifizierte Mitarbeiter • Produktionsunterbrechungen

Abb. 1.13 Verschwendung durch Wartezeiten

Bei allen Maßnahmen ist die Dauer des geplanten Stillstands möglichst gering sowie das Intervall zwischen den Stillständen möglichst hoch zu halten, um lange Produktionszeiten zu erreichen. Die Installation von überwachenden Systemen gibt Informationen über die Lebensdauer der Verschleißteile ohne, dass die Maschine dafür stillstehen muss. So kann die Lebensdauer der Komponenten vollständig ausgenutzt werden, bevor diese getauscht werden. Abb. 1.13 zeigt die Beschreibung, Gründe, Auswirkungen und Beispiele für Wartezeiten.

1.2.5 Verschwendung durch Überproduktion

Überproduktion (Abb. 1.14) entsteht, wenn ein Unternehmen mehr produziert als der Kunde tatsächlich benötigt. Dies kann sowohl die Produktion von Produkten oder Komponenten umfassen, für die keine aktuellen Aufträge bestehen, als auch die Herstellung von mehr Teilen als momentan benötigt. Überproduktion ist die schlimmste Art der Verschwendung, da sie gewöhnlich alle anderen Arten vervielfacht. Sie erhöht die Ausschuss- und Nacharbeitsquote, die Bestände, die Durchlauf- und Wartezeiten sowie unnötige Bewegungen und Transporte.

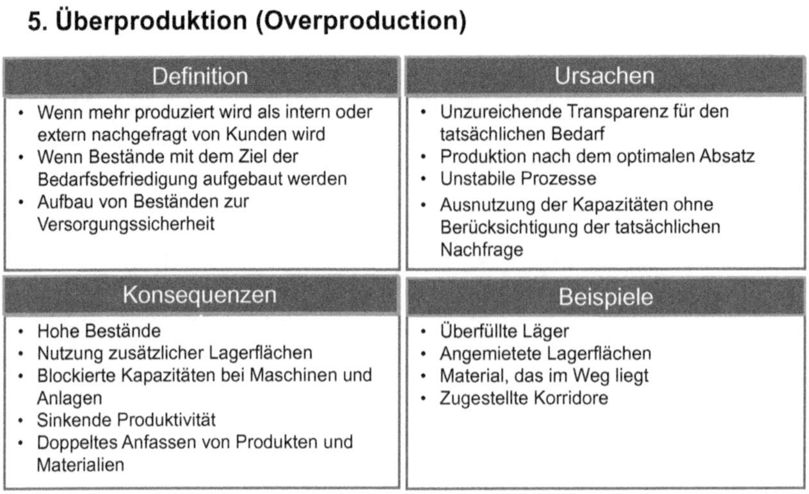

5. Überproduktion (Overproduction)

Definition	Ursachen
• Wenn mehr produziert wird als intern oder extern nachgefragt von Kunden wird • Wenn Bestände mit dem Ziel der Bedarfsbefriedigung aufgebaut werden • Aufbau von Beständen zur Versorgungssicherheit	• Unzureichende Transparenz für den tatsächlichen Bedarf • Produktion nach dem optimalen Absatz • Unstabile Prozesse • Ausnutzung der Kapazitäten ohne Berücksichtigung der tatsächlichen Nachfrage
Konsequenzen	**Beispiele**
• Hohe Bestände • Nutzung zusätzlicher Lagerflächen • Blockierte Kapazitäten bei Maschinen und Anlagen • Sinkende Produktivität • Doppeltes Anfassen von Produkten und Materialien	• Überfüllte Läger • Angemietete Lagerflächen • Material, das im Weg liegt • Zugestellte Korridore

Abb. 1.14 Verschwendung durch Überproduktion

1.2.6 Verschwendung durch überflüssige Prozesse und Überbearbeitung

Überbearbeitung wird in Abb. 1.15 beschrieben. Diese beinhaltet noch benötigte (Extra-) Schritte in einem Produktionsprozess. Es kann sich dabei auch um die Herstellung von Produktion handeln, die eine höhere Qualität haben als benötigt wird. Dies kann durch falsch verwendetes Equipment, Fehler in der Nacharbeit, schlechte Prozessgestaltung

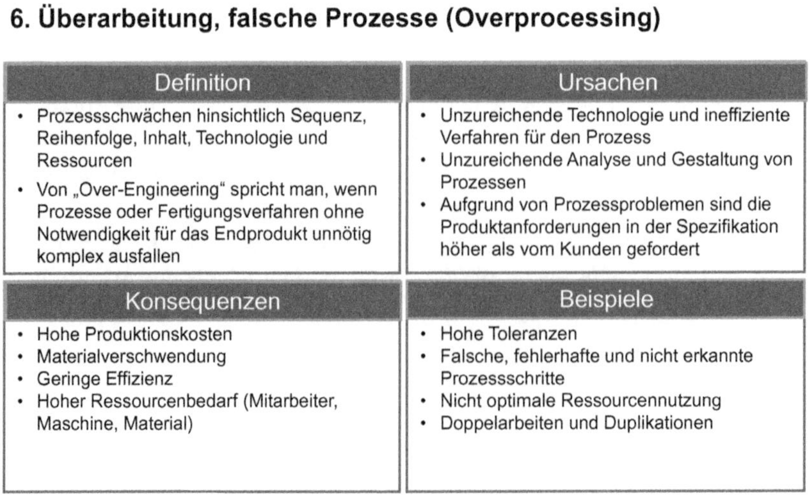

6. Überarbeitung, falsche Prozesse (Overprocessing)

Definition	Ursachen
• Prozessschwächen hinsichtlich Sequenz, Reihenfolge, Inhalt, Technologie und Ressourcen • Von „Over-Engineering" spricht man, wenn Prozesse oder Fertigungsverfahren ohne Notwendigkeit für das Endprodukt unnötig komplex ausfallen	• Unzureichende Technologie und ineffiziente Verfahren für den Prozess • Unzureichende Analyse und Gestaltung von Prozessen • Aufgrund von Prozessproblemen sind die Produktanforderungen in der Spezifikation höher als vom Kunden gefordert
Konsequenzen	**Beispiele**
• Hohe Produktionskosten • Materialverschwendung • Geringe Effizienz • Hoher Ressourcenbedarf (Mitarbeiter, Maschine, Material)	• Hohe Toleranzen • Falsche, fehlerhafte und nicht erkannte Prozessschritte • Nicht optimale Ressourcennutzung • Doppelarbeiten und Duplikationen

Abb. 1.15 Verschwendung durch Überbearbeitung

oder schlechte Kommunikation entstehen. Häufig entsteht es aber einfach dadurch, dass nicht genau geprüft wird, was der Kunde eigentlich wirklich benötigt.

1.2.7 Verschwendung durch Defekte

Die in Abb. 1.16 gezeigten Mängel bzw. Defekte beziehen sich auf ein Produkt, das von den Standards seines Designs oder von den Erwartungen des Kunden abweicht. Defekte Produkte müssen ersetzt werden; Sie benötigen Papierkram und menschliche Arbeit, um sie zu verarbeiten. Sie könnten möglicherweise Kunden verlieren. Die in das fehlerhafte Produkt eingebrachten Ressourcen werden verschwendet, da das Produkt nicht verwendet wird. Darüber hinaus führt ein fehlerhaftes Produkt zu Abfällen auf anderen Ebenen, die möglicherweise zunächst zu dem Fehler geführt haben. Durch ein effizienteres Produktionssystem werden Fehler reduziert und die Ressourcen erhöht, die erforderlich sind, um sie überhaupt zu beheben. Die Umweltkosten für Mängel sind die verbrauchten Rohstoffe, die fehlerhaften Teile des Produkts, die entsorgt oder recycelt werden müssen (wodurch andere Ressourcen für die Wiederverwendung verschwendet werden) sowie der zusätzliche Platzbedarf und der erhöhte Energieverbrauch bei der Behebung der Mängel.

7. Defekte (Defects)

Definition	Ursachen
• Beim ersten Mal nicht erreicht • Fehlerhafte Teile und Produkte • Wichtige Merkmale werden nicht erfüllt	• Mangel an vorbeugender Wartung • Unzureichendes Training • Unzureichende Produktklassifizierungen • Unstabile Prozesse • Fehlende Fehlermöglichkeitsanalyse

Konsequenzen	Beispiele
• Zusätzliche Rohmaterialien notwendig • Zusätzliche Arbeitsmittel, Werkzeuge und Aktivitäten notwendig • Nacharbeiten und Reparaturen • Zusätzlich Kapazitäten für Maschinen und Anlagen • Verlängerte Durchlaufzeiten	• Anstieg der Nonkonformitäten • Teure Reparaturen • Hohe Ausschusskosten

Abb. 1.16 Verschwendung durch Defekte und Mängel

1.3 Aufgaben und Abgrenzung des Lieferantenmanagements

1.3.1 Aufgaben des Lieferantenmanagements

Die betriebliche Leistungserstellung umfasst drei Kernprozesse, die in Abb. 1.17 gezeigt werden. Diese Kernprozesse beinhalten den Einsatz von Mitteln (Input) durch die Beschaffung von Einsatzfaktoren, die Produktion und das betriebliche Ergebnis (Output) mit der Auslieferung an den Kunden. Die Beschaffung als Teil des Lieferantenmanagements ist die erste Funktion im Betriebsprozess. Sie bildet somit die Schnittstelle des Unternehmens zu seinen Beschaffungsmärkten. Das Lieferantenmanagement verbindet in diesem Sinne die Beschaffung mit der Produktion des eigenen Unternehmens und der Absatzfunktion, denn letztlich ist jeder Gütertausch sowohl Gegenstand der Absatzwirtschaft als auch der Beschaffungswirtschaft.

Globale Trends, Digitalisierung, kontinuierliche technologische Innovationen, verkürzte Produktentstehungszyklen und die Entwicklung neuer Geschäftsmodelle stellen heutige Unternehmen vor immer größere Herausforderungen. Gerade die zunehmende Digitalisierung von Produkten und Prozessen verändert den Einkauf, die Beschaffung und das Supply Chain Management nachhaltig. Die Informations- und Kommunikationstechnologie, Soziale Medien, Big Data sowie vernetzte Systeme durch Digitalisierung spielen für zukünftige Geschäftsmodelle eine immer wichtigere Rolle. Dabei findet die Wertschöpfung nicht nur unternehmensintern statt, sondern wird zu einem großen Anteil von Zuliefernetzwerken erbracht. Dieser Anteil der externen Wertschöpfung wird in der Zukunft weiter steigen, sodass die Gestaltung und Steuerung der entstehenden Partnernetzwerke einen zunehmend erfolgskritischen Faktor in den Unternehmen darstellen. Die

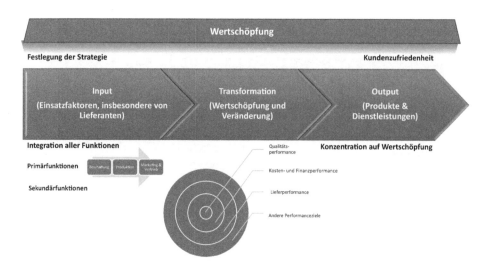

Abb. 1.17 Steuerung der Wertschöpfung durch das Lieferantenmanagement

daraus resultierenden neuen Chancen und Risiken an der Schnittstelle zur Lieferantenseite machen ein Umdenken in fast allen Unternehmensbereichen erforderlich.

In der Vergangenheit hat sich der klassische Einkauf durch den Fokus auf das
Lieferantenmanagement über Materialkosten und Einstandspreise definiert. Für die
operative Ausführung war die Beschaffung zuständig. Die Konzentration lag hierbei
auf der vertraglichen Umsetzung von Einkaufszielen und Einkaufspreisen (Dust 2019).
Das Lieferantenmanagement steuert dagegen nicht nur punktuell einzelne Lieferanten,
sondern betrachtet ganze Liefernetzwerke und Lieferketten, und das präventiv durch den
Einsatz von standardisierten Werkzeugen Helmold und Terry 2016).

Einkauf und Beschaffung von Rohstoffen, Komponenten und Systemen werden
auch in Zukunft für das Unternehmensergebnis von großer Bedeutung sein. Doch aufgrund der steigenden Komplexität von Wertschöpfungsnetzwerken liegen die weitaus
größeren Potenziale in einer effizienten Steuerung der gesamten Wertschöpfungskette.
Die Steuerung und Bewertung dieser heterogenen Partnernetzwerke werden dabei mit
konventionellen Einkaufsmethoden zunehmend komplexer und schwieriger. Dadurch
sind die Unternehmen gezwungen, neben den Materialkosten auch den Steuerungs- und
Prozessaufwand der Wertschöpfungskette zu betrachten. Im Gegensatz zum Lieferantenmanagement, welches präventiv Lieferketten plant und steuert, sind der klassische Einkauf und die Beschaffung eher reaktiv tätig gewesen. Der ganzheitliche Ansatz eines
modernen Lieferantenmanagements bezieht sich daher auf Qualitäts-, Kosten-, Liefer-
und Nachhaltigkeitsziele. Umgesetzt werden die Ziele durch eine gute Beziehung zum
Lieferanten.

Durch neue Produkte, bei denen verschiedene Technologien kombiniert werden,
ergeben sich neue Aufgaben. Umweltanforderungen und Nachhaltigkeitsziele führen
zu neuen Mobilitätskonzepten, die wiederum zu Innovationen in der Informations- und
Kommunikationstechnik führen. Das bedeutet, es entstehen durch die Innovations-
dynamik auch neue Wege einer gemeinsamen Entwicklung und der Kollaboration
zwischen Kunde und Zulieferer. Dadurch wird auch in Zukunft in globalen Partnernetz-
werken die Abhängigkeit einzelner Unternehmen voneinander weiter steigen, da nur
eine branchenübergreifende Zusammenarbeit die Verfügbarkeit benötigter Produktionsfaktoren und Technologien sicherstellen kann. Solche Trends lassen sich schon längere
Zeit beobachten. Doch die Zusammenarbeit zwischen Abnehmern und Zulieferern ist
trotz dieser Veränderung teilweise noch von traditionellen Machtverhältnissen geprägt.
In der Folge haben die Zulieferer ihre Schnittstellenprozesse gegenüber den Kunden
zu einem (Engl.: Single Point of Contact, Key Account Manager) optimiert. Auch die
Abnehmer gestalten vermehrt ihre Geschäftsbeziehungen mit einem einzigen Ansprechpartner für Lieferanten (Lieferantenmanager).

1.3.2 Abgrenzung des Lieferantenmanagements zum klassischen Einkauf

Das Lieferantenmanagement befasst sich mit der gesamtheitlichen Planung, Aus-gestaltung und Verbesserung der Lieferanten-Abnehmer-Beziehung. Es soll ein Lieferantenstamm aufgebaut und erhalten werden, dessen Mitglieder sich durch Kontinuität, Leistungsfähigkeit und Lieferbereitschaft auszeichnen.

In den meisten Fällen ist das Lieferantenmanagement noch reaktiv ausgerichtet. Doch finden sich zunehmend auch präventive Ansätze, da aufgrund der gestiegenen externen Leistungserbringung eine effiziente und präventive Steuerung der Lieferanten-basis mittlerweile erfolgsentscheidend ist. Zukünftig muss die Beschaffung als Wert-gestalter eine erheblich größere Rolle bei der innerbetrieblichen Koordination und der Steuerung der Lieferantenbasis über den gesamten Produktlebenszyklus spielen. Das Lieferantenmanagement übernimmt die zentrale Schlüsselrolle durch die Integration aller Funktionen und Abteilungen als Primärfunktion. Das Lieferantenmanagement ist daher ein strategischer Wettbewerbsvorteil. Tab. 1.1 zeigt die Unterschiede.

Der Einkauf umfasst die Summe aller operativen und strategischen Tätigkeiten eines Unternehmens, die im Rahmen der Beschaffung von Werkstoffen, Waren, Betriebs-mitteln und Dienstleistungen durchzuführen sind. Das Einkaufsspektrum eines Unter-nehmens bzw. die daraus abgeleiteten Warengruppen lassen sich differenzieren als direkte und indirekte Bedarfe. Der direkte Einkauf beschreibt die Beschaffung von Materialien, die direkt ins Endprodukt einfließen, und bildet in den meisten Unter-nehmen das Kerngeschäft im Einkauf. Im produzierenden Gewerbe und in der Industrie machen direkte Materialien oft 70 bis 85 % des Gesamteinkaufsvolumens aus. Alle

Tab. 1.1 Lieferantenmanagement im Vergleich zum klassischen Einkauf und zur Beschaffung

Lieferantenmanagement	Einkauf, Beschaffung
Ganzheitlicher Ansatz und Fokussierung auf Qualitäts-, Kosten-, Liefer- und Nachhaltig-keitsziele	Vordergründiger Fokus auf Optimierung der Materialkosten und Einstandspreise
Präventive Planung, Steuerung und Kontrolle von Lieferantennetzwerken	Reaktive Aktivitäten bei Lieferstörungen und Ausfällen
Standardisierte Werkzeuge und Prozesse zur Lieferantenentwicklung	Nicht standardisierte Werkzeuge und Prozesse im Einkauf und der Beschaffung
Integration aller Funktionen durch das Lieferantenmanagement als Primärfunktion. Das Lieferantenmanagement als strategischer Wettbewerbsvorteil	Einkauf und Beschaffung als verantwortliche Funktion bei Lieferantenthemen
Einziger Ansprechpartner für Lieferanten und zentrale Steuerung aller Funktionen	Mehrere Ansprechpartner durch unterschied-liche Funktionen

Quelle: Eigene Darstellung

anderen Beschaffungskategorien werden über den indirekten Einkauf gesteuert. Sie gehen nicht ins Endprodukt ein, sondern sind eher zur Nutzung im Unternehmen gedacht. Hierzu zählen unter anderem Dienstleistungen, IT und Marketing. Da der Fokus in produzierenden Unternehmen oft auf dem direkten Einkauf liegt, wird der indirekte Einkauf teilweise vernachlässigt.

Aufgaben des Einkaufs sind:

- kontinuierliche Beschaffungsmarktforschung
- Durchführung von Marktanalysen und Angebotsvergleichen
- Ausschreibungen, Prüfung der Angebote, Erstellung der Preisspiegel
- Auswahl der Lieferanten
- Vertragsverhandlung und -ausgestaltung
- Erstellung von Rahmenverträgen
- Planung der strategischen Bestellabwicklung

Abb. 1.18 zeigt die Unterschiede und Abgrenzung der Funktionen Beschaffung, Beschaffung im weiteren Sinne, Einkauf, Lieferantenmanagement und Supply Chain Management.

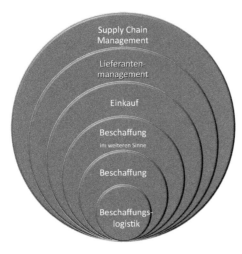

Supply Chain Management:
Steuerung der Wertschöpfungskette vom Lieferanten (ggf. Vorlieferanten) bis zum Endkunden. Ausrichtung zielt auf den Endkunden.

Lieferantenmanagement:
Gesamtheitliche und präventive Planung, Steuerung und Kontrolle von Lieferantennetzwerken. Nutzung von standardisierten Werkzeugen. Integration aller Lieferaktivitäten in die Wertschöpfungskette. Ausrichtung zielt auf Lieferanten.

Einkauf: Summe aller operativen und strategischen Tätigkeiten eines Unternehmens, die im Rahmen der Beschaffung von Werkstoffen, Waren, Betriebsmitteln und Dienstleistungen durchzuführen sind.

Beschaffung im weiteren Sinne:
Versorgung der Bedarfsträger in den Produktionsstätten mit Gütern und Leistungen. Dazu zählen auch die Beschaffung von Arbeitskräften, Informationen, Kapital, Rechten, Sachgütern und Dienstleistungen.

Beschaffung:
Versorgung der Bedarfsträger in den Produktionsstätten mit Gütern und Leistungen.

Beschaffungslogistik:
Physische Versorgung der Bedarfsträger. Kontrolle des Material- und Informationsflusses.

Abb. 1.18   Abgrenzung Beschaffung, Einkauf und Lieferantenmanagement

1.3.3   Beschaffung und Beschaffungslogistik

Die Funktion der Beschaffung ist auf der Lieferantenseite der Absatz oder Vertrieb (auch Marketing und Verkauf), wobei der Beschaffer dort in der Rolle des Kunden auftritt. In der Durchführung von Beschaffungsmaßnahmen interagieren deshalb Funktionseinheiten beider Seiten zeitgleich miteinander. Laut Begriffsdefinition dient die Beschaffung der Aufrechterhaltung der Versorgung mit den für die Betriebsprozesse benötigten Input-Faktoren, die im Unternehmen selbst nicht verfügbar sind Der Begriff Beschaffungsmanagement hingegen umfasst die über den einzelnen Bedarfsfall hinausgehenden Entscheidungen über die Versorgung der Bedarfsträger in den Produktionsstätten mit Gütern und Leistungen. Dazu zählen auch die Beschaffung von Arbeitskräften, Informationen, Kapital, Rechten, Sachgütern und Dienstleistungen.

Aufgaben der Beschaffung sind:

- Aufrechterhaltung der Versorgung
- operative Bestellabwicklung
- Abrufmanagement notwendiger Produkte und Dienstleistungen
- Entscheidung über kurzfristige Alternativen zur Versorgungssicherheit
- Treffen von Maßnahmen bei Liefer- und Leistungsstörungen

Die Beschaffungslogistik als Teil der Beschaffung übernimmt logistische Aufgaben. Der Begriff Beschaffungslogistik als Teil der Beschaffung und der Logistik bezeichnet in der alle Aktivitäten des Wareneinkaufs bis zum Transport des Materials zum Eingangslager oder zur Produktion:

Aufgaben der Beschaffungslogistik sind:

- Koordination von Frachtführern und Spediteuren
- Organisation der Anliefertransporte
- Warenannahme
- Wareneingangskontrolle
- Lagerlogistik
- Innerbetriebliche Transportlogistik

1.4   Fallstudie: Nachhaltiges Lieferantenmanagement in der BMW-Gruppe

BMW hat ein globales Lieferantennetzwerk, welches einen signifikanten Wertbeitrag zu Wertschöpfung, Qualität und Innovationskraft der BMW-Gruppe leistet. Es trägt einen entscheidenden Teil zum Unternehmenserfolg der BMW-Gruppe bei. Die Lieferanten haben damit einen bedeutenden Einfluss auf Nachhaltigkeit und andere wichtige Komponenten für den Unternehmenserfolg von BMW. (BMW 2020). BMW arbeitet mit rund 12.000 Lieferanten in 70 Ländern zusammen. Für das Unternehmen ist es wichtig, dass alle Wertschöpfungspartner dieselben ökologischen und sozialen Standards erfüllen, an denen BMW sich selber misst. Als Grundlage dient der BMW-Gruppe der Nachhaltigkeitsstandard für das Lieferantennetzwerk. Darin enthalten sind u. a. die Achtung international anerkannter Menschenrechte sowie Arbeits- und Sozialstandards. Die Zusammenarbeit mit Lieferanten ist bei BMW geprägt durch ein gemeinsames Verständnis von Produkt- und Produktionsqualität, Versorgungssicherheit, wettbewerbsfähigen Preisen und Innovationskraft sowie durch die konsequente Integration unseres Nachhaltigkeitsanspruchs. Angesichts weltumspannender, komplexer Lieferketten und der Vielzahl an Lieferanten und Unterlieferanten ist dieser Anspruch eine enorme Herausforderung, aber auch eine große Chance. Durch den steigenden Anteil der E-Mobilität muss bei der CO2-Reduzierung künftig ein sehr viel größeres Augenmerk auf die vorgelagerte Wertschöpfung gelegt werden – etwa angesichts der energieintensiven Herstellung von Hochvoltspeichern. Denn ohne Gegenmaßnahmen würden die CO_2-Emissionen je Fahrzeug in der Lieferkette der BMW-Gruppe durch den erhöhten Elektrifizierungsanteil bis 2030 um mehr als ein Drittel steigen. Diesen Aufwuchs will das Unternehmen nicht nur vermeiden, sondern die CO_2-Emission je Fahrzeug verglichen mit 2019 sogar um 20 % senken. Dazu wird die BMW-Gruppe unter anderem den CO_2-Footprint der Lieferkette als Vergabekriterium in ihren Entscheidungsprozessen etablieren. Damit nimmt das Unternehmen eine Vorreiterrolle als erster Automobilhersteller mit konkreten CO_2-Zielen für seine Lieferkette ein. Diese besteht weltweit aus allein rund 12.000 Tier-1-Partnern, die Material und Komponenten für Fahrzeuge liefern sowie aus weiteren Lieferanten, die etwa Produktionsanlagen oder Werkzeuge bereitstellen. Insgesamt kommt die BMW-Gruppe auf über 60 Mrd. Euro Einkaufsvolumen pro Jahr, davon entfallen rund zwei Drittel auf direkte Fahrzeugumfänge. Um Nachhaltigkeit im Lieferantennetzwerk umfassend zu gewährleisten und sich kontinuierlich zu verbessern, konzentriert sich BMW im Wesentlichen auf zwei Bereiche: Risiken nachhaltig managen und Chancen nutzen. Risiken managen und minimieren: Dazu identifiziert und analysiert BMW im Risikomanagement mögliche Nachhaltigkeitsrisiken entlang der Lieferkette. Seit 2009 fordert BMW Lieferanten auf, eine Einschätzung ihres Nachhaltigkeitsmanagements und ihrer entsprechenden Aktivitäten abzugeben. Zudem werden Lieferantenstandorte mit erhöhtem Risiko für Nachhaltigkeitsverstöße und Standorte, bei denen der Verdacht eines Verstoßes vorliegt, von unabhängigen Auditoren überprüft. Chancen nutzen und Potenziale heben: Das erreicht BMW durch die Zusammenarbeit mit Lieferanten, zum Beispiel zur Ressourceneffizienz, durch Schulungen und Befähigungen der Mitarbeiter und Lieferanten sowie durch aktives Engagement in Initiativen und mit Interessengruppen. Der Ansatz von BMW Ansatz ist es, einerseits durch ein umfassendes Risikomanagement Nachhaltigkeitsstandards in der Breite, also bei allen unseren direkten Lieferanten, sicherzustellen und andererseits spezifische Rohstoffe oder Materialien entlang der kompletten Lieferkette in die Tiefe zu analysieren. Mit dem BMW Supplier Innovation Award prämiert die BMW-Gruppe herausragende Innovationen und Entwicklungsleistungen ihrer Lieferanten (BMW 2020).

Literatur

BMW (2020). BMW Group. Lieferantenmanagement. Globales Lieferantennetzwerk. Abgerufen am 7.10.2020. https://www.bmwgroup.com/de/verantwortung/lieferanten-management.html.

Dust, R. (2016). Lieferanten-/Risikomanagement. Bislang wenig Risikoprävention in der Supply Chain. In BME. Abgerufen am 28.9.2020. https://www.bme.de/bislang-wenig-risikopraevention-in-der-supply-chain-1468/.

Dust, R. (2019). Total Supplier Management. Hanser Verlag München.

Helmold, M. & Terry, B. (2016). Lieferantenmanagement 2030. Springer Gabler Wiesbaden.

Helmold, M. (2020). Lean Management and Kaizen. Fundamentals from Cases and Examples in Operations and Supply Chain Management. Springer Cham.

Weiterführende Literatur

Büsch, M. (2019). Fahrplan zur Transformation des Einkaufs. Springer Gabler Wiesbaden.

Dust, R., Goldschmit, J.P. & Gürtler, B. (2011). Total Supplier Risk Monitoring – Datenqualität als zwingende Grundlage einer effektiven Lieferantenbewertung. Qualität und Umweltmanagement, 10/2011, 10-11.

Dyer, J.H. (1996). Specialized Supplier Networks as a Source of Competitive Advantage: Evidence from the Auto Industry. Strategic Management Journal, 17 (4), 271–291.

Dyer, J.H. (2000). Collaborative Advantage. Winning through extended Enterprise Supplier Networks. New York, Oxford University Press, 21, 71–87.

Ellram, L.M. & Liu, B. (2002). The financial Impact of Supply Management. Supply Chain Management Review, 6 (6), 30–36.

Ellram, L.M. & Cooper, M.C. (1990). The Relationship Between Supply Chain Management and Keiretsu. International Journal of Logistics Management Review, 4 (1), 1–12.

Helmold, M. & Terry, B. (2013). Praxis und Forschung. Gesamtheitliches Best-in-class-Lieferantenmanagement implementieren. In Procure.ch. procure.ch – Beschaffungsmanagement 11/2013. S. 22–24.

Helmold, M. & Terry, B. (2017). Global Sourcing and Supply Management Excellence in China. Springer Singapur.

Helmold, M. & Dathe, T. & Büsch, M. (2017). Praxisbericht aus der Bahnindustrie – Bombardier Transportation. Veränderte Anforderungen durch Global Sourcing. In: Beschaffung aktuell. 4.5.2017. Abgerufen am 17.9.2020. https://beschaffung-aktuell.industrie.de/einkauf/veraenderte-anforderungen-durch-global-sourcing/.

Heß, G. (2017). Strategischer Einkauf und Supply-Strategie – Schrittweise Entwicklung des strategischen Einkaufs mit der 15M-Architektur 2.0. 4. Auflage Springer Gabler Wiesbaden.

Heß, G. & Laschinger, M. (2019). Strategische Transformation im Einkauf. Springer Gabler Wiesbaden.

Hofbauer, G., Mashhour, T. & Fischer, M. (2016). Lieferantenmanagement: Die wertorientierte Gestaltung der Lieferbeziehung. DeGruyter Oldenbourg Berlin.

Kalkowsky, M. (2004). Nur Porsche hat das Lean Management begriffen: Interview with Prof. D. Jones. *Produktion*. 31, 16.

Kleemann, F.C. & Glas, A.H. (2020). Einkauf 4.0., 2. Auflage, Springer Gabler Wiesbaden.

Schupp, F. & Wöhner, H. (2017). Digitalisierung im Einkauf. Springer Gabler Wiesbaden.

Van Weele, A. & Eßig, M. (2017). Strategische Beschaffung. Grundlagen, Planung und Umsetzung eines integrierten Supply Management. Springer Wiesbaden.

Transformation und kultureller Wandel zum innovativen Lieferantenmanagement

2

Unzufriedenheit ist die Mutter der Verbesserung.

Shigeo Shingo (1909–1990)

2.1 Transformationsanforderungen im Lieferantenmanagement

Das Lieferantenmanagement steht durch Krisen und Trends vor signifikanten Herausforderungen. Die weltweite Digitalisierung und der Drang nach immer schnelleren und neuen Innovationen zwingen Unternehmen ihre Strategie und traditionellen Leitbilder radikal zu verändern. Situationen, wie die Finanzkrise 2008 und die COVID-19-Pandemie 2019/2020, die zunehmende globale, und vor allem digitale, Vernetzung von Kunden, Lieferanten und Interessengruppen, die weltweite Vernetzung, sowie die damit einhergehende maximale Transparenz über einen Großteil der wertschöpfenden Aktivitäten innerhalb von weltumspannenden Lieferketten wirft die Frage nach der zukünftigen Generierung von Wettbewerbsvorteilen von produzierenden, Handels- aber auch Dienstleistungsunternehmen auf. In diesem Kontext kommt dem Lieferantenmanagement, also der Funktion, die die gesamte Wertekette steuert, über die gesamte Wertschöpfungstiefe hinweg eine wesentlich höhere Bedeutung zu als dies in den vergangenen Jahren der Fall war. Denn erst der integrative Ansatz vom Kundenauftrag über die Planung, Beschaffung, Produktion, Logistik bis hin zum Retouren-Prozess verschafft Unternehmen die notwendige Entscheidungsgrundlage ihres zukünftigen Handelns. Die Aufgaben des Einkaufs und des Lieferantenmanagements haben sich vom reinen Beschaffer und Kostendrücker zu einer wertgestaltenden und wertschöpfenden Funktion entwickelt, wie Abb. 2.1 zeigt. Die Aufgaben und der Wertbeitrag am Unternehmenserfolg haben

M. Helmold, *Innovatives Lieferantenmanagement,*
https://doi.org/10.1007/978-3-658-33060-6_2

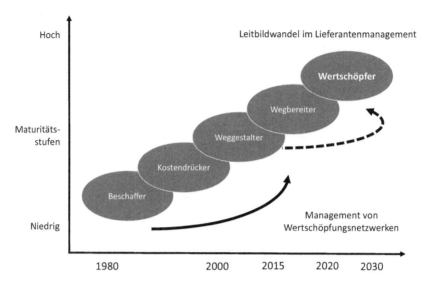

Abb. 2.1 Entwicklung des Lieferantenmanagements

sich vom reinen Beschaffer und Kostendrücker zu einer wertgestaltenden und wertschöpfenden Funktion entwickelt.

Das Lieferantenmanagement sitzt an der Schnittstelle zu Lieferanten und Innovationen, die Unternehmen für ihre Transformation brauchen. Es plant, gestaltet und steuert die Wertschöpfungsnetzwerke und Partnerschaften in die zunehmend digitale Welt, zu Systemlieferanten, Technologie- und Softwareunternehmen, Startups und anderen Treibern der Wertschöpfungskette, auf deren Kollaboration Unternehmen zukünftig noch mehr angewiesen sind. Abb. 2.2 zeigt die Transformation der Unternehmensfunktionen in Anlehnung an die Wertekette von Porter. Die enge Zusammenarbeit mit internen und externen Partnern verändert die Rolle des Lieferantenmanagements als Kostendrücker und Kostenoptimierer nachhaltig. Gleichzeitig muss das Lieferantenmanagement seine eigenen Abläufe standardisieren, digitalisieren und automatisieren. Daher braucht es an der Schnittstelle Lieferant-Unternehmen neue Prozesse, Methoden und Modelle sowie einen noch intensiveren Austausch innerhalb des Unternehmens und mit den Beschaffungsmärkten. Das Lieferantenmanagement wird auch in der Zukunft klassische Funktionen in der Beschaffung beibehalten. Es managt und bündelt weiterhin Bedarfe, verhandelt Preise, selektiert Lieferanten, qualifiziert Lieferanten und sorgt dafür, dass Materialien verlässlich in der gebotenen Qualität zur Verfügung stehen. Jedoch kommen weiter strategische Aufgaben und Prozesse hinzu. Das Lieferantenmanagement wird zu einer Kernfunktion im Unternehmen, zu einem Businesspartner aller Abteilungen auf Augenhöhe, wie Technologie und Entwicklung, Produktion oder Marketing. Insbesondere durch Leistungsverlagerungen auf Lieferantennetzwerke (Outsourcing), die im Wettbewerb zueinanderstehen, bilden sich

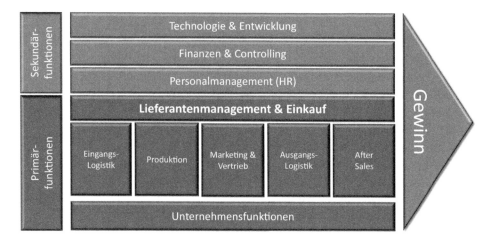

Abb. 2.2 Transformation im Lieferantenmanagement

auch innerhalb der Wertschöpfungskette neue Leitbilder heraus sowie Strategien, Verantwortlichkeiten und Prozesse, die von dem modernen Lieferantenmanagement zu bewältigen sind. Der Fokus in der Zukunft liegt somit schon lange nicht mehr nur auf der Hebung unternehmensinterner Kostenvorteile, sondern viel mehr im Informationsaustausch und der Ausschöpfung der globalen unternehmensübergreifenden Potenziale. Die strategische Planung und Steuerung von globalen Lieferketten werden die entscheidenden Aufgaben der Zukunft sein. Das setzt voraus, dass sich das Lieferantenmanagement in eine smarte und agile Organisation transformiert, die mit dem technologischen, wirtschaftlichen, ökologischen, politischen und kulturellen Wandel und den damit verbundenen Anforderungen an die Beschaffung (Nachhaltigkeit, Lieferrisiken, Innovationen) umgehen kann. Das Lieferantenmanagement nimmt daher in der Zukunft die zentrale Schlüsselrolle ein.

2.2 Lieferantenmanagement als Wettbewerbsvorteil für das Unternehmen

Das Konzept des ganzheitlichen Lieferantenmanagements als Wettbewerbsvorteil und Wertbeitrag beinhaltet 15 Schlüsselkategorien sowie Reifegradanalysen in jeder dieser Kategorien für ein präventives, erfolgreiches und innovatives Lieferantenmanagement. Ziel ist es in diesem Konzept, durch gezielte Maßnahmen Exzellenz in jeder der Kategorien anzustreben (Helmold und Terry 2016). Die Konsequenz eines fehlenden Lieferantenmanagements kann zu signifikanten Verlustkosten und Imageschäden führen. Die Transformation zu einem Unternehmen mit einem innovativen und gesamtheitlichen Lieferantenmanagement stellt dagegen einen nachhaltigen Wettbewerbsvorteil dar und wirkt sich mittel- und langfristig positiv auf die finanzielle Unternehmenslage aus. Eine gezielte Umsetzung in den entwickelten Kategorien ist deshalb nötig:

1. Ausrichtung der Unternehmensstrategie
2. Organisatorische Ausrichtung
3. Lieferantenauswahl, inkl. der Unterlieferanten
4. Kooperation mit Lieferanten
5. Überschaubarkeit der Wertschöpfungskette
6. B2B-Zusammenarbeit mit Lieferanten
7. Kostentransparenz in der Lieferkette
8. Risikomanagement in der Lieferkette
9. Bedarfsausrichtung und Synchronisierung der Produktionssysteme
10. Qualitätsperformance der Lieferanten
11. Schaffen einer Lieferantenakademie und stetige Qualifikation
12. Lieferantenmanagement im internationalen Kontext
13. Lieferantenregression und Vertragsmanagement
14. Duale Einkaufsstrategien für strategische Materialgruppen (Engl.: Dual Sourcing Paradox)
15. Etablierung von übergreifenden Teams zur präventiven Vermeidung von Lieferstörungen

Sie umfassen jeweils Maturitätsstufen (Reifegrade) vom Lieferantenmanagement-Nachzügler, Anfänger, Anwender, Profianwender, Industrie-Spitzenreiter und globalen Spitzenreiter. Abb. 2.3 zeigt die jeweiligen Maturitätsstufen und Reifegrade für ein modernes

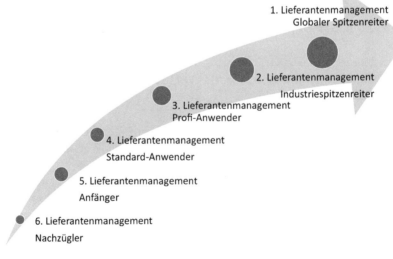

Abb. 2.3 Maturitätsstufen im Lieferantenmanagement

Lieferantenmanagement. Auch wenn Handlungsbedarf besteht, können in der Praxis nicht alle Unternehmen sofort sämtliche Kategorien umsetzen. Daher hat Dr. Marc Helmold, mit Hilfe von Experteninterviews und Studien ein Modell entwickelt, welches Unternehmen hilft, in 15 Lieferantenkategorien eine Standortbestimmung durchzu-führen und die daraus notwendigen Handlungsbedarfe abzuleiten, um Industrie Best-Practice oder Industrieexzellenz zu erreichen. Empirische Ergebnisse zeigen, dass je nach Ausgangssituation, Ausprägung und Maturitätsgrad die Umsetzung in den jeweiligen Kategorien bis zu fünf Jahre dauern kann. Ein erfolgreiches Lieferantenmanagement fängt bei der Unternehmensstrategie an: Exzellente Unternehmen haben die Ziele eines präventiven Lieferantenmanagements in ihre Mission und Unternehmensziele mit integriert. Auf Basis der Unternehmensstrategie ist die organisatorische Ausrichtung einer der Schlüssel für ein „Best-in-Class"-Lieferantenmanagement. Analog zu einem „Key Account Manager" im Verkauf haben exzellente Unternehmen einen einzigen Kontakt zum Lieferanten (Engl.: Single Point of Contact), der alle Schnittstellenthemen zum Lieferanten nach außen wie innen vertritt. Darauf gründet die Lieferantenauswahl (Kategorie 3), inklusive der nachfolgenden Lieferanten. In den meisten Fällen der Studie haben Unternehmen Strategien mit ihren Lieferanten für drei bis fünf Jahre gemeinsam entwickelt. Kooperationen und Lieferantenbeziehungen werden von den herausragenden Unternehmen auf Augenhöhe gestaltet. Die Zusammenarbeit beinhaltet Logistik-, Qualitäts- und Produktionsprozesse und kann Zusammenschlüsse, Joint Venture, strategische Allianzen oder lose Verbindungen beinhalten. Insbesondere japanisch geprägte Unternehmen konzentrieren sich auf Wertschöpfung und die Eliminierung von Verschwendung entlang der Wertschöpfungskette. Zur Überschaubarkeit verwenden Unternehmen mit einem exzellenten Lieferantenmanagement IT-Systeme, die teilweise bis zu den Unterlieferanten der dritten Reihe (Engl.: Tier 3) reichen. In der empirischen Studie war ersichtlich, dass sich selbst chinesische Zulieferer ihren Kunden SAP-seitig spiegeln, um eine größere Transparenz zu erreichen. Neben der SAP-seitigen Harmonisierung greifen exzellente Wertschöpfungsketten auf übergreifende Internet-portale zu, die Prozesse in der Qualität, der Logistik und anderen Funktionen beinhalten. Der Mehrwert rechtfertigt die Kosten bei der Transformation hin zu einem modernen Lieferantenmanagement. Neben der Transparenz entlang der Wertschöpfungsketten ist eine faire „offen Kostenpolitik" ein Teilbereich eines Best-in-Class-Lieferanten-managements. Auch hier stellen japanische Unternehmen Exzellenz dar, in dem Sie schon im Produktentwicklungsprozess mit Lieferanten nach konzertierten Kostenreduktionen und Optimierungen entlang der Werteketten aller Unternehmen suchen. Risiken werden von Kunden und Lieferanten gemeinsam getragen und transparent gemacht. Neben Makrorisiken wie Naturkatastrophen gibt es Mikrorisiken, die mehr in der Verantwortung der Lieferanten liegen. Exzellente Unternehmen haben ein Risikomanagement, welches die Lieferantenebenen eins, zwei und drei beinhalten (Engl.: Tier 1, 2 und 3). Als neunte Kategorie gilt die optimale Bedarfsausrichtung und die stetige Umsetzung des Ziehprinzips. Qualitätsmeilensteine und -prozesse werden gemeinsam entwickelt und beinhalten die Unterlieferanten. Qualitätsdaten aus der Vergangenheit dienen hier zur Generierung von Zukunftstrends zur präventiven Vermeidung von Störfällen. Die Umwandlung von retroaktiven Daten in Modelle zur Erkennung von zukünftigen Störfällen oder potenziellen Störfällen ist eine der schwierigsten Themen in der Umsetzung der 15 Kategorien. Durch eine Lieferantenakademie und eine lernende Organisation werden eigene Mitarbeiter und Lieferanten geschult. Gerade durch Budgetrestriktionen ist dies oft nicht einfach umzusetzen. Der Mehrwert ist aber durch Verbesserungen um ein Vielfaches höher als der monetäre Einsatz. Bei Geschäften im internationalen Kontext dienen Spezialisten und Einkaufbüros, die die Besonderheiten des jeweiligen Bezugslandes verstehen. Die Zusammenarbeit auf solider rechtliche Basis Vertragsthemen im Lieferantenmanagement werden in exzellenten Unternehmen über sogenannte Vertragsmanager oder „Claim Manager" mit juristischen Kenntnissen gehandhabt. Zwar sollten Streitigkeiten nicht auf gerichtlichen Weg ausgetragen werden, jedoch sollte die Zusammenarbeit auf vertraglich soliden Fundamenten bauen. Für wichtige Produkt- und Warengruppen präferieren exzellente Unternehmen eine duale Lieferantenstrategie; selbst wenn nach Gesichtspunkten der schlanken Produktion eine Einlieferantenstrategie als sinnvoller erscheint, implementieren Unternehmen zur Sicherung der Wettbewerbsfähigkeit und Liefersicherheit eine Zweilieferantenstrategie. Als letzte der 15 Kategorien setzen Unternehmen mit einem Best-in-Class-Lieferantenmanagement übergreifende Teams ein, die mit qualitativen Methoden zur Verbesserung der Qualität, Kosten und Logistik beitragen. Entscheidend ist hier die Einbindung der Lieferanten in diese Teams und die offene Zusammenarbeit aller Beteiligten. Durch Zuhilfenahme des ganzheitlichen Konzepts können Unternehmen mit internen oder externen Experten analysieren, wo sie in jeder einzelnen Kategorie stehen. Basierend darauf ist es zwingend notwendig, die erforderlichen Handlungsbedarfe zu definieren. Auf dieser Basis folgt ein Aktionsplan, der auf Umsetzung regelmäßig und kontinuierlich zu überprüfen ist. Obwohl einige Kategorien einfach umzusetzen sind, ist die Realisierung in den Bereichen „Implementierung eines präventiven Lieferantenmanagements in die Unternehmensstrategie" von langfristiger Natur. Doch Unternehmen, die bei steigender Wertschöpfung in der Lieferkette diese Herausforderungen nicht umsetzen, werden auf lange Sicht im Wettbewerb untergehen (Helmold & Terry 2013).

2.3   Keiretsu-basiertes Lieferantenmanagement

Der Begriff „Keiretsu" (Jap.: 系列, wörtlich: Ordnung, Reihe, Linie) stammt aus dem Japanischen und bedeutet wirtschaftliche Verbundgruppen. Keiretsu geht aus dem japanischen Steuerungsmodells von Lieferketten hervor, das auch von europäischen Unternehmen übernommen wurde, wie von Liker (2004) dargelegt. Unternehmen konzentrieren sich auf die Beseitigung von Verschwendung in ihren Versorgungsnetzen und auf die schlanke Prozessintegration von Lieferanten in die eigene Organisation (Helmold 2020). Keiretsu-Versorgungsnetze haben einen langfristigen Umfang und eine langfristige Beziehung (Liker 2004). Kollaborative Netzwerke konzentrieren sich auf Partnerschaften in Bezug auf Technologie, Strategien und Logistik, sind jedoch in Bezug auf die Synchronisierung von Produktionssystemen nicht so eng wie die Keiretsu-Versorgungsnetzwerke (Choi et al. 2001). Kollaborative Beziehungen sind lockerer und beruhen auf Vertrauen und gemeinsamen Strategien. Ein Keiretsu-Lieferantennetzwerk (Jap.: Integration, Bestellung oder System von Lieferanten) stellt ein Mittel zur gegenseitigen Sicherheit dar, insbesondere in Japan, und umfasst normalerweise große Hersteller und deren Lieferanten von Rohstoffen, Systemen und Komponenten (Freitag 2004). Keiretsu-Netzwerke haben im europäischen Automobil- und Transportsektor durch den Erfolg japanischer Unternehmen, wie Toyota, Hitachi und anderer Konglomerate, bei der Erzielung eines verbesserten Kundenservice, einer besseren Bestandskontrolle und eines effizienteren Gesamtkanalmanagements viel Aufmerksamkeit erhalten (Freitag 2004). Keiretsu, eine Form des japanischen Unternehmensnetzwerks, teilt viele der Ziele von SCM. Das Konzept der Keiretsu-Versorgungsnetze wurde Mitte der 1980er Jahre von Toyota eingeführt (Ohno 1990) und an verbundene Unternehmen und Lieferanten außerhalb Japans übertragen (Kalkowsky 2004). Keiretsu-Netzwerke beinhalten häufig das teilweise Eigentum des jeweiligen Lieferanten. Kontrollbeziehungen zwischen Unternehmenspaaren stellen eine Form des bilateralen Austauschs dar. Die Keiretsu-Schule kann für Unternehmen, die das System nutzen, zu umfassenden funktionalen und kulturellen Veränderungen führen. Keiretsu-Netzwerke mit finanziellen und kommerziellen Verbindungen entwickeln quasi-administrative Beziehungen durch gegenseitige Beteiligung. Keiretsu-Netzwerke haben zwei Seiten: (1) horizontale Beziehungen auf der Grundlage gegenseitiger Unterstützung und (2) vertikale Strukturen auf der Grundlage eines asymmetrischen Austauschs und einer asymmetrischen Kontrolle zwischen Finanzunternehmen und Industrieunternehmen. In verschiedenen Artikeln und Büchern erklärt Liker den Toyota-Weg und die Prinzipien der Keiretsu-Versorgungsnetze. Viele OEMs und ihre Zulieferer haben dieses System inzwischen übernommen (Helmold 2020).

2.4 Lieferantenmanagement als Initiator eines kulturellen Wandels

Lieferantenmanagement und effiziente Prozesse in der Lieferkette wirken sich positiv auf die Leistung des Unternehmens in Bezug auf Profitabilität, Qualität, Kosten, Logistik und andere Ziele aus (Helmold 2020). Es ist jedoch notwendig, organisatorische Infrastrukturen und eine Kultur im Unternehmen zu verankern, die für eine effektive und nachhaltige Implementierung des Lieferantenmanagements erforderlich sind. Noch zahlreiche Unternehmen sehen die Beschaffungsseite als Kostenoptimierer und nicht als Manager des Lieferantenwertschöpfungsnetzwerks und Wertschöpfer (Helmold 2020). Die Umsetzung einer Strategie in Richtung präventives Lieferantenmanagement oder wichtiger Veränderungsprogramme scheitert häufig nicht zuletzt an der ungenügenden Beachtung der kulturellen Wurzeln eines Unternehmens. Gezielte Veränderungen der

Unternehmenskultur sind stets ein kompliziertes Vorhaben. Denn gerade der Umgang mit kulturellen wie „innenpolitischen" Traditionen, Denk- und Handlungsweisen erfordert viel Fingerspitzengefühl, da die über viele Jahre gewachsenen Grundlagen der Unternehmenskultur nicht offensichtlich in Unternehmensbroschüren, Mission-Statements, Handbüchern o.Ä. manifestiert sind. Sie finden ihren Ausdruck vielmehr in der Art, wie bestimmte Dinge angegangen werden sowie in den internen Umgangs-formen und Sichtweisen. Das kulturelle Netz oder Web (Engl.: Cultural Web) ist eine Darstellung dieser grundlegenden Annahmen und Paradigmen, die eine Unternehmens-kultur bestimmen sowie der physischen Auswirkungen der Kultur. Das Cultural Web, das 1992 von Gerry Johnson und Kevan Scholes entwickelt wurde, bietet einen solchen Ansatz, um die Kultur Ihres Unternehmens zu betrachten und zu verändern. Auf diese Weise können Unternehmen kulturelle Handlungsempfehlungen identi-fizieren und sich versuchen, organisatorische und kulturelle Elemente mit der Unter-nehmensstrategie in Einklang zu bringen (Helmold 2020). Diese Infrastrukturen müssen kulturelle Elemente integrieren, wie in Abb. 2.4 dargestellt. Die äußeren Kreise stellen die einzelnen Annahmen dar, die die kulturellen Paradigmen des Unternehmens prägen. Die Paradigmen sind die Grundannahmen der Menschen über das Unter-nehmen dar (z. B. Orientierung an Gesichtspunkten, wie Service, Nutzen für die All-gemeinheit, Gewinn und Profitabilität, Soziale Aspekte, Umweltschutz, Wertschätzung des vorhandenen Know-how etc.). Routinen beschreiben „wie wir die Dinge hier tun".

Abb. 2.4 Elemente der Unternehmenskultur: das kulturelle Web

Sie bestimmen, wie die Menschen sich gegenüber anderen Personen innerhalb und außerhalb des Unternehmens verhalten (kooperativ, partnerschaftlich, hierarchisch, bürokratisch etc.). Solche Routinen können eine wichtige Voraussetzung für das effektive Funktionieren von Unternehmensprozessen sein. Werden jedoch bestimmte Handlungsweisen als selbstverständlich vorausgesetzt, können diese zu Problemen bei Veränderungsvorhaben führen.

2.4.1   Stories und Mythen

Stories und Mythen beinhalten Geschichten, Gerüchte und Erzählungen, die es über das Unternehmen gibt. In und über wohl jedes Unternehmen kursieren Stories, die bei passender Gelegenheit, z. B. bei Eintritt eines neuen Mitarbeiters, häufig wiedererzählt werden. Diese Geschichten reflektieren die Geschichte des Unternehmens, oft wichtige Ereignisse oder besondere Persönlichkeiten. Sie stellen aber auch Episoden aus dem Alltag und der Geschichte des Unternehmens dar, die Hinweise auf die Kultur im Umgang miteinander geben. Dadurch bilden die Stories auch eine Art informelle Legitimation für bestimmte unternehmenstypische Verhaltensweisen. Sie werden, bewusst oder unbewusst, als Mittel benutzt, anderen zu beschreiben, was im Unternehmen wichtig ist. Wichtige Fragen der Kategorie Stories sind:

- Welche Werte spiegeln sich in den Geschichten wider?
- Beziehen sich die Geschichten auf:
  1. Stärken oder Schwächen?
  2. Erfolge oder Misserfolge?
  3. Konformität oder Abweichungen?
- Wer sind die Helden und Verlierer?
- Von welchen Normen weichen die Ausbrecher ab?

2.4.2   Symbole

Symbole repräsentieren charakteristische Eigenschaften des Unternehmens. Sie umfassen u. a. Firmenlogos, Büros, Firmenwagen, Titel oder den firmeninternen Sprachgebrauch einschließlich der typischen Terminologie. Beispielsweise sind in stark hierarchisch aufgebauten Unternehmen typischerweise Symbole zur Abgrenzung der einzelnen Ebenen wie Titel, Kompetenzgrenzen, Bürogröße und -ausstattung und Privilegien anzutreffen. In Unternehmen, die eine Vielzahl solcher Symbole aufweisen, dürfte bei der Umsetzung von Strategien, die eine Neuausrichtung auf flachere Organisationsstrukturen und mehr Eigenverantwortung des Einzelnen abzielen, mit besonderen Schwierigkeiten zu rechnen sein. Innerhalb des Lean Management ist es notwendig, Statussymbole zu eliminieren und zu zeigen, dass die Mitarbeiter die wichtigste Ressource für das Unternehmen darstellen.

- Welche Sprache und Begriffe werden verwendet?
- Wie zugänglich sind diese sprachlichen Codes für Außenstehende?
- Welche Aspekte der Strategie werden öffentlich hervorgehoben?
- Welche Statussymbole (offizielle und informelle) gibt es?
- Gibt es besondere unternehmenstypische Symbole?

2.4.3 Machtstrukturen

Die internen Machtstrukturen geben ebenfalls Aufschlüsse über das Selbstverständnis des Unternehmens. Die einflussreichsten Personen und Gruppen innerhalb des Managements stehen häufig in engem Zusammenhang mit den Grundannahmen über die Wurzeln des Unternehmenserfolges. Die großen Wirtschaftsprüfungs- und Unternehmensberatungsgesellschaften sind dafür ein anschauliches Beispiel. Ihre Ursprünge liegen i. d. R. in der Wirtschaftsprüfung. Obwohl sie aufgrund der Veränderungen im Marktumfeld heute eine breite Palette ergänzender Beratungsleistungen anbieten, die in hohem Maße zum Unternehmenswachstum und -erfolg beitragen, findet man auch heute noch im Top Management und unter den Partnern einen überproportional hohen Anteil an Wirtschaftsprüfern. Folgende Aspekte sind für den Wandel zum Lean Management von zentraler Bedeutung innerhalb der Kategorie Machtstrukturen:

- Welche Werte bestehen im Zusammenhang mit Führung und Leitung?
- Wie stark sind diese Werte?
- Wie ist die Macht innerhalb des Unternehmens verteilt?
- Welches sind die wichtigsten Blockaden für Veränderungen?

2.4.4 Organisationsstrukturen

Die Organisationsstrukturen umfassen die hierarchische Zusammensetzung der Organisation und formale Beziehungen zwischen Personen aus diesen verschiedenen Ebenen der Organisation. Die informellen und ungeschriebenen Machtstrukturen sind ein wichtiger Faktor der Organisationsstruktur. Diese Machtstrukturen spiegeln sich auch in den Organisationsstrukturen wider. Auch diese bilden tragende Beziehungen und die Wurzeln des Unternehmenserfolges ab. Des Weiteren kann aus dem Grad der Machtstrukturen, Komplexität, Formalität, Hierarchie und Zentralisierung der Unternehmensstrukturen Rückschlüsse abgeleitet werden, auf welche Widerstände weitreichende Veränderungsvorhaben stoßen dürften. Bei der Bewertung von Organisationsstrukturen sind folgende Punkte wichtig:

- Wie flach oder hierarchisch sind die Strukturen?
- Wie formell oder informell sind die Strukturen?

- Fördern die Strukturen Zusammenarbeit oder internes Konkurrenzdenken?
- Welche Machtstrukturen werden durch die bestehenden Strukturen unterstützt?

2.4.5   Kontrollsysteme

Als Kontrollsysteme sind unter dem Gesichtspunkt der schlanken Unternehmenskultur insbesondere Messgrößen und Entlohnungs- bzw. Bonussysteme von Bedeutung. Sie geben Hinweise darauf, was im Unternehmen als wichtig angesehen wird (z. B. individuelle Leistungsprämien vs. Teamboni, Orientierung von Prämien an Mengen vs. Qualitätsniveau vs. Kundenzufriedenheit etc.). Öffentliche Unternehmen stehen beispielsweise in dem Ruf, mehr Augenmerk auf die Verwendung der zur Verfügung stehenden Mittel zu legen, als auf die Qualität und Bedarfsgerechtigkeit ihrer Leistungen. Kontrollsysteme sollten auf die folgenden Fragen hin untersucht werden:

- Was wird am genauesten überwacht und kontrolliert?
- Liegt der Schwerpunkt auf Belohnung oder Strafe?
- Ergeben sich die Kontrollsysteme historisch oder aus der aktuellen Strategie?
- Wie viel Kontrolle und Überwachung gibt es?
- Welche Autonomieebenen gibt es für Mitarbeiter?

2.4.6   Rituale und Routinen

Rituale umfassen weitere Aspekte des Lebens innerhalb des Unternehmens. Sie betreffen relativ formelle Prozesse (z. B. Trainingsprogramme, Promotionsprozesse, Betriebsausflüge, fest terminierte Teamkonferenzen) ebenso wie informelle Gewohnheiten (z. B. der gemeinsame Kneipenbesuch nach Feierabend, die Plauderrunde in der Kaffeeküche). Routinen und Rituale bieten den Menschen in Unternehmen Orientierungspunkte, nach denen sie ihr Verhalten ausrichten und an die allgemein akzeptieren Normen anpassen können. Beispiel für Routinen und Rituale sind:

- Welche Routinen werden besonders betont?
- Welche Verhaltensweisen werden durch diese Routinen gefördert?
- Was sind die wichtigsten Rituale und welche Werte repräsentieren sie?
- Welche Werte und Verhaltensweisen fördern die internen Trainingsprogramme?
- Wie schwer ist es, Routinen und Rituale zu ändern?

Mithilfe des kulturellen Web können somit kulturell bedingte Blockaden und Triebkräfte im Unternehmen identifiziert werden, die einer Transformation zum schlanken Unternehmen (Lean Management) im Wege stehen. Dadurch wird dieses Modell zu einem wichtigen Hilfsmittel bei der konkreten Umsetzungsplanung von Veränderungsvorhaben. Es zeigt sowohl, welche internen Hindernisse zu berücksichtigen sind, als auch, welche Faktoren sich förderlich auswirken und daher entsprechend eingebunden werden sollten. Eine weitere Anwendung ist die Ermittlung notwendiger Veränderungen in der herrschenden Unternehmenskultur. Dazu wird die aktuell bestehende Ausprägung des kulturellen Web mit dem Idealzustand verglichen, den die Unternehmenskultur für das Erreichen bestimmter strategischer Zielsetzungen aufweisen muss. Die Abweichungen geben Aufschluss über Gebiete, auf denen mit mehr oder weniger hoher Priorität Veränderungen herbeigeführt werden müssen. Abb. 2.4 gibt Anregungen zu Fragestellungen, die bei der Analyse des kulturellen Web für ein Unternehmen hilfreich sind. Dabei ist zu beachten, dass weniger die Antworten einzelner Personen als das Gesamtbild des Unternehmens relevant ist.

2.5   Kultur und Elemente des Lean Management im modernen Lieferantenmanagement

2.5.1   Schlanke Prinzipien und Lean Management als Teil des Lieferantenmanagements

Globale Trends, Wettbewerbsdruck, der Klimawandel oder die COVID-19-Pandemie haben die Rahmenbedingungen in zahlreichen Unternehmen deutlich verändert und den Begriff Marktkonstanz neu definiert. Konventionelle Wettbewerbsfaktoren wie Preis und Qualität verlieren als Alleinstellungsmerkmale an Bedeutung. Lean-Management-Prinzipien sind für Hightech-Unternehmen genauso wie für Konsumgüter oder Investitionsgüter-Spezialisten inzwischen von zentraler Bedeutung. Denn schlanke, am Kundenbedarf flexibel ausgerichtete Prozesse und Wertschöpfungssysteme werden zum Stellhebel für den langfristigen Erfolg von Unternehmen und deren Managern. Die zunehmend komplexe Anforderung für Unternehmensmanager gerade in produzierenden Unternehmen lautet: möglichst maßgeschneiderte, individuelle Produktvarianten und Serviceleistungen abbilden, die Lieferfähigkeit bei kurzen Durchlaufzeiten sicherstellen und die Flexibilität gegenüber Kundenanforderungen bewahren. Das bedeutet, dass Produktions- und Logistikprozesse nach diesen Anforderungen ausgestaltet sein müssen. Der Transformationsprozess und der kulturelle Wandel sind daher zwingenden Determinanten für den erfolgreichen Marktauftritt. Teil dieses Transformationsprozesses sind drei Komponenten: Für das Lean Transformation Management werden wesentliche Strategieansätze in den Mittelpunkt gestellt, die im Rahmen der Prozessoptimierung eine Rolle spielen:

- kultureller Wandel zu einem schlanken Unternehmen
- Radikalumbau (Transformation), d. h. ein meist abrupter, fundamentaler Prozess- und Strategiewechsel unter starker Einbindung des Top Management
- Einbindung aller Mitarbeiter und Funktionen

- Prozessumbau oder Optimierung von Prozessen
- kontinuierliche Veränderung, bei der sequenziell viele Veränderungsstufen nacheinander angestoßen werden

2.5.2 Wandel zum offenen und kreativen Unternehmen (Chiiku)

Chiiku (Jap.: 知 育) bedeutet, intellektuelles Wissen zu beherrschen und logisches Denken für grundlegende Überlebensfähigkeiten zu entwickeln. Kreativität und die Freiheit zum Denken spielen eine zentrale Rolle bei Chiiku. Damit Unternehmen profitabel bleiben können, benötigen sie zunächst Stabilität, die auf einem konkreten Verständnis ihrer Bedürfnisse und Prioritäten beruht. Durch die Nutzung ihrer nicht abgedeckten Ressourcen können sie dann mit Innovationen beginnen. Das Verständnis dieses grundlegenden Überlebensbedürfnisses des Unternehmens ist die Grundlage für künftigen Wohlstand und sollte auch die Grundlage für die Entwicklung von Führungskräften am Arbeitsplatz bilden. Chiiku konzentriert sich auf dieses logische Verständnis des Geschäfts in einem größeren Kontext. Dies ist wie die Vorstellung eines Waldes als gesamtes Ökosystem und nicht nur als Ansammlung von Bäumen. Für Geschäftsleiter bedeutet Chiiku, das Gefühl der Dringlichkeit zu berechnen und es jederzeit zu kommunizieren.

2.5.3 Mitarbeiterführung im Lean Management (Tokuiku)

Tokuiku (Jap.: 徳育) bedeutet, rationale zwischenmenschliche Fähigkeiten als Führungskraft zu entwickeln. Die rationale Entwicklung (Tokuiku) unterscheidet sich von der logischen Entwicklung (Chiiku). Logisches Denken basiert auf Ursache und Wirkung, während rationales Denken auf Quantität und Umfang basiert. Logisches Denken kann uns sagen, was wir tun sollen, aber wir müssen rational sein, um zu verstehen, warum es jedem Einzelnen zu Gute kommt. Der Mensch muss sich entwickeln, indem er mit dem aktuellen Zustand nicht zufrieden bleibt und ihn rational mit anderen Möglichkeiten vergleicht. Führungskräfte müssen zunächst den Mut entwickeln, Risiken einzugehen und den Status quo zu übertreffen. Dies ist so, als würde man das Überleben des Waldes sicherstellen, indem man die Bedürfnisse jedes Organismus versteht, aus dem das Ökosystem besteht. Während sich Chiiku auf das Überleben der Organisation als Einheit konzentriert, konzentriert sich Tokuiku darauf, die Bereicherung und den Erfolg der Personen sicherzustellen, aus denen diese Einheit besteht.

2.5.4 Mentale und physische Stärke im Lean Management (Taiiku)

Moderne Bildungssysteme verstehen Taiiku (Jap.: 体育)als Sportunterricht (Engl.: Physical education, PE). Es wird einfach als eine Möglichkeit gesehen, Schüler dazu zu bringen, ihren Körper durch Sport zu trainieren. Beim Sport geht es jedoch nicht nur darum, Muskeln aufzubauen und ein Gefühl der Wettbewerbsfähigkeit zu entwickeln. Taiiku konzentriert sich zunächst darauf, die eigene Willenskraft und Emotionen zu stärken, um die richtigen Handlungen zu erzwingen. Taiiku bedeutet für Führungskräfte, die Fähigkeiten zu erlernen, um eine Kultur des sofortigen Handelns zu inspirieren, nicht nur die Worte. Führungskräfte müssen lernen, anderen zu helfen, den Status quo zu durchbrechen. Dies bedeutet, die Selbstkritik-Mentalität (Hansei) zu lernen (Ohno 1990).

2.5.5 Umsetzung von Ideen durch Einbindung der Mitarbeiter (Yattakoto)

YWT (Yatta Koto: Was wir getan haben; Wakatta Koto: Was wir gelernt haben; Tsugi Ni Yarukoto: Was wir als nächstes tun werden). Der Ansatz wird in Japan und von Toyota verwendet, um die Erkenntnisse zusammenzufassen und zu verbessern. Das Y fasst eine konkrete Erfahrung zusammen, das W versucht, die gewonnenen Erkenntnisse und Erkenntnisse zu gewinnen, und das T möchte herausfinden, wo dieses Lernen auf eine neue Situation angewendet werden kann. Wird als schnelle Feedback- und Einsichtsrunde verwendet, oft innerhalb einer Minute, oft nach einer Sitzung oder am Ende eines jeden Tages in einem Projekt. Kann mündlich erfolgen, wird aber häufig auch mit schriftlichen Notizen verwendet. Abb. 2.5 zeigt ein Training und einen Lean Workshop bei einem weltweit führenden Hersteller von Komponenten und System der Transportindustrie. Lean Management ist eine Philosophie, die nachhaltig auf alle

Abb. 2.5 Lieferantenmanagement in China

Unternehmensbereiche und alle Mitarbeiter übertragen werden soll. Insbesondere bei internationalen Wertschöpfungsketten ist es entscheidend, dass Wertschöpfungspartner in den Transformationsprozess eingebunden werden (Helmold 2020).

2.6   Fallstudie: Führung in der Toyota Motor Corporation

Die Organisations- und Führungskultur der Toyota Motor Corporation definiert die Reaktionen der Mitarbeiter auf Herausforderungen, denen sich das Unternehmen auf dem Markt gegenübersieht. Als weltweit führendes Unternehmen in der Automobilindustrie nutzt Toyota seine Organisationskultur, um die Humanressourcen bei Innovationen zu maximieren. Das Unternehmen profitiert auch von seiner Organisationskultur in Bezug auf die Unterstützung bei der Problemlösung. Die unterschiedlichen Merkmale oder Merkmale der Organisationskultur von Toyota weisen auf einen sorgfältigen Ansatz zur Erleichterung des organisatorischen Lernens hin. Das Unternehmen erfährt von Zeit zu Zeit erhebliche Veränderungen, was sich in der Änderung seiner Organisationsstruktur im Jahr 2013 widerspiegelt. Die Organisationskultur von Toyota unterstreicht die Bedeutung der Entwicklung einer geeigneten Kultur zur Unterstützung des globalen Geschäftserfolgs. Die Organisationskultur von Toyota unterstützt effektiv die Bemühungen des Unternehmens um Innovation und kontinuierliche Verbesserung. Ein Verständnis dieser Unternehmenskultur ist hilfreich, um Überzeugungen und Prinzipien zu identifizieren, die zur Stärke des Geschäfts und der Marken des Unternehmens beitragen. Nach der 2013 durchgeführten Umstrukturierung hat sich die Organisationskultur von Toyota entsprechend geändert. Vor 2013 betonte die Organisationskultur ein Gefühl von Hierarchie und Geheimhaltung, was sich in der Wahrnehmung der Mitarbeiter niederschlug, dass alle Entscheidungen aus dem Hauptsitz in Japan stammen müssen. Nach 2013 sind die Merkmale der Organisationskultur von Toyota jedoch nach Bedeutung sortiert:

- Zusammenarbeit und Teamwork
- kontinuierliche Verbesserung durch Lernen
- Qualitätsanspruch und Innovationen
- Geheimhaltung gegenüber Außenstehenden

Toyota setzt in den meisten Geschäftsbereichen Teams ein. Eines der Prinzipien des Unternehmens ist, dass die Synergie der Teamarbeit zu mehr Fähigkeiten und Erfolg führt. Dieser Teil der Organisationskultur betont die Einbeziehung der Mitarbeiter in ihre jeweiligen Teams. Um sicherzustellen, dass die Teamarbeit ordnungsgemäß in die Organisationskultur integriert ist, durchläuft jeder Toyota-Mitarbeiter ein Teambuilding-Schulungsprogramm. Die Organisationskultur von Toyota erleichtert die Entwicklung des Unternehmens als lernende Organisation. Eine lernende Organisation nutzt

Informationen, die durch die Aktivitäten einzelner Arbeitnehmer gewonnen wurden, um Richtlinien und Programme für bessere Ergebnisse zu entwickeln. Die Organisationskultur von Toyota unterstreicht das Lernen als einen Weg, um Lösungen für Probleme zu entwickeln. Auf diese Weise kann das Unternehmen mit Unterstützung seiner Organisationskultur Prozesse und Output kontinuierlich verbessern. Qualität ist das Herzstück der Organisationskultur von Toyota. Der Erfolg des Unternehmens wird in der Regel auf seine Fähigkeit zurückgeführt, qualitativ hochwertige Automobile anzubieten. Um Qualität effektiv in seine Organisationskultur zu integrieren, verwendet das Unternehmen das Prinzip Nr. 5 des Toyota Way, das besagt: „Bauen Sie eine Kultur des Anhaltens auf, um Probleme zu beheben und die Qualität beim ersten Mal richtig zu machen." Der Toyota Way ist eine Reihe von Grundsätzen, die die Geschäftsansätze definieren, die in der Organisationskultur von Toyota verwendet werden und die ein beträchtliches Maß an Geheimhaltung aufweisen. In den letzten Jahren hat sich die Geheimhaltung jedoch nach der Umstrukturierung des Unternehmens im Jahr 2013 verringert. Vor 2013 mussten Informationen über Probleme am Arbeitsplatz in der Unternehmenszentrale in Toyota City/Japan eingehen. Nach der Umstrukturierung wird in der Organisationskultur des Unternehmens die Geheimhaltung jedoch weniger betont. Beispielsweise werden Probleme in US-Werken jetzt in der nordamerikanischen Geschäftseinheit von Toyota verbreitet, analysiert und gelöst. Die Merkmale der Organisationskultur von Toyota ermöglichen es dem Unternehmen, weiter zu wachsen. Innovation basiert auf kontinuierlicher Verbesserung durch Lernen. Qualitätsverbesserung und Problemlösung werden durch die Aktivitäten von Arbeitsteams erreicht. Das Geheimhaltungsmerkmal der Organisationskultur von Toyota weist jedoch mögliche Nachteile auf, da es die Flexibilität der Organisation bei der schnellen Problemlösung verringert.

Literatur

Choi, T. Y., Dooley, K. J. & Rungtusanatham, M. (2001). Supply networks and complex adaptive systems: control versus emergence. *Journal of Operations Management*, 19 (3), 351–366.
Freitag, M. (2004). Toyota. Formel Toyota. *Manager Magazin*, 12, 12–14.
Helmold, M. & Terry, B. (2016). Lieferantenmanagement 2030. Springer Gabler Wiesbaden.
Helmold, M. (2020). Lean Management and Kaizen. Fundamentals from Cases and Examples in Operations and Supply Chain Management. Springer Cham.
Kalkowsky, M. (2004). Nur Porsche hat das Lean Management begriffen: Interview with Prof. D. Jones. *Produktion*. 31, 16.
Liker, J. K. (2004). The Toyota Way. Madison: Mc Graw-Hill.
Ohno, T. (1990). Toyota Production System. Beyond large Scale Production. New York: Productivity Press.

Lieferantenmanagement als Teil der Unternehmensstrategie

3

Es ist nicht genug zu wollen, man muss auch tun.

Johann Wolfgang von Goethe (1749–1832)

3.1 Lieferantenmanagement als strategischer Wettbewerbsvorteil der Unternehmensstrategie

Im Wettbewerb um Kunden und Märkte müssen Unternehmen täglich unzählige strategische, operative und taktische Entscheidungen treffen, um sich Wettbewerbsvorteile und die eigene Marktposition zu sichern oder auszubauen (Johnson und Scholes 1997; Porter 1985). Das strategische Management und das strategische Lieferantenmanagement stellen in diesem Kontext Methoden und Werkzeuge zur Verfügung, mit denen Unternehmen nachhaltige und erfolgreiche Strategien entlang der gesamten Wertschöpfungskette entwickeln und umsetzen können, um langfristig erfolgreich zu sein. Strategisches Management und strategisches Lieferantenmanagement werden in diesem Kontext als bewusste, logisch strukturierte Entscheidungen und Aktivitäten verstanden, welche die grundsätzliche Ausrichtung eines Unternehmens beeinflussen. Sie dienen dem Ziel, über die Generierung von Wettbewerbsvorteilen den langfristigen Unternehmenserfolg zu sichern. Strategisches Management muss die gesamte Wertschöpfungskette mit all ihren Funktionen und Stakeholdern umfassen. Mittel hierzu sind hier die Evaluierung von Lieferantenmärkten, Erschließung von Absatzmärkten, die Positionierung im Markt, Internationalisierung, die Ausgestaltung der Ressourcenbasis des Unternehmens und Entscheidungen, in welchem Grad Eigen- oder Fremdfertigungsumfänge zur Erstellung von Produkten und Dienstleistungen zu erstellen. Strategische Entscheidungen eines Unternehmens werden durch das höhere Management definiert und erfordern die taktische und operative Umsetzung. Der

M. Helmold, *Innovatives Lieferantenmanagement*, https://doi.org/10.1007/978-3-658-33060-6_3

idealtypische Prozess des strategischen Managements besteht aus den Schritten strategische Analyse, strategische Auswahl und strategische Implementierung, wie Abb. 3.1 zeigt. Diese drei Phasen sind laut Johnson and Scholes als strategisches Dreieck (Engl.: Strategic Triangle) bekannt (Johnson und Scholes 1997).

Abb. 3.2 zeigt die Möglichkeiten der Internationalisierung durch eigene oder fremde Ressourcen (Dathe und Helmold 2018). Ressourcen sind in diesem Sinne Gebäude, Maschinen oder Anlagen. Entscheidet sich ein Unternehmen, im Rahmen eigener Ressourcen außerhalb der Grenzen von Deutschland zu produzieren, so spricht man von der internationalen Eigenfertigung (rote Umrandung). Bei einer Fremdvergabe und dem Zukauf von Produkten oder Dienstleistungen von Lieferanten spricht man von Global Sourcing oder internationalem Outsourcing (Dathe und Helmold 2018).

Die strategischen Ziele des Lieferantenmanagements befassen sich mit der langfristigen Planung, Steuerung langfristigen Optimierung der externen und internen Lieferantenbasis des Unternehmens. Ausgehend von kategorie- oder materialgruppenspezifischen Beschaffungsstrategien gilt es, präzise Entwicklungsmaßnahmen zu definieren, die eine kontinuierliche Erhöhung der Lieferqualität oder eine Senkung der

Abb. 3.1 Phasenmodell im strategischen Management – Strategisches Dreieck

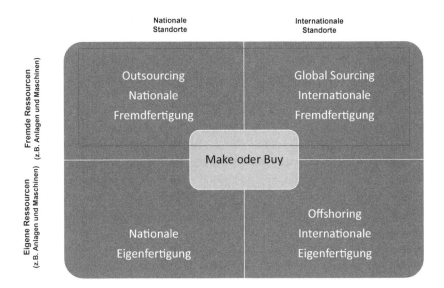

Abb. 3.2 Eigen- und Fremdfertigung im internationalen Kontext

Beschaffungskosten ermöglichen. Das Versorgungsrisiko kann beispielsweise durch die kollaborative Optimierung unternehmensübergreifender Prozesse nachhaltig reduziert werden. Der frühzeitige Aufbau von möglichen Alternativlieferanten und die gezielte Steuerung des Beschaffungsvolumens beugen Abhängigkeiten des Unternehmens vor. Zudem sollte die Beziehung zu strategisch wichtigen und zu schwer substituierbaren Lieferanten durch kooperative und integrative Maßnahmen gestärkt werden. Somit sichert man die Wettbewerbsfähigkeit des eigenen Unternehmens. Aufgrund der langfristigen Ausrichtung sollten alle Maßnahmen zur Erreichung der strategischen Ziele im Rahmen eines kontinuierlichen Prozesses regelmäßig überprüft und gegebenenfalls angepasst werden (Helmold und Terry 2016).

3.1.1 Strategische Analyse

Schritt eins beginnt mit der strategischen Analyse (Johnson und Scholes 1997). Diese dient der umfassenden Informationssammlung als Basis für die Strategieformulierung. Sie besteht vor allem aus der Analyse und Prognose der Unternehmens-Umwelt, d. h. der Makro-Rahmenbedingungen, der Branche, der Kunden und des Wettbewerbs (externe Analyse) sowie der Analyse und Prognose des Unternehmens selbst (interne Analyse) (Johnson und Scholes 1997). Analysen innerhalb dieser Phase beinhalten die Umwelt, Erwartungen, Fähigkeiten, Kompetenzen und Ressourcen. Die Umweltanalyse (Engl.: PESTEL, Political, Economic, Social, Technological, Environmental und Legal) ist ein geeignetes Werkzeug im internationalen Kontext. Auch eignen sich andere Werkzeuge, wie die Industrie- oder Stärken- Schwächen-Analyse, als Mittel zur Verhandlungsvorbereitung.

3.1.2 Strategische Auswahl

Zur Formulierung der Strategie werden zunächst, basierend auf den Analysen in der vorhergehenden Phase „strategische Analyse", Strategiealternativen und -optionen entwickelt, die zur Generierung von Wettbewerbsvorteilen geeignet erscheinen. Anhand von Beurteilungskriterien werden diese Alternativen anschließend bewertet, wobei Bewertungskriterien dabei die Unternehmensziele spiegeln müssen. Unter den Alternativen wird nun diejenige ausgewählt, welche die bestmögliche Erreichung der Unternehmensziele verspricht; sie stellt die zukünftige Unternehmensstrategie dar (Johnson und Scholes 1997). Porter empfiehlt entweder die Kostenführerschaft (Engl.: Cost Leader) oder die Leistungsführerschaft (Engl.: Differentiator) als Strategieoption auszuwählen (Porter 1985). Diese generischen Strategien können branchenweit oder nur in einer Branche fokussiert werden. Wogegen die Kostenführerschaft auf optimale Kosten abzielt, konzentriert sich die Leistungsführerschaft auf Alleinstellungsmerkmale in Qualität oder anderen Bereichen aus Sicht des Kunden. Beide strategische Ausrichtungen erfordern die langfristige Integration der Lieferantenseite in die eigenen Prozesse. Neben den generischen Strategien gibt es zahlreiche weitere Strategien, wie Internationalisierungsstrategien, Segmentierungsstrategien, Zielgruppenstrategien, Markterschließungsstrategien oder Positionierungsstrategien.

3.1.3 Strategische Implementierung

Ist eine Strategie gewählt, so gilt es, diese erfolgreich umzusetzen, d. h. sie in konkrete Handlungen zu überführen, welche das Unternehmen in Richtung der formulierten Strategie lenken (Porter 1985). Hierzu ist es zunächst erforderlich, die Strategie so weit zu operationalisieren, dass das Management auf allen Ebenen damit Ziele verbindet, die seinem jeweiligen Verantwortungsbereich entsprechen. Dieses hierarchische Herunterbrechen von Zielen findet seinen Niederschlag häufig in einer strategischen und operativen Planung, die der strategiekonformen Steuerung der Ressourcen dient (Porter 1985). Damit Strategie in einem Unternehmen gelebt wird, muss sie mit den Strukturen und Systemen im Unternehmen harmonieren. Die strategische Implementierung muss daher immer auch von einer entsprechenden Gestaltung von Organisation, Prozessen, Management-Informationssystemen und -Anreizsystemen begleitet werden wie Johnson and Scholes betonen (Johnson und Scholes 1997). Neben diesen Voraussetzungen müssen die Mitarbeiter für die Umsetzung der Strategie gewonnen und begeistert werden. Information, Motivation und Qualifikation der Mitarbeiter, also Veränderungsmanagement, spielt hierbei eine wichtige Rolle. Das letzte wichtige Element in der Strategie-Implementierung stellt die systematische Kontrolle dar. Diese bezieht sich auf den Fortschritt der Umsetzung, die Wirksamkeit der Maßnahmen und den Erfolg der Strategie für das Unternehmen. Ebenfalls eine Form der Kontrolle stellt das kontinuierliche Überwachen der Prämissen der gewählten Strategie dar. Ändern sich die Bedingungen im Umfeld des Unternehmens, so kann eine erneute Anpassung der Strategie erforderlich werden. Die Prämissenkontrolle ist identisch mit der strategischen Analyse, wodurch klar wird, dass es sich beim Strategischen Management um einen kontinuierlichen Prozess handelt. Strategisches Management findet auf mehreren Ebenen statt. Auf Unternehmensebene stehen vor allem Fragen der Steuerung des Portfolios an Geschäftsfeldern im Vordergrund. Insbesondere muss die Unternehmensstrategie (Engl.: Corporate Strategy) sicherstellen, dass das Gesamtunternehmen mehr wert ist als die Summe der einzelnen Geschäfte (Johnson und Scholes 1997). Umfasst ein Unternehmen mehrere Geschäftsfelder, so findet Strategisches Management darüber hinaus auch auf Geschäftsfeldebene statt. Schwerpunkt der Geschäftsfeldstrategie (Engl.: Business Strategy) stellt das Verhalten des Unternehmens im jeweiligen Markt- und Wettbewerbsumfeld dar. Man spricht daher häufig auch von der Wettbewerbsstrategie (Porter 1985). Im Zusammenhang mit der Gesamtstrategie wird oft von den vorgeordneten Konzepten der Mission, Vision und des Unternehmensleitbildes gesprochen, sowie vom Strategischem Management. Als nachgeordnet werden Teilstrategien oder strategische Zielsetzungen (Verkaufsstrategien, Beschaffungsstrategien, Eigen- oder Fremdfertigungsstrategien, Marketing-Strategien, Finanzstrategien etc.) definiert, die taktisch (mittelfristig) umgesetzt werden müssen. In diesem Zusammenhang sind Lieferantenmanagement mit internen oder externen Interessenvertretern und Anspruchsgruppen (Engl.: Stakeholder) notwendig. Als Anspruchsgruppen gelten alle Gruppen, die indirekt oder direkt an der Leistungserstellung des Unternehmens beteiligt sind. Anspruchsgruppen sind Kunden, Lieferanten, Banken, das Finanzamt oder andere Gruppen.

3.1.4   Gestaltung der strategischen Ausrichtung: Strategische Pyramide

Ein hilfreiches Werkzeug für Lieferantenmanagement ist die strategische Pyramide (Abb. 3.3) nach Johnsons and Scholes (1997). Strategie ist in diesem Kontext die langfristige Positionierung sowie die Entscheidung der Unternehmung, welche Geschäftsfelder mit welchen Strategien erfolgreich erobert werden sollen. Strategie ist daher „die grundsätzliche, langfristige Ausrichtung und Ausgestaltung einer Unternehmung, um Wettbewerbsvorteile in einem sich verändernden Umfeld durch den Einsatz von Ressourcen und Kompetenzen zu erzielen und die langfristigen Ziele der Anspruchsgruppen (Engl.: Stakeholder) zu verwirklichen". Diese Ausrichtung ist in der Mission beschrieben, welche den langfristigen und übergeordneten Zweck der Unternehmung beschreibt. Nach der Definition der Mission folgt die Vision, die den gewünschten zukünftigen Status der Unternehmung manifestiert. Als Zeitraum kann man hier von drei bis fünf Jahren ausgehen.

Abb. 3.3 Strategische Pyramide in Anlehnung an Johnson und Scholes (1997)

3.1.4.1 Mission und Vision

Mission und Vision umfassen den langfristigen Zweck der Unternehmung und die strategische Absicht (Engl.: Strategic Intent) des Unternehmens (Johnson und Scholes 1997). Die Mission und Mission stellen das strategische Gerüst einer Unternehmung dar und sind Grundlage für die Definition von Unternehmenswerten und strategischen Zielen. Meist wird der Begriff der Mission als Mission Statement mit Unternehmens-leitbild übersetzt. Dabei ist es vielmehr so, dass das Vision Statement das Leitbild beschreibt, während sich aus der Mission die Philosophie eines Unternehmens ergibt. Eine Vision ist die motivierende, positiv-formulierte Vorstellung des Zustandes, den Sie mit Ihrem Unternehmen erreichen wollen. Mit einer Vision geben Sie die Richtung an, in die sich Ihr Unternehmen entwickeln soll. Die Vision drückt aus, wo und wofür Sie in der Zukunft stehen wollen.

3.1.4.2 Wertvorstellungen und Werte

Unternehmenswerte schaffen eine Entscheidungsgrundlage, Verhaltenskodex, Hand-lungsorientierung und Verhaltensmaßstäbe. Unternehmenswerte schaffen Loyalität und binden Mitarbeiter an das Unternehmen. Unternehmenswerte sind quasi die Charakter-eigenschaften einer Organisation. Sie stiften Identität, erzeugen Wahrnehmbarkeit und docken zielorientiert an den Bedürfnissen und/oder Befindlichkeiten der entscheidenden Anspruchsgruppen an. Es entsteht eine selbstverpflichtende Haltung aller Führungskräfte und Mitarbeiter. Im Idealfall identifizieren sich die Mitarbeiter mit diesen Werten und agieren authentisch.

3.1.4.3 Generische Ziele und spezifische Ziele (Goals and Objectives)

Auf die Mission und Vision folgen die generischen und spezifischen Ziele. Generische Ziele (Engl.: Goals) sind nicht quantifiziert und allgemeiner; spezifische Ziele sind dagegen

(Engl.: Objectives) quantifiziert und spezifisch. Im nächsten Schritt folgt die Quantifizierung der generischen Ziele. Die Wissenschaftler Johnson und Scholes unterscheiden in längerfristige und generische (Engl.: Goals) sowie kürzere und quantifizierte Zielsetzungen (Engl.: Objectives) für das Unternehmen (Johnson und Scholes 1997). Quantifizierte Ziele können grundsätzlich Umsatz-, Finanz-, Qualitäts-, Logistik- Kosten- und Alphaziele umfassen (Helmold und Terry 2016). Ziele müssen nach der SMART-Methodik (Engl.: specific, measurabel, achievable, realistic and timely) erstellt werden, d. h. Ziele müssen spezifisch, messbar, erreichbar, realistisch und zeitbezogen definiert werden.

3.1.4.4 Kernkompetenzen
Zwingend notwendig für die Umsetzung sind die Kernkompetenzen. Diese beschreiben die Ressourcen, die Fähigkeiten oder das Wissen, die zu einem Wettbewerbsvorteil führen. Als Teil der Ausrichtung müssen Unternehmungen eine detaillierte Analyse der Kernkompetenzen durchführen. Johnson and Scholes definieren Kernkompetenzen als einen Wettbewerbsvorteil gegenüber den Wettbewerbern, durch den sich Unternehmen abgrenzen und differenzieren können.

3.1.4.5 Strategische Umsetzung der Ziele
Nach der Bestimmung von Mission, Vision, Zielen und Kernkompetenzen folgt die Übersetzung in strategische Ziele. Die langfristige Umsetzung dieser Elemente wird als strategische Zielsetzung definiert. Bei der Umsetzung der strategischen Ziele kommen die vorher genannten Strategien im Lieferantenmanagement zum Tragen.

3.1.4.6 Infrastruktur
Die Infrastruktur im Sinne des strategischen Managements umfasst neben Gebäuden, Maschinen, Anlagen, Büros, Ressourcen oder Mitarbeitern auch Wissen und Innovationen des Unternehmens, die den langfristigen Erfolg sichern. Dafür werden Einrichtungen, Gebäude, Fabriken oder Büros benötigt, die die strategische Infrastruktur darstellen. Daneben sind aber auch andere Erfolgskriterien, wie Ressourcen, Wissen, Experten, Bekanntheitsgrad, Netzwerk oder Innovationen von zentraler Bedeutung.

3.1.4.7 Erfolgskontrolle und Ausführung (Soll-Ist-Analyse)
Das letzte Element der strategischen Pyramide ist die Erfolgskontrolle (Kontrolle und Ausführung) sowie ein Soll-Ist-Vergleich. Ein geeignetes Werkzeug für diesen Schritt ist die Balance Scorecard (BSC) oder ein Aktionsplan. Das Instrument der BSC ist bereits 1992 von den Professoren Norton und Kaplan entwickelt worden. Eine BSC ist ein Instrument im strategischen Management und beinhaltet vier Kategorien (Johnson und Scholes 1997):

- Kundenzufriedenheit
- Finanzkategorie
- interne Prozesse und Verbesserungen
- lernende Organisation

3.2   Internationalisierung des Lieferantenmanagements

Lieferantenmanagement im internationalen Kontext wird für Unternehmen wichtiger denn je, wenn man sich die Handelsbilanz in Deutschland vor Augen führt. Ferner konstatieren die Autoren Dathe und Helmold, dass die Internationalisierung insbesondere in Ländern wie China, Japan oder Südkorea weiter voranschreiten wird. Betrachtet man Ein- und Ausfuhren der Jahre 2016 und 2017 sieht man, dass Deutschland Exportweltmeister in beiden Jahren war. Im Jahr 2017 wurden von Deutschland aus Waren und Güter im Wert von mehr als 1279 Mrd. € in andere Länder ausgeführt. Die wichtigsten Länder für den Export sind die Vereinigten Staaten von Amerika, Frankreich, die Volksrepublik China, die Niederlande und das Vereinigte Königreich. Dagegen wurden Waren und Güter im Wert von 1.034 Mrd. € eingeführt. Auch hier sind neben Italien die Vereinigten Staaten von Amerika, Frankreich, die Volksrepublik China und die Niederlande unter den ersten fünf Ländern. Wie das Statistische Bundesamt anhand vorläufiger Ergebnisse weiter mitteilt, waren damit die deutschen Exporte im Jahr 2017 um 6,3 % und die Importe um 8,3 % höher als im Jahr 2016. Die Exporte und Importe übertrafen im Jahr 2017 die bisherigen Höchstwerte vom Jahr 2016. Damals wurden Waren im Wert von 1.203,8 Mrd. € exportiert und Waren im Wert von 954,9 Mrd. € importiert. Die Außenhandelsbilanz endete im Jahr 2017 mit einem Überschuss von mehr als 244,9 Mrd. €. Im Jahr 2016 hatte der Saldo in der Außenhandelsbilanz mit 248,9 Mrd. € den bisherigen Höchstwert in der Geschichte Deutschlands erreicht. Im Jahr 2016 hatte die deutsche Leistungsbilanz einen Aktivsaldo von 259,3 Mrd. € ausgewiesen. Die Außenhandelsbilanz schloss im Monat Dezember 2017 mit einem Überschuss von 18,2 Mrd. € ab. Kalender- und saisonbereinigt lag der Außenhandelsbilanzüberschuss im Dezember 2017 bei 21,4 Mrd. € (Abb. 3.4 und 3.5).

Abb. 3.6 zeigt die Komplexität internationaler Wertschöpfungsketten für die Herstellung einer Jeanshose. Baumwolle wird als Rohstoff per Lkw von Texas (U.S.A.) nach Los Angeles (U.S.A.) transportiert. Nach der Verlagerung auf ein Containerschiff erfolgt der weitere Transport per Schiff im Container nach Shanghai (VR China), innerhalb Chinas per Lkw zu den jeweiligen Fabriken. In den Fabriken wird das Rohmaterial zu Stoff verarbeitet. Nach einer Konsolidierung wird der gefertigte Stoff nach Malaysia verfrachtet. Reißverschlüsse kommen per Flugzeug aus Japan. Die fertigen Produkte werden dann nach Hamburg geschifft und von dort aus über Verteilzentren an die jeweiligen Einzelhändler ausgeliefert. Abb. 3.7 zeigt die Geschäftsführer Dr. Helmold und Mr. Li von der Firma Midas in China. Im internationalen Handel sind enge Partnerschaften von signifikanter Bedeutung.

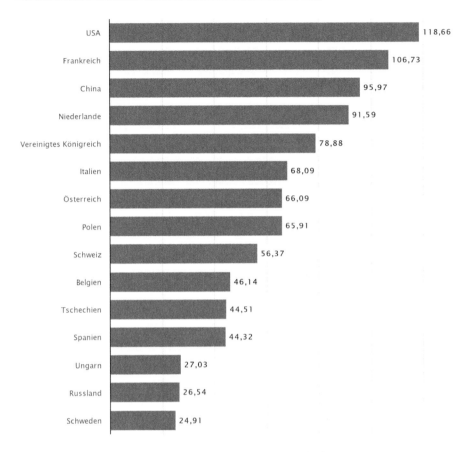

Exportvolumen in Milliarden Euro

Abb. 3.4 Die wichtigsten Export-Handelspartner für Deutschland. (Quelle: Pressemitteilung Nr.039 vom 8. Februar 2018: Deutsche Exporte im Jahr 2017: +6,3 % zum Jahr 2016. Exporte und Importe erreichen neue Rekordwerte. Abgerufen am 15.3.2018. https://www.destatis.de/DE/PresseService/Presse/Pressemitteilungen/2018/02/PD18_039_51.html.)

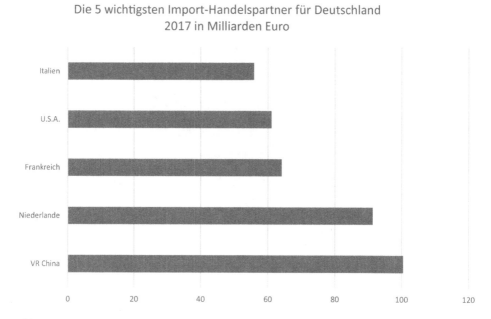

Abb. 3.5 Die wichtigsten Import-Handelspartner für Deutschland. (Quelle: Pressemitteilung Nr.039 vom 8. Februar 2018: Deutsche Exporte im Jahr 2017: +6,3 % zum Jahr 2016. Exporte und Importe erreichen neue Rekordwerte. Abgerufen am 15.03.2018. https://www.destatis.de/DE/PresseService/Presse/Pressemitteilungen/2018/02/PD18_039_51.html.)

Stufe	Material und Ort	Internationale Wertschöpfung und Logistik
1.	Baumwolle aus Texas (U.S.A.)	Transport per LKW von Texas (U.S.A.) nach Los Angeles (U.S.A.). Per Schiff im Container nach Shanghai (VR China), innerhalb Chinas per LKW.
2.	Stoff und Garn aus China	Konsolidierung durch Logistikdienstleister in China. Transport per Schiff nach Malaysia.
3.	Reißverschlüsse aus Japan	Transport via Flugzeug von Japan nach Malaysia.
4.	Jeans aus Malaysia	Verpackung und Konsolidierung in Malaysia. Transport nach Hamburg.
5.	Endprodukt	Kommissionierung und bedarfsgerechte Distribution in Deutschland.

Abb. 3.6 Herstellung einer Jeans durch internationale Wertschöpfung

Abb. 3.7 Geschäftsführer Dr.
Helmold und Mr. Li

3.3   Lieferantenmanagement als Schlüsselrolle in der COVID-19-Pandemie

Die Covid-19-Pandemie stellt Unternehmen aller Branchen vor bisher unbekannte Herausforderungen, deren Ausmaße derzeit noch nicht abzuschätzen sind. Aufgrund ihres plötzlichen Eintretens und der mangelnden Möglichkeit sich vorzubereiten, bringt diese Pandemie Risiken für die Lieferkette der Unternehmen mit sich. Nun gilt es für Unternehmen, auf diese zielgerichtet, zügig und effektiv zu reagieren. Lieferantenmanagement bedeutet in diesem Sinne die proaktive und präventive Gestaltung aller Lieferantenbeziehungen des Unternehmens über alle Bereiche mit dem Ziel, durch bessere Zusammenarbeit mit direkten Lieferanten (aber auch Vorlieferanten) Produkte oder Dienstleistungen besser, schneller und zu niedrigeren Kosten zu entwickeln, zu beschaffen und herzustellen.

3.4   Fallstudie: Siemens und die Auswahl von Lieferanten über SCM Star

Qualität, Verfügbarkeit, Produktivität und Innovation von Lieferanten über die gesamte Wertschöpfungskette hinweg leisten für das Unternehmen einen wertvollen Beitrag zum Geschäftserfolg. Deshalb wählt das Unternehmen seine Lieferanten sehr sorgfältig und funktionsübergreifend aus. Die Lieferanten von Siemens gehören zu den Besten und Innovativsten, erfüllen Mindestanforderungen und entwickeln sich kontinuierlich und schneller als der Markt weiter. Im Gegenzug erhalten bewährte Lieferanten durch die Zusammenarbeit mit Siemens als weltweitem Technologieführer Zugang zu globalen Märkten. Zudem können sie ihr Produkt-, Lösungs- und Dienstleistungsportfolio und ihren Kundenkreis nachhaltig erweitern. In der Zusammenarbeit mit allen Lieferanten geht es uns nicht nur um innovative Produkte und Lösungen, sondern auch darum, sie in ihrer kontinuierlichen Weiterentwicklung zu unterstützen. Aus den durchgeführten Leistungsbewertungen und der geforderten Geschäftsstrategie leitet Siemens gemeinsam relevante Entwicklungsmaßnahmen ab. Diese werden in einer Zielvereinbarung festgeschrieben und nachhaltig umgesetzt. Ziel ist es, die Leistungs- und Kostenposition über die gesamte Wertschöpfungskette zu optimieren sowie erkennbare Risiken zu minimieren oder frühzeitig zu entschärfen. So verbessern sich beide Parteien kontinuierlich weiter, um auch künftig einen Wettbewerbsvorteil in einer sich stetig und schnell verändernden Welt zu haben. Die Registrierung und Qualifizierung aller Lieferanten erfolgt standardisiert über die globale IT-Applikation SCM Star. Im ersten Schritt registrieren sich Lieferanten mit allen notwendigen Angaben und verpflichten sich zur Einhaltung allgemeiner Standards und Prinzipien zur Nachhaltigkeit in der Lieferkette, die im Siemens Ethikcode (Engl.: Code of Conduct) dokumentiert sind. Basierend auf verschiedenen Kriterien, wie beispielsweise Produkt- bzw. Service- Portfolio durchlaufen Lieferanten danach ausgewählte Qualifizierungsmodule. Diese beinhalten beispielsweise die Selbstauskunft und Verpflichtung zur unternehmerischen Nachhaltigkeit oder Verpflichtungen zur Einhaltung von spezifischen Vorgaben im Bereich Umweltschutz, Gesundheitsmanagement und Sicherheit. Nach erfolgreichem Abschluss erhalten Siemens- Lieferanten den Status „Ready-for-Business" (R4B) und können an elektronischen Ausschreibungen und Auktionen teilnehmen.

Literatur

Dathe, T. & Helmold (2018). Erfolg im Chinageschäft. Handlungsempfehlungen für kleine und mittlere Unternehmen (KMU). Springer Gabler Wiesbaden.

Helmold, M. & Terry, B. (2016). Global Sourcing and Supply Management Excellence in China. Springer Singapur.

Johnson, G. & Scholes, K. (1997). Exploring Corporate Strategy. Text and Cases. 4th Edition. Prentice Hall London.

Porter, M.E. (1985). Competitive Advantage. Creating and sustaining superior Performance. Free Press New York.

Phasen des Lieferantenmanagements

4

*Bildung ist Lehren, was man nicht weiß und Training ist
wiederholtes Üben von dem, was man weiß. Wir brauchen nicht
nur Bildung, sondern auch Training.*

Taiichi Ohno (1912–1990)

4.1 Lieferantenmanagement als Querschnittsfunktion: Integration aller Funktionen

Die zunehmende Globalisierung, Megatrends und Krisen wie die COVID-19-Krise haben gezeigt, dass die Steuerung der Lieferketten und Kiefernetzwerke eine zentrale Rolle in international und national ausgerichteten Unternehmen eingenommen hat. Ferner schreitet weltweit die Digitalisierung voran und das Bedürfnis nach immer schnelleren und neuen Innovationen zwingen Unternehmen alte Strategien und traditionelle Konzepte zu überdenken und zu verändern (Kleemann und Glas 2020). Die Vernetzung von Kunden, Lieferanten und Interessengruppen, der nahezu uneingeschränkte Austausch von Daten und Informationen sowie die damit einhergehende maximale Transparenz über einen Großteil der Wertschöpfungsketten innerhalb von weltumspannenden Lieferketten wirft die Frage nach der zukünftigen Generierung von Wettbewerbsvorteilen von produzierenden, Handels- aber auch Dienstleistungsunternehmen auf (Schupp und Wöhner 2017). In diesem Kontext kommt der Querschnittsfunktion Lieferantenmanagement, also der Funktion, die die gesamte Wertekette steuert, über die gesamte Wertschöpfungstiefe hinweg eine viel wichtigere Bedeutung zu als dies in den vergangenen Jahren der Fall war (Dust 2019). Das Lieferantenmanagement übernimmt daher als abteilungsübergreifende Querschnittsfunktion eine integrierte Verantwortung mit Aufgabenstellungen, wie Entwicklung einer

M. Helmold, *Innovatives Lieferantenmanagement*,
https://doi.org/10.1007/978-3-658-33060-6_4

Einkaufsstrategie, Steuerung und Planung von Lieferketten, Beschaffungsmarktforschung und -marketing, Kaufteillieferantenmanagement, Bestellabwicklung, Logistik-
planung, inner- und außerbetrieblicher Transport, Verkehrsmittelwahl, Optimierung des
Material- und Informationsflusses auf allen Wertschöpfungsketten, Bestandscontrolling,
Materiallagerung inklusive Warenannahme, Lagerorganisation, -verwaltung, Bedarfs-
ermittlung, Bestellmengenrechnung, Auftragsterminierung, Reststoffwirtschaft und
Prozessoptimierungen entlang der gesamten Wertekette (Büsch 2019). Denn erst der
integrative Ansatz vom Kundenauftrag über die Planung, Beschaffung, Produktion,
Logistik bis hin zum Afterservice verschafft Unternehmen die notwendige Entscheidungsgrundlage für Wettbewerbsvorteile. Ein optimales Lieferantenmanagement
umfasst insbesondere folgende Schritte: Lieferantenstrategie (Lieferantenklassifizierung),
Lieferantenselektion (Auswahl der Lieferanten), Lieferantenbewertung (Erfassung
der Leistungsfähigkeit basierend auf einheitlichen Bewertungskriterien) Lieferantenentwicklung (Festlegung von Zielvorgaben für den Lieferanten durch gemeinsame
Optimierungsprogramme), Lieferantenintegration (Erweiterung des Aufgabenspektrums
für Lieferanten mit dem Ziel der Vorverlagerung von Aktivitäten), Lieferantencontrolling
(kontinuierlicher Abgleich der Zielerfüllungsgrade, Schwächen frühzeitig erkennen
und beseitigen). Abb. 4.1 zeigt in diesem Sinne die sechs Phasen des Lieferantenmanagements mit der Auswahl der geeigneten Lieferantenstrategie, der Lieferantenauswahl, der Bewertung, der Entwicklung, der Integration und dem Lieferantencontrolling
(Helmold und Terry 2016). Das Lieferantenmanagement übernimmt daher die Planung,
Steuerung und Integration von Lieferanten von der Beschaffung bis hin zur Übergabe der
Produkte oder Dienstleistungen zum Kunden. Messindikatoren zur stetigen Evaluierung
der Performance umfassen Kennzahlen wie Qualität, Kosten oder Finanzen, Lieferziele
und andere Bereiche (z. B. Nachhaltigkeit oder Reifegrad).

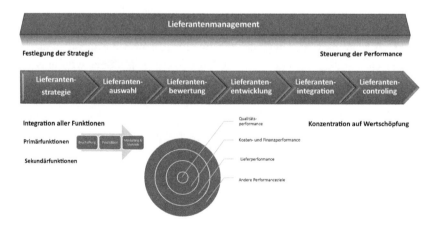

Abb. 4.1 Phasen im Lieferantenmanagement

4.2   Lieferantenstrategie

4.2.1   Gegenstand und Elemente der Lieferantenstrategie

Durch Leistungsverlagerungen auf Lieferantennetzwerke, die im Wettbewerb zu einander stehen, entstehen innerhalb der Wertschöpfungskette neue Leitbilder, Strategien und Abläufe, die zu bewältigen sind. Der Fokus in der Zukunft liegt somit schon lange nicht mehr nur auf der Hebung unternehmensinterner Kostenvorteile, sondern viel mehr im Informationsaustausch und der Ausschöpfung der globalen unternehmensübergreifenden Potenziale. Generell wird mit Lieferantenmanagement das Ziel verfolgt, eine einheitliche Methodik für die Analyse potenzieller und bestehender Lieferanten bereitzustellen, um basierend auf den Ergebnissen strategische Entscheidungen zu treffen. Auf operativer Ebene bedeutet dies, die Leistung der Lieferanten vergleichbar zu machen, Optimierungspotentiale aufzudecken und Beschaffungskosten zu senken. Die strategische Dimension des Lieferantenmanagements zielt dagegen vor allem darauf ab, basierend auf einer transparenten Entscheidungsgrundlage, geeignete Beschaffungsstrategien zu definieren, um Versorgungsrisiken und Abhängigkeiten zu senken und die Beschaffungsqualität zu erhöhen. Die strategischen Ziele des Lieferantenmanagements befassen sich mit der mittel- bis langfristigen Optimierung der Lieferantenbasis des Unternehmens. Ausgehend von kategorie- oder materialgruppenspezifischen Beschaffungsstrategien gilt es, präzise Entwicklungsmaßnahmen zu definieren, die eine kontinuierliche Erhöhung der Lieferqualität oder eine Senkung der Beschaffungskosten ermöglichen. Das Versorgungsrisiko kann beispielsweise durch die kollaborative Optimierung unternehmensübergreifender Prozesse nachhaltig reduziert werden. Der frühzeitige Aufbau von möglichen Alternativlieferanten und die gezielte Steuerung des Beschaffungsvolumens beugen Abhängigkeiten des Unternehmens vor. Abb. 4.2 zeigt die erste der sechs Phasen Lieferantenstrategie. Zudem sollte die Beziehung zu strategisch wichtigen und zu schwer substituierbaren Lieferanten durch kooperative und integrative Maßnahmen gestärkt werden. Somit sichert man die Wettbewerbsfähigkeit des eigenen Unternehmens. Aufgrund der langfristigen Ausrichtung sollten alle Maßnahmen zur Erreichung der strategischen Ziele im Rahmen eines kontinuierlichen

Abb. 4.2 Lieferantenstrategie als erste Phase im Lieferantenmanagement

Abb. 4.3 Elemente der Lieferantenstrategie

Prozesses regelmäßig überprüft und gegebenenfalls angepasst werden. Abb. 4.3 zeigt die Hauptelemente in der Phase der Lieferantenstrategie mit Segmentierung der Lieferanten, Entwicklung einer Materialgruppenstrategie, Machbarkeitsstudien über Eigen- oder Fremdfertigungen, der Evaluierung von Digitalisierungsgraden in Lieferketten und der ständigen Überprüfung von Nachhaltigkeitsanforderungen von Lieferanten. Die Hauptaufgaben können folgendermaßen beschrieben werden:

- Auswahl der richtigen Lieferanten für die richtigen Materialgruppen
- Anwendung der richtigen Werkzeuge im Lieferantenmanagement
- richtige Klassifizierung in Vorzugs-, Alternativ- oder Marktlieferanten
- richtige Abwägung der Wertschöpfungstiefe und des Umfangs
- Auswahl der richtigen Digitalisierungsstrategie und Anbindung der Lieferanten
- Sicherstellung der Nachhaltigkeit über die gesamte Wertschöpfungskette

4.2.2 Lieferantenklassifizierung

Jede Lieferantenstrategie muss auf Kernelemente, wie Klassifizierung, Kategorisierung, Digitalisierung, Eigen- oder Fremdfertigung, Digitalisierung und Nachhaltigkeit, ausgerichtet sein. Abb. 4.4 zeigt diese Elemente. Im Rahmen der Lieferantensegmentierung erfolgt eine Eingruppierung der Lieferanten in unternehmensweite Klassen nach

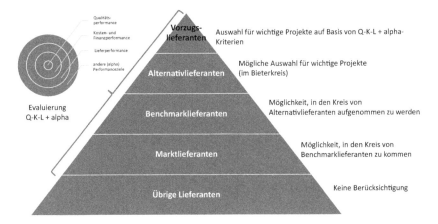

Abb. 4.4 Lieferantenklassifizierung und Lieferanteneinteilung

Vorzugslieferanten, Alternativ-, Benchmark-, Markt- und anderen Lieferanten. Vorzugslieferanten sind ausgewählte Lieferanten mit hervorragenden Leistungsmerkmalen hinsichtlich Innovation, Qualität, Kosten, Lieferzuverlässigkeit, Nachhaltigkeit und Prozessen. Vorzugslieferanten (Engl.: Preferred Supplier) werden vorzugsweise behandelt und erhalten festgelegte Volumina, Auftragsumfänge und Beschaffungsquoten. Vorzugslieferanten werden meist frühzeitig in den Entwicklungs- und Produktentstehungsprozess des eigenen Unternehmens mit eingebunden. Das Verhältnis ist partnerschaftlich aufgebaut. Alternativlieferanten sind Lieferanten, die neben den Vorzugslieferanten eingesetzt werden können. Alternativlieferanten sind im Bieterkreis, haben aber eine nicht so gute Performance wie die Vorzugslieferanten im Hinblick auf Qualitäts-, Kosten-, Liefer- und anderen Merkmalen, daher erhalten diese meist nur kleinere Umfänge und Beschaffungsquoten. Nach den Alternativ folgen Benchmarklieferanten, die als Vergleichsgrößen dienen und in den Bieterkreis mit aufgenommen werden können. Benchmarking im Lieferantenmanagement ist eine sinnvolle Methode zur systematischen und strukturierten Informationsgewinnung und zum Vergleich von Lieferanten anhand von Merkmalen wie Innovationskraft, Technologieführerschaft, Kosteneffizienz oder Qualitätsbewusstsein. Benchmarking ist damit ein ständiger kreativer Leistungsprozess zur Verbesserung des Lieferantenportfolios durch Ermittlung und Vergleich der besten bekannten Leistungen bestehender Lieferanten und dem Vergleich mit neuen Lieferanten, die besonders starke Leistungsmerkmale aufzeigen (Engl.: Benchmark = der Beste; Best Practice). Durch Übernahme und weitere kontinuierliche Verbesserungen der identifizierten Best-Practice-Prozesse werden die Leistungsfähigkeit des eigenen Bereiches, die Wettbewerbsfähigkeit und so letztlich die Kundenzufriedenheit verbessert. So gesehen bietet ein Benchmarkingprojekt im Rahmen einer Ausschreibung die Möglichkeit des Vergleichs mit besten Lösungen, zeigt Defizite und Schwachstellen auf, klärt den Handlungsbedarf und kann als ideales Werkzeug für die Entwicklung neuer Lieferanten und einen stetigen Wettbewerb verwendet werden. Benchmarking ist nicht nur ein Kennzahlen- oder Betriebsvergleich, sondern ist eine umfassende, ganzheitlich anwendbare Prozessanalyse zur Leistungsverbesserung, die für alle Leistungsbereiche und das gesamte Unternehmen angewendet werden kann. Nach den Benchmarklieferanten folgen Marktlieferanten und alle übrigen Lieferanten. Marktlieferanten können bei Befähigung und einer Evaluierung des Lieferantenmanagements in den Kreis der Benchmarklieferanten aufgenommen werden. Alle übrigen Lieferanten finden keine Berücksichtigung (Helmold und Terry 2016).

4.2.3 Materialgruppenstrategien

Eine Material- oder Produktgruppe oder Kategorie (Engl.: Commodity oder Category) fasst unterschiedliche Einzelteile oder Kategorien in einer Materialgruppe zusammen, die meist aus demselben Grundmaterial bzw. Rohstoff hergestellt oder in eine gleiche Kategorie eingeteilt werden können. Die Unterscheidung von Materialgruppen kann frei festgelegt werden und kann relativ grob oder auch fein sein, dies hängt von dem jeweiligen Zweck ab. Beispiele für Materialgruppen: Eisen oder eisenhaltiges Metall, Kupfer, Kunststoff, Gummi, Leder, Holz usw. Andere Aufteilungen erfolgen z. B. nach Elektrik, Mechanik, Aluminium oder Stahl.

Für Engpassmaterialien ist das oberste Ziel die Versorgung zu sichern. Um das Versorgungsrisiko zu reduzieren, sollte man auf die globalen Beschaffungsmärkte schauen. Die lokalen Märkte bieten für Engpassmaterialien in der Regel nur unzureichende Bezugsmöglichkeiten. Durch die Erweiterung der Lieferantenanzahl wird die Abhängigkeit von einzelnen Lieferanten für Engpassmaterialien verringert. Es steht nicht der Einstandspreis des Materials im Vordergrund, sondern die Sicherung der Versorgung. Da es sich meistens um geringwertige Einzelteile handelt, ist eine Produktentwicklung eher nicht bedeutend. Durch Standardisierung von Engpassmaterialien kann eine Verringerung des Versorgungsrisikos erreicht werden. Abb. 4.5 zeigt die möglichen Materialgruppenstrategien. Diese Matrix ist nach strategischen, Hebel-, Flaschenhals- und unkritischen Materialgruppen und Marktsegmenten (Lieferanten) untergliedert. Bei strategischen Materialgruppen und Marktsegmenten empfiehlt es sich, eine enge Bindung mit den Lieferanten einzugehen. Dies kann durch Kollaboration, gemeinsame oder konkurrente Entwicklungsprojekte, Kooperationen oder sogar Unternehmenszusammenschlüsse (z. B. Gründung eines neuen Unternehmens oder eines Joint Venture) stattfinden. Für Hebelprodukte sollten Unternehmen Volumina bündeln und proaktiv auf potenzielle Lieferanten zugehen, um hier die ideale Strategie zu erreichen. Auch können Einkaufskooperationen helfen, Vorteile am Markt zu erlangen. Bei Engpassprodukten muss die Strategie auf Bedarfssicherheit gelegt werden, sodass sich langfristige Verträge als vorteilhaft erweisen. Globale Ausschreibungen oder die Substitution sind weitere Strategien, um die Versorgungssicherheit zu gewährleisten. Für Normprodukte oder Standardprodukte ist es dagegen vorteilhaft, den Markt regelmäßig zu untersuchen und

			Strategische Partnerschaften eingehen
Strategische Produkte			
Hebel-Produkte		Marktmacht ausschöpfen	
Flaschenhals-Produkte	Wettbewerb fördern		
Unkritische Produkte	Operative Abwicklung durchführen		

| Unkritisches Marktsegment | Flaschenhals Marktsegment | Hebel Marktsegment | Strategisches Marktsegment |

Abb. 4.5 Materialgruppenstrategien

das Potenzial auszuschöpfen. B2B-Plattformen, C-Teile-Management aus einer Quelle oder die Bündelung von Bedarfen nach einer detaillierten Marktuntersuchung (Helmold und Terry 2016).

4.2.4 Make-or-Buy-Strategien

Eine Make-or-Buy-Entscheidung adressiert die Eigenfertigung oder den Fremdbezug eines Produkts. Es geht darum, ein Produkt selbst zu produzieren (Make) oder es einzukaufen (Buy). Unter der betrieblichen Funktion der Produktion wird stets Eigenfertigung verstanden. Güter werden mit eigenen Ressourcen, Mitarbeitern, Produktionsfaktoren und Produktionsverfahren hergestellt. Eigenfertigung bedeutet eine Internalisierung, also die Organisation wirtschaftlicher Aktivitäten und Herstellung einer Materialgruppe in der eigenen Unternehmensorganisation. Fremdfertigung bedeutet dagegen, dass Materialgruppen und Fertigungsumfänge an Lieferanten ausgelagert werden (Outsourcing). Bei der Fremdfertigung fallen in der Regel nur variable Kosten an. Bei Eigenfertigung kommen die Fixkosten hinzu. Die Differenz zwischen beiden variablen Kostenbeträgen wird genutzt, um die fixen Kosten mit jedem Stück mehr zu decken (Fixkostendegression), bis diese komplett abgedeckt sind. Abb. 4.6 zeigt Handlungsempfehlungen für Unternehmen nach strategischer Wichtigkeit und Relevanz der Materialgruppe auf

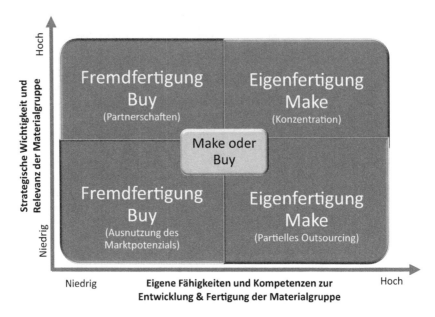

Abb. 4.6 Strategic Make- or-Buy Analysis

der Y-Achse und Fähigkeiten und Kompetenzen zur Entwicklung und Fertigung der Materialgruppe auf der X-Achse auf. Unternehmen müssen sich daher auf ihre eigenen Fähigkeiten und Kompetenzen zur Entwicklung und Fertigung der Materialgruppe konzentrieren und in diesem Segment eine Strategie der Eigenfertigung (Make) bevorzugen, insbesondere, wenn strategische Wichtigkeit und Relevanz der Materialgruppe sehr hoch ist. Bei gleichhohen Fähigkeiten und Kompetenzen für eine Produktgruppe, aber einer relativ niedrigen strategischen Relevanz und Wertigkeit kann eine Hybridstrategie mit einer teilweisen Auslagerung erfolgen. Jedoch müssen Unternehmen sicherstellen, dass das Wissen für diese Materialgruppe weiter in dem eigenen Unternehmen verbleibt. Sollte das eigene Unternehmen keine Kompetenzen in einer speziellen Materialgruppe verfügen, die eine hohe strategische Bedeutung hat, so sind hier partnerschaftliche Kooperationen mit einem oder wenigen Lieferanten (Fremdfertigung oder Buy) zu empfehlen. Aufgrund der strategischen Bedeutung lohnen sich Langzeitverträge, Kooperationen oder gemeinsame Projektentwicklungen mit den Lieferanten zu verfolgen. Bei weniger relevanten Materialgruppen und keinem Know-how in dem eigenen Unternehmen können das Marktpotenzial und der Wettbewerb voll ausgeschöpft werden.

Die Entscheidung für Fremdbezug sollte also sorgfältig überlegt werden. Daher gilt es, sich im Vorfeld Gedanken über grundsätzliche Vor- und Nachteile zu machen. Einige wichtige sind nachstehend festgehalten.

Vorteile bei Fremdbezug

- Konzentration auf Kernkompetenzen und Fokussierung der Aktivitäten und Ressourcen auf das eigene Kerngeschäft
- Möglichkeit und Chance, ein proaktives und präventives Lieferantenmanagement zu etablieren
- Verringerung der Fertigungstiefe und Transformation hin zu einer schlanken Produktionsstruktur
- langfristige Optimierung der Kostenstruktur durch den Abbau von Fixkosten bzw. den Wandel von fixen zu variablen Kosten
- Verbesserung der Liquiditätssituation und ggf. Verbesserung der Bilanzrelationen (u. a. durch Reduzierung des Verschuldungsgrades, wenn Investitionen, für die Kredite aufgenommen werden müssen, nicht getätigt werden)
- flexibles Reagieren auf Nachfrageänderung und Verlagerung eines Teils des unternehmerischen Risikos auf den Zulieferer
- Möglichkeit von Partnerschaften und dem Erhalt von Innovationen, die nicht im eigenen Kompetenzbereich liegen

Nachteile bei Fremdbezug

- tief greifende Einschnitte in bestehende Strukturen bei Auslagerungen und Unruhe in der Belegschaft
- Verlust von Know-how und Personal mit einer möglicherweise signifikanten Abhängigkeit von einem Anbieter
- langfristige Bindung an Lieferanten schränkt Flexibilität ein, selber aktiv auf Marktänderungen zu reagieren
- Möglichkeit, dass Betriebsgeheimnisse nicht gewahrt werden, insbesondere im internationalen Geschäft
- steigender Koordinationsaufwand, insbesondere in der Logistik und anderen Abteilungen, die in dem Wertschöpfungsprozess sind

4.2.5 ABC-XYZ-Analyse und Strategien

Die ABC-XYZ-Analyse ist ein Verfahren im Lieferantenmanagement zur Klassifizierung von Materialgruppen nach Verbrauch, Wertigkeit und nach der Prognosesicherheit des Verbrauchs von Beschaffungsumfängen in einem Unternehmen. Für die Beschaffung von Produkten, die Planung von Produktionsmengen und für andere logistische Fragstellungen wird die ABC-Analyse oft mit der XYZ-Analyse verknüpft. Während es bei der ABC-Analyse vor allem um Wert und Bedeutung von Kunden, Produkten, Lieferanten oder Einkaufsteilen geht, wird mit der XYZ-Analyse deren Planbarkeit und die Möglichkeit für Prognosen analysiert. Sie setzt sich zusammen aus der ABC-XYZ-Analyse wie Abb. 4.7 zeigt.

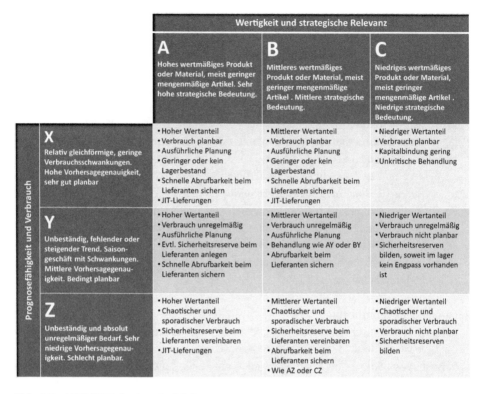

Abb. 4.7 ABC-XYZ-Analyse im Lieferantenmanagement

ABC-Artikel
- A-Artikel: Hoher Wertanteil von ca. 70 % bis 80 %
- B-Artikel: Mittlerer Wertanteil von ca. 15 % bis 20 %
- C-Artikel: Niedriger Wertanteil von ca. 5 % bis 10 %

XYZ-Artikel
- X-Artikel: Artikel mit einem konstanten Bedarf und hoher Vorhersagegenauigkeit
- Y-Artikel: Artikel mit schwankendem Bedarf und mittlerer Vorhersagegenauigkeit
- Z-Artikel: Artikel mit unregelmäßigem Bedarf und geringer Vorhersagegenauigkeit

AX- und BX-Artikel haben einen hohen Wertanteil und sind verbrauchsmäßig gut zu prognostizieren, da sie einem gleichmäßigen Verbrauch unterliegen. Sie sind daher verhältnismäßig einfach zu steuern. AZ- bzw. BZ-Artikel sind als problematisch anzusehen. Sie haben einen hohen Anteil am Umsatz, sind aber aufgrund ihres unregelmäßigen Bedarfs schwer steuerbar. Werden zu viele Artikel dieser Kategorie lagert, hat steigende Lagerhaltungskosten. Bei einer zu geringen Lagerung kann es zu Engpässen innerhalb der Produktion kommen.

4.2.6 Internationalisierungsstrategien

Das Lieferantenmanagement muss Resilienz bei internationalen Transaktionen und Geschäften gewährleisten. Im Jahr 2019 importierten deutsche Unternehmen Vorprodukte im Wert von 606 Mrd. €, was gut 55 % der gesamten Warenimporte Deutschlands ausmachte. Zwei Drittel der importierten Vorprodukte kamen aus anderen EU-Mitgliedstaaten, weitere 5,3 % bzw. 5,0 % aus den USA und China (Kolev und Obst 2020). Das Lieferantenmanagement muss durch eine klare Struktur und Risikobewertung sicherstellen, dass internationale Lieferketten stabil sind und nicht zu Versorgungsengpässen führen. Gerade die COVID-19-Krise hat gezeigt, dass Strategien für Produkte aus dem Gesundheitsbereich nicht nachhaltig und gut waren, sodass es zu Versorgungsengpässen, z. B. Masken oder Schutzausrüstung gekommen ist (Helmold et al. 2020).

4.2.7 Nachhaltigkeitsstrategien

Die primäre Aufgabe des klassischen Lieferantenmanagements liegt darin, anhand geeigneter Kriterien und Strategien wertschöpfende Lieferketten zu schaffen. Dies passiert auf Basis der Kriterien Qualität, Kosten, Lieferleistung und anderer signifikanter Aspekte (QCD plus Alpha). In Zeiten von politischen Unruhen, Handel im internationalen Kontext, des Klimawandels, strengerer umweltpolitischer Vorgaben, steigender Energiepreise und aufgeklärter, Umweltfreundlichkeit fordernder Konsumenten hat das Lieferantenmanagement eine Schlüsselrolle bei der Sicherstellung nachhaltiger Lieferketten. Studien belegen: „Nachhaltigkeit" als integrierter Bestandteil der Wertschöpfungsketten bietet Unternehmen gute Möglichkeiten, sich im Wettbewerb zu differenzieren und so Umsätze zu steigern. Nachhaltigkeit (Abb. 4.8) umfasst Elemente,

Abb. 4.8 Nachhaltigkeit und Corporate Social Responsibility (CSR)

wie Arbeitsbedingungen, Umweltschutz, Menschenrechte, Antikorruption, Sozialstandards, Einhaltung der Menschenrechte oder Achtung des geistigen Eigentums. Kap. 10 behandelt das Thema Nachhaltigkeit detailliert.

4.2.8 Digitalisierungsstrategien

Die Digitalisierung und Verknüpfung des eigenen Unternehmens mit der Lieferkette werden mittelfristig den Abstand zwischen Unternehmen, die diese erfolgreich auf ihr Geschäftsmodell anwenden und denjenigen die diese Chance verpassen, deutlich vergrößern. Die Digitalisierung eröffnet aber auch kleineren, schnelleren und flexibleren Unternehmen eine Chance, ganze Evolutionsstufen von Organisationen zu überspringen, an ihren Wettbewerbern vorbeizuziehen und eigene Märkte zu schaffen. Das gilt auch für das Lieferantenmanagement oder im weiteren Sinne für das Management der Lieferkette (Immerthal 2017). Die Digitalisierung wird mittelfristig den Abstand zwischen Unternehmen, die diese erfolgreich auf ihr Geschäftsmodell anwenden und denjenigen die diese Chance verpassen, deutlich vergrößern.

4.3   Lieferantenauswahl

4.3.1 Verlagerungen von Randkompetenzen an Lieferanten

Jedes Unternehmen hat seine spezifischen Stärken, die sogenannten Kernkompetenzen, auf die es sich konzentrieren muss. Kernkompetenzen bezeichnen Fähigkeiten, Prozesse, Technologien, Wissensvorsprünge oder Tätigkeiten, die ein Unternehmen im Vergleich zur Konkurrenz besser ausführen kann und dadurch einen Wettbewerbsvorteil erlangt hat. Kernkompetenzen sind daher die Fähigkeiten eines Unternehmens etwas besser zu können als andere. Darin liegt ein strategischer Wettbewerbsvorteil. Kernkompetenzen werden durch vier Merkmale determiniert:

- Kundennutzen
- Imitationsschutz
- Differenzierung
- Diversifikation

Bei dem Konzept handelt es sich um eine Spielart des ressourcenbasierten Ansatzes, der die Positionierung des Unternehmens auf dem Markt für entscheidend hält. Beim Kundennutzen müssen sich Unternehmen fragen, ob auf Basis der Kernkompetenzen ein nachhaltiger Mehrwert für den Kunden erbracht werden kann? Der Imitationsschutz zielt dagegen auf Exklusivität und Alleinstellungsmerkmale ab. Beherrschen die

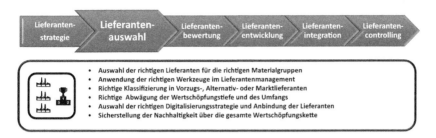

Abb. 4.9 Lieferantenauswahl als Teilphase des Lieferantenmanagements

Unternehmen die Kernkompetenzen exklusiv oder können sie vom Wettbewerber leicht imitiert werden? Differenzierung spiegelt die Dauer des Vorteils wider. Führt die Kernfähigkeit zu einem langfristigen und nachhaltigen Vorteil gegenüber der Konkurrenz? Diversifikation fokussiert auf die Märkte und Marktsegmente. Die entscheidende Frage ist hier, ob die Kernfähigkeiten einen potenziellen Zugang zu neuen Märkten bieten? Randkompetenzen dagegen können an Lieferanten vergeben und ausgelagert werden, da diese keinen Wettbewerbsvorteil darstellen. Die Verlagerung nennt man „Outsourcing" und beinhaltet eine Unternehmensstrategie, die bei den Unternehmen einzelne Produktumfänge, Aufgaben, Teilbereiche oder sogar ganze Geschäftsprozesse an Drittunternehmen auslagert. Die Lieferantenauswahl bei der Verlagerung von Produkten, Prozessen und Dienstleistungen ist Teil des Lieferantenmanagements und die zweite Phase nach der Lieferantenstrategie wie Abb. 4.9 zeigt.

4.3.2 Risikominimierung bei der Auswahl von Lieferanten

Die Lieferantenauswahl umfasst Maßnahmen, die Firmen ergreifen, bevor ein Bedarf entsteht und die Kontaktaufnahme zu einem Lieferanten erfolgt. Eines der Hauptziele der Lieferantenauswahl ist die Risikominimierung. Denn entscheidet sich ein Unternehmen für einen ungeeigneten Lieferanten, setzt es sich einem oder mehreren der folgenden Risiken aus:

- Nichterfüllung des Vertrags, weil ein Lieferant in wirtschaftlichen Schwierigkeiten steckt
- Schlechterfüllung des Vertrages
- Lieferant liefert mindere Qualität
- fehlende Termintreue
- zu hoher Preis für die erbrachten Leistungen

Um diese Risiken einzudämmen, ist eine sorgfältige Lieferantenauswahl nötig. Im Rahmen der Lieferantenbewertung werden nach einem festgelegten System bestimmte Kriterien zur Beurteilung der Leistungsfähigkeit herangezogen. Im Hinblick auf den Trend, dass die Lieferantenintegration in Unternehmensprozesse einen immer wichtigeren Stellenwert einnimmt, steigen die Anforderungen an die Lieferanten. Ein ideales Lieferantenportfolio entsteht, wenn bei der Auswahl bestimmte Anforderungen berücksichtigt werden.

- Auswahl der Lieferanten auf Basis der Lieferantenstrategie
- abteilungsübergreifende Lieferantenentscheidungen und Abstimmungsprozesse
- Selektion auf Basis von objektiven und einheitlichen Bewertungskriterien
- Nutzung von qualitativen und quantitativen Kriterien
- transparenter, kosten- und zeiteffizienter Auswahlprozess
- Auswahl des innovativsten und besten Lieferanten anhand der Auswahlkriterien

Auch Qualitätsmanagementsysteme, wie die DIN EN ISO 9001:2015, verweisen auf eine Auswahl der Lieferanten unter Berücksichtigung zentraler Elemente, wie Auswahl und Bewertung von Lieferanten. Die Norm weist darauf hin, dass bereitgestellte Prozesse, Produkte und Dienstleistungen den Anforderungen entsprechen und die Unternehmen Kriterien für die Auswahl und Bewertung bestimmen und anwenden müssen.

4.3.3 Kriterien und Lieferantenauswahlmatrix

Bevor es zu einer Zusammenarbeit und vertraglichen Vereinbarung kommt, muss demnach eine Lieferantenauswahl auf Basis von standardisierten Auswahlkriterien in einer Lieferantenauswahlmatrix stattfinden. Wichtige Kriterien zur Auswahl der geeigneten Lieferanten sind in Abb. 4.10 abgebildet. Als eines der zentralen Kriterien gilt die Qualität und Beschaffenheit der gelieferten Produkte und Dienstleistungen. Darüber hinaus gibt es weitere wichtige Elemente, die Berücksichtigung finden müssen. Ein exzellenter Lieferant zeichnet sich nicht nur durch hohe Qualität, niedrige Kosten und eine stabile Lieferperformance aus, sondern auch in anderer Hinsicht. Folgende Kriterien sollten daher bei der Lieferantenauswahl beachtet werden:

- hohe Qualität der Waren und geringe Fehlerquote
- Qualitätsmanagementsystem, z. B. DIN EN ISO 90001:2015
- ausgeprägtes Kulanzverhalten des Lieferanten, wenn es zu Beanstandungen kommt
- ständige Lieferbereitschaft und hohe Liefertermintreue
- strikte Einhaltung zugesagter Lieferzeiten oder Änderungen
- gute Erreichbarkeit und feste Ansprechpartner beim Lieferanten
- hohe Flexibilität (ermöglicht schnelle Reaktion, z. B. auf Kundenwünsche)
- Preisgarantien (wie lange werden verhandelte Preise zugesagt)
- wenige bzw. gut begründete oder nur moderate Preiserhöhungen in der Vergangenheit
- finanzielle Stabilität und gute Bonitätsbewertungen
- Angebotstransparenz (keine versteckten Kosten, Gebühren oder Mindestmengen)
- Nachhaltigkeit und Innovationsfähigkeit

	Kriterien der Lieferantenauswahl	Lieferant 1	Lieferant 2	Lieferant 3	Lieferant 3
1.	Qualität - Anlieferqualität - Feldqualität - Reklamationsbearbeitung	10	10	5	5
2.	Kosten - Materialkosten - Einmalkosten, z.B. Entwicklungskosten - Kostenreduktionsideen	9	5	5	5
3.	Lieferleistung - Termintreue - Flexibilität bei Mengenänderungen - Nachlieferungen	10	5	5	5
4.	Technologieführerschaft	5	5	0	5
5.	Beziehungsmanagement	10	10	0	5
6.	Innovationsfähigkeit	10	5	10	5
7.	Finanzkraft	5	5	10	5
8.	Qualitätsmanagement-system, z.B. ISO 9001:2015	10	5	10	5
9.	Nachhaltigkeitselemente	10	5	5	5
10.	Andere Kriterien	10	5	5	5
	Gesamtergebnis	**89**	**60**	**55**	**50**

Abb. 4.10 Lieferantenauswahlmatrix

4.4   Lieferantenbewertung

4.4.1   Gegenstand der Lieferantenbewertung

Als dritte Phase im Lieferantenmanagement folgt die Lieferantenbewertung. Das Instrument der Lieferantenbewertung vergleichbare systematische Beurteilung, welche die Leistung von Lieferanten oder Dienstleistern anhand vorher definierter Merkmale bewerten soll, wird vor allem für die kontinuierliche und präventive Lieferanten-beobachtung genutzt. Bei der Beobachtung werden die Lieferleistungen regelmäßig überwacht, um so Veränderungen in der Leistungsfähigkeit frühzeitig zu erkennen. Die Lieferantenbewertung verhilft so zu einer objektiven und systematischen Lieferentenaus-wahl, zu einem Aufbau eines optimalen Lieferantenportfolios sowie zu einem kontinuier-lichen Verbesserungsprozess. Die Lieferantenbewertung erfolgt mithilfe bestimmter Bewertungskriterien, die für die Beurteilung des Lieferanten von Bedeutung sind. Bewertungskriterien sind statische und dynamische Faktoren. Abb. 4.11 zeigt das Bei-spiel einer Lieferantenbewertung mit unternehmensinternen und -externen Daten.

Abb. 4.11 Lieferantenbewertung

4.4.2   Auswahl der richtigen Kriterien bei der Lieferantenbewertung

Je nach Komplexität und Industriespektrum können die Fachbereiche Qualität, Einkauf, Produktion, Logistik, Absatz, Datenverarbeitung, Finanzen oder Forschung und Entwicklung in den Prozess einbezogen werden. Das Lieferantenmanagement übernimmt dabei die Koordination dieser Schnittstelle zwischen Unternehmen und seinen Lieferanten. Das Ergebnis der Lieferantenbewertung wird in Form eines ganzheitlichen Erfüllungsgrades erfasst und kann später für die Strategieableitung und Auswahl eingesetzt werden. Die Kriterien, die zur Bewertung von Lieferanten herangezogen werden, sollten passend zum Unternehmen festgelegt und gewichtet werden. Die Grundlage für die Festlegung der Kriterien sind die Ziele, die der Betrieb in Zusammenarbeit mit den Lieferanten verfolgt sowie besondere Anforderungen an den Lieferanten bzw. an das zu liefernde Produkt oder die zu erbringende Dienstleistung. Am besten werden die Bewertungskriterien mithilfe einer Anforderungsanalyse ermittelt. Abhängig von den genauen Anforderungen eines Unternehmens an den Lieferanten und sein Produkt bzw. seine Dienstleistung können auch die Bewertungskriterien unterschiedlich ausfallen und vor allem in ihrer Gewichtung unterschiedlich gelagert sein. Es gibt jedoch einige Kriterien, die in den meisten Fällen zur Bewertung eines Lieferanten beachtet werden müssen. Hierzu gehören:

- Qualität des Produkts/Fehlerhäufigkeit
- Kosten und Preiskonditionen
- Lieferzeit, Liefertreue und Logistik
- Zahlungskonditionen
- Kapazität
- Zuverlässigkeit/Risiko eines Lieferausfalls
- Standort und Transport
- Flexibilität
- Nachhaltigkeit

Die wichtigsten Verfahren zur Lieferantenbewertung sind Punktbewertung, Profilanalyse und Preisstrukturanalyse. Ein Punktbewertungsverfahren zur Lieferantenbewertung ist eine relativ simple Möglichkeit, Lieferanten anhand einer Vergabe von gewichteten Punkten oder Noten zu bewerten und zu vergleichen. Die beste Aussagekraft hat ein

Punktbewertungsverfahren anhand messbarer Kennzahlen. Im Rahmen einer Profilanalyse zur Lieferantenbewertung werden Leistungsprofile von Lieferanten nebeneinandergestellt und verglichen. Eine Profilanalyse macht auf diese Weise die Vor- und Nachteile der einzelnen Lieferanten sichtbar. Der größte Unterschied zwischen dem Punktbewertungsverfahren und der Profilanalyse besteht darin, dass bei der Profilanalyse die einzelnen Kriterien keine Gewichtung erfahren und zudem nicht zu einem einzigen Leistungswert zusammengefasst werden. Bei der Preisstrukturanalyse geht es vornehmlich um das Kriterium der Kosten, die ein Lieferant verursacht. Für die Preisstrukturanalyse wird daher das Kriterium Preis in Kosten- und Gewinnbestandteile des Lieferanten zerlegt. So sind hier als Unterkriterien Materialkosten, Stundensätze, Bezugskosten etc. zu nennen.

4.4.3 Lieferantenbewertung als Steuerungswerkzeug im Lieferantenmanagement

Die Lieferantenbewertung trägt als wesentlicher Bestandteil des Lieferantenmanagements zur Steuerung der Lieferantenbeziehungen, der Entwicklung und Pflege der Lieferanten und zur verbesserten Qualitäts- und Logistikperformance bei. Um diese Ziele bestmöglich zu erreichen und um ein globales Bild der Performance der Lieferanten zu erhalten, ist eine Bewertung notwendig, welche nicht nur ausschließlich auf sogenannte „Hard Facts", wie beispielsweiße Termin- und Mengentreue, sondern auch auf „Soft Facts", wie zum Beispiel Kommunikationsfähigkeit zurückgreift. Zudem wird die Lieferantenbewertung global nach den gleichen Standards und Kriterien vorgenommen und erlaubt so eine standortbezogene Bewertung und Vergleichbarkeit der Lieferantenperformance. Durch die Ausweitung der Bewertungskriterien kann zukünftig die Zusammenarbeit mit Lieferanten an allen wesentlichen Schnittstellen optimiert sowie konstruktiv honoriert werden. Die Durchführung der Lieferantenbewertung erfolgt oft digitalisiert anhand von Echtzeitdaten, sie kann aber auch monatlich, quartalsmäßig oder halbjährlich durchgeführt werden (Abb. 4.12).

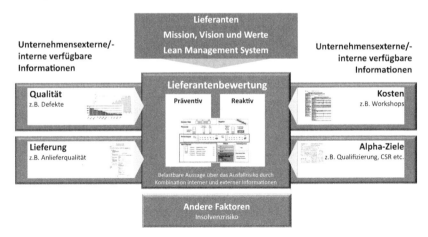

Abb. 4.12 Lieferantenbewertung mit unternehmensinternen und -externen Daten

4.5   Lieferantenentwicklung

4.5.1   Gegenstand der Lieferantenentwicklung

Der Begriff Lieferantenentwicklung bezeichnet die Aktivitäten und Verbesserungen enger, partnerschaftlicher und langfristiger Beziehungen zwischen Kunden und Lieferanten-netzwerken innerhalb der Wertschöpfungskette (Helmold und Terry 2016). Experten wie Hofbauer et al. (2016). beschreiben die Lieferantenentwicklung als einen stetigen Prozess zur Verbesserung gegenwärtiger oder neuer Lieferanten. Grundlage der Entwicklung sind die Ergebnisse der Lieferantenbewertung und Kennzahlen, die in den vorherigen Kapiteln beschrieben worden sind. Andere Spezialisten auf dem Gebiet des Lieferantenmanagements definieren die Lieferantenentwicklung dagegen als Unterstützungsprozess durch direkte oder indirekte Maßnahmen. Auch hier ist das vordergründige Ziel die Verbesserung der Lieferantenperformance (Emmett und Crocker 2009).

Abb. 4.13 zeigt drei Kategorien, strategische, präventive und reaktive Lieferanten-entwicklung, der Lieferantentwicklung in Verbindung mit dem Lebenszyklus eines Produkts. Produktphasen lassen sich in Entwicklungs-, Anlauf-, Serien-, Auslauf und After-Service-Phase einteilen.

4.5.2   Strategische Lieferantenentwicklung

Die strategische Lieferantenentwicklung findet bereits in der Entwicklungsphase statt. Meist werden Maßnahmen mit in die Anlaufphase eines Produktes übertragen. Der strategische Ansatz der Lieferantenentwicklung hat die langfristige, bewusste und kontinuierliche (Weiter-) Entwicklung der Leistungsfähigkeit (Potenziale) des Lieferanten zum Ziel. Strategische Lieferantenentwicklung wird proaktiv zum lang-fristigen Erhalt der Wettbewerbsvorteile initiiert. Ein wesentlicher Unterschied zur ledig-lich reaktiven Lieferantenentwicklung liegt in der bewussten Suche und Auswahl von Feldern für Entwicklungsmaßnahmen. Die strategische Lieferantenentwicklung erfolgt grundsätzlich durch eine direkte Partizipation des Abnehmers, der in Lieferantentw icklungsmaßnahmen und somit auch in den Lieferanten selbst investiert. Wesentliches

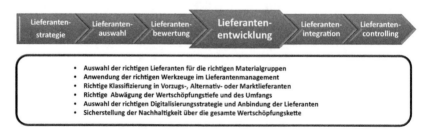

Abb. 4.13 Lieferantenentwicklung

Merkmal zur Anwendung der direkten Lieferantenentwicklung ist eine strategische Partnerschaft mit dem Lieferanten, da eine Amortisation der Entwicklungstätigkeit über den Beziehungslebenszyklus erforderlich wird. Entwicklungsfähigkeit eines Lieferanten im strategischen Sinn bedeutet den Aufbau eines Handlungsspielraums durch Handlungsoptionen für den Abnehmer.

4.5.3 Präventive Lieferantenentwicklung

Präventive Lieferantenentwicklung zielt auf die frühzeitige und vorausschauende Verbesserung der Lieferanten auf Basis von Leistungsmerkmalen (Performancemerkmalen) durch das Lieferantenmanagement. Präventivmaßnahmen sollen Schlechtleistungen in den Bereichen Qualität, Kosten oder Lieferleistung vorbeugen und haben meist einen längeren Zeithorizont. Die Notwendigkeit ist noch nicht akut, jedoch zeigen Sensoriken und Frühalarmsysteme (Audits, Lieferantenbewertung, Vorfälle) Abweichungen in der Performance der Lieferanten. Präventivmaßnahmen werden im besten Fall im Anlauf eines Produktes vor der Serienproduktion definiert.

4.5.4 Reaktive Lieferantenentwicklung

Lieferantenentwicklung beinhaltet Maßnahmen des Kunden als lediglich reaktive Verbesserung bei kurzfristigen Leistungsverschlechterungen eines Lieferanten in der Serie, im Auslauf oder dem After-Service. Sie wird in der Regel veranlasst durch ein aktuelles, konkretes Problem im Leistungsaustausch mit dem Lieferanten (Schlechtleistung). Die Entwicklungsmaßnahme hat einen kurzfristigen Zeithorizont. Die Notwendigkeit ergibt sich aus Problemen des Lieferanten, zum Beispiel pünktlich zu liefern (Versorgungssicherheit im operativen Betrieb) sowie bei Qualitätsmängeln des Produktes oder der Dienstleistung selbst. Bei der reaktiven Lieferantenentwicklung rücken Lieferanten erst bei Auftreten von akuten Problemen ins Bewusstsein des Abnehmers, sodass es sich um sehr kurzfristige Gegenmaßnahmen (Engl.: Troubleshooting) handelt (Abb. 4.14). Häufig werden Lieferanten zur Einhaltung von Zielvereinbarungen (anhand von Kennzahlen) angehalten, deren Defizite sich aus der Lieferantenbewertung in den Kategorien Qualität, Kosten oder Lieferleistung ergeben haben.

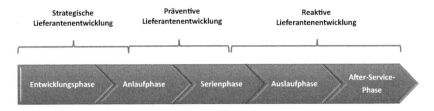

Abb. 4.14 Präventive und reaktive Lieferantenentwicklung

4.6   Lieferantenintegration

4.6.1   Gegenstand der Lieferantenintegration

Unter der Lieferantenintegration versteht man die Einbindung des Lieferanten in die Unternehmensstrukturen und -abläufe des Unternehmens, damit Prozesse und Systeme synchronisiert werden, um effektiver und erfolgreicher zusammenarbeiten zu können, wie Abb. 4.15 zeigt. Bei einer Lieferantenintegration arbeiten selbstständige Unternehmen zusammen an der Optimierung ihrer Prozesse und Strukturen, um diese zur Steigerung des Erfolgs möglichst gut aufeinander abzustimmen. Das kann mitunter im Detail durchaus ein hürdenreiches Unterfangen sein, nicht nur für die Einkaufsabteilung. Bei einer zielorientierten Umsetzung entsteht jedoch idealerweise eine Win–win-Situation für die beteiligten Marktpartner. Lieferantenintegration beginnt dort, wo die eigenen Unternehmensgrenzen enden. Voraussetzung für eine funktionierende Einbindung externer Akteure in die eigenen Prozessketten ist deshalb eine Öffnung zu den ausgewählten Partnern hin. Ebenso muss die Bereitschaft zur Veränderung der internen Arbeitsabläufe, Denkweisen und auch der Kennzahlen-/Bonussysteme bestehen. Je nach Branche existieren zahlreiche Möglichkeiten zur engen, langfristigen Zusammenarbeit mit Zulieferern. Wichtige Prozesse, die bei einer Lieferantenintegration berücksichtigt werden müssen, umfassen die folgenden Bereiche:

- Forschung und Entwicklung: Noch weiter vorn im Wertschöpfungsprozess setzt eine Beteiligung der externen Partner bereits im Forschungs- und Entwicklungsbereich an. So können Zulieferer und Abnehmer in gemeinsamen Projektteams jeweils ihr spezifisches Know-how einbringen, Wissen bündeln und Synergieeffekte bei der Entwicklung neuer Produkte erzielen.
- Einkauf: Oftmals startet eine Lieferantenintegration aufgrund der naturgemäß bestehenden Kontakte im Einkaufsbereich, beispielsweise mit der Vereinbarung spezifischer Anlieferungsfenster oder Verpackungseinheiten bis hin zur vollverantwortlichen Lagerbewirtschaftung durch den Lieferanten. Das macht beispielsweise die vorausschauende Bereitstellung der mittel- bis langfristigen Produktions- und Absatzplanungen erforderlich.

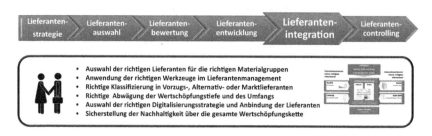

Abb. 4.15 Lieferantenintegration

- Produktion: Reicht eine Lieferantenintegration bis in die Produktionsprozesse des Unternehmens hinein, entstehen im direkten Umfeld des Abnehmers vielfach sogenannte Lieferantenparks, zum Beispiel zur Realisierung einer Just-in-time-Fertigung.
- IT: Ein optimaler Informationsaustausch kann nur durch IT-Standards und die gemeinsame Nutzung entsprechender IT-Anwendungen gewährleistet werden.

4.6.2 Lieferantenintegration durch Coaching und Kollaboration

Lieferantencoaching ist die systematische, kollaborative Verbesserung der Lieferantenkompetenzen durch die vom Lieferantenmanagement zusammen mit dem Lieferanten durchgeführten Maßnahmen. Coaching-Maßnahmen können bei Lieferanten, Distributoren und Unterlieferanten, bei externen Anbietern, in einer (Lieferanten-) Akademie oder im Seminarraum durchgeführt werden. Coachingmaßnahmen erfordern besondere Coaching-Kompetenzen der Mitarbeiter im Lieferantenmanagement, auf die später gezielt eingegangen werden (Kap. 6). Coaching-Aktivitäten umfassen meist einen speziellen Themenbereich innerhalb der Lieferkette (Projektmanagement, Qualitätsmanagement, Methoden der schlanken Produktion etc.). Ganz gleich, ob projektbegleitend in der Planungsphase, serienbegleitend oder in der After-Service-Phase, Coaching-Maßnahmen führen zu schnellen Verbesserungen. Die Steigerung der Produkt- und Prozessqualität steht beim Coaching im Mittelpunkt des Lieferantenmanagements. Viele Unternehmen haben eine eigene Lieferanten-Akademie (Porsche, ZF Friedrichshafen, Bosch) aufgebaut. Diese helfen dem eigenen Unternehmen, neue Lieferanten oder Risikolieferanten auf den geforderten Reifegrad hinsichtlich Standards oder Qualitätsanforderungen zu entwickeln bzw. zu coachen. Das Ziel ist dabei die nachhaltige Qualitätsverbesserung Ihrer Lieferanten. Relevante Faktoren sind vor allem Qualität, Zeit und Kosten; praktische Belege, z. B. die Reduzierung von Ausschuss und Nacharbeit. Lean, flexibel, effizient und zukunftsfähig. Experten und sogenannte Lieferanten-Coaches (Engl.: Trainer, Coach) in allen Fragen einer umfassenden Qualitäts-, Projekt- und Serienbetreuung. Dabei werden u. a. Herstellprozesse von Zulieferteilen analysiert (inkl. Fertigungs- und Prüfkonzepten) sowie Lösungen und Umsetzungsmöglichkeiten zur Prozess- und Produktoptimierung erarbeitet. Außerdem unterstützen standardisierte Lieferantenmanagementprogramme und Konzepte auch die Gewährleistungs-Zielkostenprozesse. Die erforderlichen Requalifizierungs- und/oder Befähigungsmaßnahmen/ Ertüchtigungsmaßnahmen, z. B. im Qualitäts- oder Reklamationsmanagement. Alle Maßnahmen müssen dabei auf Nachhaltigkeit setzen. Coaching im Lieferantenmanagement erfordert Methoden- und Trainingskompetenz durch Analyse und Qualifizierung.

4.6.3   Lieferantenintegration durch internationale Einkaufbüros

Internationale Einkaufbüros oder globale Lieferantenmanagementzentren sind Teil
der Internationalisierung und des Leitbildwandels im Lieferantenmanagement. Multinationale Konzerne, wie Volkswagen, Daimler, Siemens, Bosch oder Bombardier,
haben Einkaufbüros in Regionen wie China, Indien oder Osteuropa, die Einsparungs-
potenziale bieten oder geografisch weit entfernt von dem Mutterunternehmen sind.
Erst im November 2015 hat die Deutsche Bahn ein internationales Einkaufsbüro in
Shanghai eröffnet. Firmen wie Bombardier sind einkaufsseitig in China an mehr als
sechs Standorten vertreten. Mittlerweile liegt der Wertschöpfungsanteil von chinesischen
Produkten in Sektoren wie der Automobilwirtschaft oder Bahnindustrie bei mehr als
20 % bis 30 %. Im Sinne eines netzwerkorientierten Lieferantenmanagements wird
in diesem Zusammenhang von Best Cost Country Sourcing (BCCS) gesprochen.
Traditionelle Unternehmen verwenden Begriff wie Global Sourcing (GS) oder Low Cost
Country Sourcing (LCCS). Natürlich bringen internationale Einkauf- oder Lieferanten-
management-Büros Kosten mit sich. Für ein Einkaufsbüro in China kann man ca.
50 Tsd. EUR bis 80 Tsd. EUR p.a. rechnen, die eine Vollzeitstelle vollkostenseitig aus-
macht (1 Vollzeitkraft inklusive Gehalt- und Gehaltsnebenleistungen, Büroplatz, Reise-
kosten, Training etc.). Die Kosten hierfür müssen durch Einsparungen amortisiert
werden. Von internationalen Faktorkosten profitieren nicht nur große Unternehmen.
Nicht nur multinationale Konzerne, sondern auch Mittelständler haben die Möglichkeiten, sich auf der internationalen Bühne zu bewegen. Die deutschen Zentren in China
stellen u. a. Büroräume und Produktionskapazitäten in Schlüsselindustrien/-prozessen
zur Verfügung. Darüber hinaus lassen sich internationale Einkaufskooperationen aufbauen, in dem die Fixkosten für ein Einkaufbüro aufgeteilt werden. Internationale Büros
im Lieferantenmanagement sind Exzellenzzentren und dürfen hier nicht mit den mehr
und mehr entstehenden sog. „Shared Service"- Zentren (SSC) verwechselt werden.

4.7   Lieferantencontrolling

Seinen Ursprung besitzt der Controlling-Begriff in der Praxis. Er wurde von Deyhle in
Analogie zum Begriff des Marketings gebildet und hat einen engen Bezug zu den Aufgaben von Controllern. Die wissenschaftliche Diskussion des Begriffs Controlling
begann in breiterem Umfang in den 1970er- Jahren. Das zeitlich gesehen erste Grund-
verständnis des Controllings weist diesem die Aufgabe zu, betriebswirtschaftliche
Informationen für Zwecke der Führung bereitzustellen. Controlling soll in diesem
Sinne eine betriebswirtschaftliche Transparenzfunktion erfüllen. Dem Controlling geht
es dann um die systematische Festlegung und Zuordnung („Herunterbrechen") der
zu verfolgenden Ziele, die Messung ihrer Erreichung, die Feststellung von Soll-Ist-
Abweichungen und die Erarbeitung von Maßnahmen zu deren Beseitigung. Mit anderen

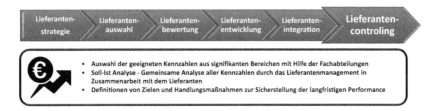

Abb. 4.16 Lieferantencontrolling

Worten zielt Controlling auf eine Führung des Unternehmens durch und mit Hilfe von Planung und daraus resultierenden Plänen ab. Letztere durchziehen das gesamte Unternehmen, von der strategischen bis zur operativen Planung. Controlling in diesem Sinne lässt sich auch als ein kybernetischer Prozess verstehen, der mit dem Regelkreis aus Planung und Kontrolle veranschaulicht wird.

Das Lieferanten-Controlling als letzte Phase im Lieferantenmanagement beurteilt die Lieferantenleistung, ist Basis objektiver Kennzahlen und bildet die Grundlage für die Lieferantensteuerung und das Lieferantenmanagement (Abb. 4.16). Typische Kennzahlen sind die Mengen- und Termintreue bei der Warenlieferung sowie die Reklamationsquote. Welche Kennzahlen im Einzelfall zum Einsatz kommen, hängt vom gewählten Szenario der Lieferantensteuerung ab. Unterschiede bestehen zum Beispiel zwischen zentraler, konzernweiter Lieferantensteuerung einerseits und lokaler, werksbezogener Steuerung andererseits. Die Aussagefähigkeit der Kennzahlen hängt direkt von der Qualität derjenigen Daten ab, welche in die Kennzahlenberechnung einfließen. In Branchen mit geringen Fertigungstiefen ist Lieferanten-Controlling auf Basis von Kennzahlen entscheidend für den Erfolg der eigenen Produkte. Die Qualität des Lieferanten-Controllings ist nur so gut wie die Qualität der zugrunde liegenden Daten. Vier Fallbeispiele aus der Automobilbranche zeigen den Stand der Praxis im Lieferanten-Controlling und bilden die Grundlage für einen integrierten Architekturentwurf. Die Architektur für Datenqualitätsmanagement im Lieferanten-Controlling identifiziert die wesentlichen Gestaltungselemente und ihre Beziehungen untereinander.

Basis für die Leistungsmessung, die Zieldefinition und die Ergebnisüberprüfung im strategischen und operativen Lieferantenmanagement ist ein nachverfolgbares Kennzahlensystem für jeden Lieferanten. Ein Kennzahlensystem besteht aus verschiedenen Kennzahlen unterschiedlicher Bereiche, welche sich einerseits aus systemseitig verfügbaren „harten" Faktoren berechnen lassen und andererseits aus objektivierten subjektiven Einschätzungen, also „weichen" Faktoren ermittelt werden. Exzellente Kennzahlensysteme ermöglichen dem beschaffenden Unternehmen, eine 360-Grad-Analyse durchzuführen, durch die präventive Maßnahmen getroffen werden können. Der Einfluss der verschiedenen Kennzahlen auf eine Gesamtkennzahl ergibt sich aus ihrer Gewichtung. Die in einem Bewertungszyklus ermittelten Kennwerte – und damit der Grad der Zielerfüllung – bilden im strategischen und operativen Lieferantenmanagement die

Lieferantencontrolling Kennzahlen	Quartal 1 SOLL-IST	Quartal 2 SOLL-IST	Quartal 3 SOLL-IST	Quartal 4 SOLL-IST
Einkaufsvolumen - Rahmenverträge (Euro) - Einsparungen (%) - Nutzungsgrad Rahmenverträge (%) - ...				
Prozesskennzahlen - Anzahl Bestellungen (Euro und %) - Anzahl der Rahmenverträge (Euro und %) - Anzahl der Lieferantenvorgänge (# und %) - ...				
Qualität - Anlieferqualität (%) - Feldqualität (%) - Reklamationsbearbeitung (Zeit pro Fall) - ...				
Kosten - Materialkosten (Euro) - Einmalkosten, z.B. Entwicklung (Euro) - Kostenreduktionsideen (Euro und %) - ...				
Lieferleistung - Termintreue (%) - Flexibilität bei Mengenänderungen (%) - Nachlieferungen (%) - ...				
Finanzkennzahlen - Umsatz (Euro) - Profitabilität (%) - Produktivität (%) - ...				

Abb. 4.17 Beispiel von Kennzahlen im Lieferantencontrolling

Grundlage für Maßnahmen zur Weiterentwicklung der Lieferantenbeziehung. Zu den Kennzahlen, welche sich aus automatisiert ermittelbaren „harten" Faktoren errechnen, gehören Qualitätsdaten, wie Anlieferqualität, Reklamationsquote, Defekte (gemessen in Engl.: Parts per Million, PPM), Kosten- und Finanzkennzahlen, Lieferinformationen, Mengentreue, Nachhaltigkeitsfaktoren oder Innovationskennzahlen. Kennzahlen können in einer Lieferantenakte geführt werden, die wichtige Informationen über den Lieferanten enthält. Abb. 4.17 zeigt Kennzahlen im Lieferantencontrolling.

4.8 Fallstudie: Volvo entscheidet sich für Eigenfertigung im Bereich Elektromobilität

Die Batterie ist das Herzstück eines Elektroautos. Klar, dass die Hersteller die Kompetenz zu deren Produktion gerne im eigenen Haus hätten. Volvo etwa fertigt die Akku-Packs im belgischen Gent jetzt selbst. Die dafür nötigen Batteriezellen kaufen die Schweden aber weiterhin zu. Als einer der ersten Hersteller hat Volvo schon 2017 den Abschied vom Verbrenner-Motor eingeleitet. Als erstes wurde die Entwicklung neuer Dieselmotoren gestoppt, seit 2019 sollen alle neuen Modelle – aber nur ganz neue, keine

Facelifts – immer elektrifiziert vorfahren: also mit stromunterstützten Mild-Hybrid-Antrieben, als Plug-in-Modell mit Steckdosen-Anschluss oder als reines Elektroauto. Volvo Cars hat eine Batteriemontagelinie in seinem belgischen Produktionswerk in Gent eingeweiht. Noch im März werden dort die ersten Batterien für den XC40 Recharge P8 montiert. Im Herbst soll in Gent auch die Produktion des ersten Elektro-Volvo anlaufen. Das sind große Pläne für einen Hersteller, der Stand heute nicht gerade mit sparsamen Motoren glänzt und keinen einzigen Stromer im Programm hat. Der kommt erst Ende 2020, in Form des XC40 Recharge, einem Kompakt-SUV mit voraussichtlich rund 400 km Reichweite. Zugegeben: Ganz unbedarft ist Volvo auf dem Strom-Terrain nicht. Immerhin hat die Marke selbst schon einige Hybride im Angebot und einst mit der Kleinserie „C30 electric" Erfahrungen gesammelt. Außerdem haben die Schweden mit Polestar seine eigene E-Marke gegründet und der chinesische Mutterkonzern Geely sowie Volvos Lifestyle-Schwester Lynk & Co sind auf dem Heimatmarkt schon länger mit Batterie-Modellen unterwegs. Die Technik für den Elektro-XC40 ist kein Hexenwerk, das City-SUV nutzt die kompakte Konzern-Plattform CMA, auf der neben dem Polestar 2 auch der Geely F11 und alle Lynk-&-Co-Modelle aufbauen. Am spannendsten ist, im wahrsten Sinne des Wortes, wie bei jedem Elektro-Auto der Akku. Den fertigt Volvo ab sofort selbst: Im Werk im belgischen Gent, wo der XC40 vom Band läuft, hat der Autobauer seine erste Batterie-Fertigung in Betrieb genommen; die nächste soll am neuen US-Standort in Charleston/South Carolina folgen. Allerdings: Volvo übernimmt in seinen Werken nur die Montage der Batterie-Pakete fürs Auto. Die Zellen, also die eigentlichen Stromspeicher, beziehen die Schweden weiterhin von Zulieferern, konkret von CATL aus China und dem südkoreanischen Lieferanten LG Chem.

Literatur

Büsch, M. (2019). Fahrplan zur Transformation des Einkaufs. Springer Gabler Wiesbaden.

Dust, R. (2019). Total Supplier Management. Hanser Verlag München.

Emmett, St. & Crocker, B. (2009). *Excellence in Supplier Management. How to better manage contracts with suppliers and add value. Best practices in Supplier Relationship and Supplier Development*. Cambridge: Cambridge Academic.

Helmold, M. & Terry, B. (2016). Lieferantenmanagement 2030. Wertschöpfung und Sicherung der Wettbewerbsfähigkeit in digitalen und globalen Märkten. Springer Gabler Wiesbaden.

Helmold, M., Einmahl, R., Rassmann, K. & Carvalho, L. (2020). In IUBH Discussion paper. Lessons from the COVID-19 Situation: Rethinking Global Supply Chain Networks and Strengthening Supply Management in Public Procurement in Germany. Abgerufen 31.10.2020. https://www.iubh-university.de/wp-content/uploads/DP_Logistik_Helmold_4_2020fin.pdf.

Hofbauer, G., Mashhour, T. & Fischer, M. (2016). *Lieferantenmanagement. Die wertorientierte Gestaltung der Lieferbeziehung*. München Oldenbourg Verlag.

Immerthal, L. (2017). Lieferantenmanagement im Wandel. Die Digitalisierung im Lieferantenmanagement beginnt mit guter Kommunikation. In Beschaffung aktuell. Abgerufen 31.10.2020. https://beschaffung-aktuell.industrie.de/einkauf/die-digitalisierung-im-lieferantenmanagement-beginnt-mit-guter-kommunikation/.

Kleemann, F. & Glas, A. (2020). Einkauf 4.0. Digitale Transformation der Beschaffung. 2. Auflage. Springer Gabler Wiesbaden.

Kolev, G. & Obst, T. (2020). Die Abhängigkeit der deutschen Wirtschaft von internationalen Lieferketten. Institut der deutschen Wirtschaft. IW-Report Nr. 16. 23. April 2020. Abgerufen 31.10.2020. https://www.iwkoeln.de/studien/iw-reports/beitrag/galina-kolev-thomas-obst-die-abhaengigkeit-der-deutschen-wirtschaft-von-internationalen-lieferketten.html.

Schupp, F. & Wöhner, H. (2017). Digitalisierung im Einkauf. Springer Gabler Wiesbaden.

Organisation im Lieferantenmanagement

5

Der Chef organisiert von Zeit zu Zeit den Betrieb völlig um.
Das schadet aber nichts, weil ja alles beim Alten bleibt.

Kurt Tucholsky (1890–1935)

5.1 Lieferantenmanagement als Schlüsselfunktion im Unternehmen

Industrie- und Dienstleistungsunternehmen vernetzen zunehmend ihr Beschaffungs-management mit den vorgelagerten Stufen der Wertschöpfungskette. Die Planung und Steuerung übernimmt das zentrale Lieferantenmanagement. Ein gut strukturiertes Lieferantenmanagement und der Ausbau eines qualifizierten Lieferantenstamms sind zwingend notwendig, um die Zukunftsfähigkeit der Unternehmen zu sichern (BME 2017). Hohe Priorität für global agierende Unternehmen und kleinere oder mittlere Unternehmen genießt darüber hinaus die Lieferantenintegration in den Produktionsprozess Lieferanten-manager können durch schlanke Prozesse, intensive Qualifizierungsmaßnahmen und Auditierungen des Lieferanten die Leistungsmerkmale für die Neuproduktentwicklung als auch für die Prozessoptimierung der Wertschöpfungskette signifikant erhöhen. Deshalb sollten Lieferantenmanager in den Unternehmen langfristige, hochwertige Partnerschaften mit ausgesuchten Lieferanten anstreben.

Bei der unternehmensinternen Umsetzung des Lieferantenmanagements ist eine intensive Zusammenarbeit zwischen dem Lieferantenmanagement und den Fachab-teilungen gefragt. Mitarbeiter aus dem Lieferantenmanagement, dem Einkauf, der Logistik, der Produktentwicklung, dem Qualitätsmanagement, der Produktion und dem Marketing sollten im Idealfall Teams bilden, die sich mit systematischem Lieferanten-management, der Standardisierung, der Reduzierung der Wertschöpfungstiefe, der

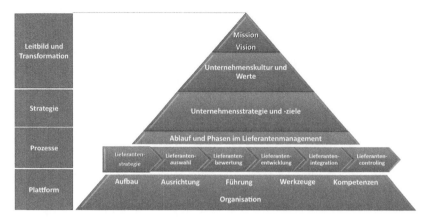

Abb. 5.1 Organisationspyramide für ein modernes Lieferantenmanagement

Lieferantenintegration und dem „Global Sourcing" beschäftigen. Die Teams schaffen durch gruppenweite Zusammenarbeit Know-how, um unentbehrliches Produkt-, Markt- und Lieferantenwissen zu generieren. Professionelles Lieferantenmanagement hat in den vergangenen Jahren immer mehr an Bedeutung gewonnen. Allerdings scheitert eine konsequente Umsetzung im Unternehmen häufig an der mangelnden Standardisierung der Arbeitsprozesse. Dies hat zur Folge, dass die Lieferanten nicht optimal gesteuert werden, die notwendige Transparenz fehlt und wesentliche Kostenpotenziale unentdeckt bleiben. Die richtige Auswahl des zukünftigen Lieferanten und insbesondere die Entwicklung vom einfachen Lieferanten hin zu einem Partner auf Augenhöhe können dagegen enorme Innovations- und Einsparpotenziale freilegen. Darüber hinaus lassen sich durch ein stringentes Lieferantenmanagement Ausfallrisiken minimieren und eine hohe Lieferquali- tät sichern. Dabei ist die Etablierung eines Lieferantenmanagements keinesfalls nur für größere Unternehmen und Konzerne relevant. Vor allem kleinere Unternehmen verfügen meist nicht über genügend Rücklagen, um Versorgungsengpässe oder auch zu hohen Preisen und ungenügender Qualität über einen langen Zeitraum auffangen zu können (BME 2017). Abb. 5.1 zeigt die zentralen Elemente für ein erfolgreiches Lieferanten- management mit Mission, Vision, Unternehmenswerten, strategischen Zielen und der Aufbau- sowie Ablauforganisation. Die Organisationspyramide bildet das Fundament für jedes funktionierende Unternehmen und Lieferantenmanagement (Helmold 2020).

5.2 Aufbau- und Ablauforganisation des Lieferantenmanagements

5.2.1 Gegenstand der Aufbauorganisation

Die Aufbauorganisation des Lieferantenmanagements bildet das hierarchische und organisatorische Gerüst eines Unternehmens und der Organisation (Emmett und Crocker

2009). Wogegen die Aufbauorganisation die Struktur des Lieferantenmanagements zugrunde legt, bezieht sich die Ablauforganisation auf Prozesse und Aktivitäten (Helmold und Terry 2016). Die Aufbauorganisation legt die organisatorischen Rahmenbedingungen fest, d. h. welche Aufgaben von welchen Funktionseinheiten und Unterabteilungen zu bewältigen sind (Hofbauer et al. 2012). Dagegen regelt die Ablauforganisation die innerhalb dieses Rahmens ablaufenden Arbeits- und Informationsprozesse im Lieferantenmanagement. Unternehmen haben in der Regel eine Linienorganisation oder eine Projektmatrixorganisation.

5.2.2 Linienorganisation

Eine Linienorganisation (Einlinien- oder Mehrlinienorganisation) beschreibt die Hierarchiestruktur in einem Unternehmen. Die Einlinienorganisation, auch als Einliniensystem bezeichnet, charakterisiert sich durch eine Unternehmenshierarchie, bei welcher jede Organisationseinheit (z. B. Abteilungsleiter, Mitarbeiter) genau einen Vorgesetzten hat. Es gibt klare Weisungsbefugnisse und der Informationsfluss erfolgt von oben nach unten. Diese Organisationsform ist oft in kleinen und mittelständischen Unternehmen vorzufinden. Die Mehrlinienorganisation, auch als Mehrliniensystem bezeichnet, charakterisiert sich durch eine Unternehmenshierarchie, bei welcher jede Organisationseinheit (z. B. Abteilungsleiter, Mitarbeiter) mehrere Vorgesetzte hat und jeder Vorgesetzte jedem Mitarbeiter in einem bestimmten Bereich Aufgaben delegieren kann. Der Aufbau ist linear, sodass jede Abteilung und jeder Mitarbeiter ihre Weisungen durch einen eindeutig bestimmten Vorgesetzten erhalten. Die oberste Ebene der Linienorganisation ist in der Regel die Geschäftsführung oder Unternehmensleitung, wie Abb. 5.2 zeigt. Hier werden strategische Entscheidungen getroffen. Die nächsten Ebenen werden in Bereiche bzw. Abteilungen eingeteilt. Lieferantenmanagement, Produktion,

Abb. 5.2 Aufbauorganisation des Lieferantenmanagements in der Linienorganisation

Qualitätsmanagement, Marketing und Vertrieb, Finanzen und Controlling und Personal können neben anderen Funktionen Abteilungen sein, die in einem Unternehmen definiert sind. Geleitet wird jede Ebene von einer Person, die über das notwendige Fachwissen in dem jeweiligen Gebiet verfügt. Es handelt sich somit um den Abteilungsleiter oder Hauptabteilungsleiter, der gegenüber den Mitarbeitern auf dieser Ebene Entscheidungskompetenzen und Weisungsbefugnisse hat. Das Lieferantenmanagement hat dementsprechend einen Hauptabteilungsleiter und diverse Abteilungen wie das Lieferantenmanagement, den Einkauf, die Beschaffungslogistik und den indirekten Einkauf unter sich und ist weisungsbefugt. Andere Abteilungen, wie die Produktion oder das Marketing, haben die gleichen Strukturen. In einer Linienorganisation hat das Lieferantenmanagement keine direkte Weisungsbefugnis auf andere Abteilungen. Das Lieferantenmanagement übernimmt jedoch die Querschnittsfunktion mit der Integration aller Funktionen und Lieferantennetzwerke.

5.2.3 Projektorganisation

Bei der Projektorganisation sind alle Bereiche nach Projekten organisiert, die unabhängig voneinander arbeiten und ihre eigenen Ressourcen arbeiten. Die Projektorganisation umfasst in diesem Kontext die Gesamtheit aller aufbau- und ablauforganisatorischen Regelungen zur Abwicklung eines definierten Projekts. Abb. 5.3 zeigt eine Projektorganisation, in der die Projekte jeweils ihre eigenen Funktionen, wie Lieferantenmanagement, Einkauf, Produktion oder Marketing, haben. Ein großer Nachteil von Projektorganisationen ist die Möglichkeit der vielfältigen Kontakte zu

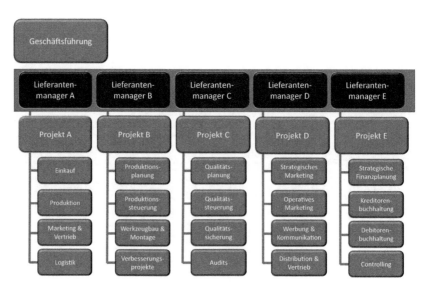

Abb. 5.3 Aufbauorganisation des Lieferantenmanagements in der Projektorganisation

Lieferanten von mehreren Lieferantenmanagern und die fehlende Koordination der Lieferantenaktivitäten. Für Unternehmen, die bislang noch nicht mit der reinen Projektorganisation gearbeitet haben, ist die Einführung sehr aufwendig und kostenintensiv. Die Organisationsform der jeweiligen Firma muss geändert werden. Häufig müssen zudem neue Mitarbeiter eingestellt werden, damit die Linienorganisation nicht leidet. Aufwendig wird deshalb auch die Abwicklung eines Projekts: Die Mitarbeiter müssen in die Linienorganisation zurückgeführt werden. Hier sind ihre Positionen meistens schon besetzt. Diese Schwierigkeiten potenzieren sich, wenn nicht nur ein Projekt in der reinen Form durchgeführt wird, sondern mehrere Vorhaben auf entsprechende Weise parallel verfolgt werden. Auf der anderen Seite haben Projektorganisationen bestimmte Vorteile:

- Weisungs- und Entscheidungsbefugnis der Projektleitung auf alle Funktionen
- Durchführung komplexer Projekte
- eindeutige Aufgabenverteilung
- genaue Zuweisung von Verantwortung
- erhöhte Motivation und Leistungsbereitschaft durch Identifikation mit dem Projekt
- ideale Koordinationsfähigkeit aller Funktionen und Bereiche

5.2.4   Divisionale Organisation

Die divisionale Organisation, auch als Spartenorganisation oder Geschäftsbereichsorganisation bezeichnet, gliedert auf der zweiten Hierarchieebene Organisationseinheiten nach Objektgesichtspunkten oder Arbeitsgebieten. Diese Einheiten werden Geschäftsbereiche, Sparten oder Divisionen genannt, wie Abb. 5.4 zeigt. Die divisionale Organisation schafft organisatorisch eigenständige Unternehmensbereiche, für die ein Gewinn errechnet wird. Sie besitzen Gewinnverantwortung und können als Unternehmen im Unternehmen begriffen werden, sind aber rechtlich unselbständig. In einer divisionalen Organisationstruktur hat jede Division ein Lieferantenmanagement. Auch andere Abteilungen, wie Einkauf, Produktion, Marketing oder Logistik, finden sich in jeder Division wieder.

5.2.5   Funktionale Organisation

Unter funktionaler Organisation versteht man eine Gliederung der Einheiten einer Organisation nach Aufgaben auf der zweiten Hierarchieebene unterhalb der Unternehmensleitung. Der Unternehmensleitung kommt die Aufgabe zu, die verschiedenen Bereiche zu koordinieren. Die Leitung erfolgt dabei nach dem Einliniensystem. Die Hauptabteilungen sind nach Funktionen aufgeteilt und haben innerhalb ihrer funktionalen Verantwortung Regionen. Abb. 5.5 zeigt die funktionale Organisationsstruktur.

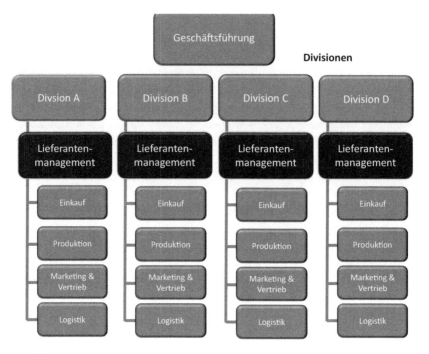

Abb. 5.4 Divisionale Organisation

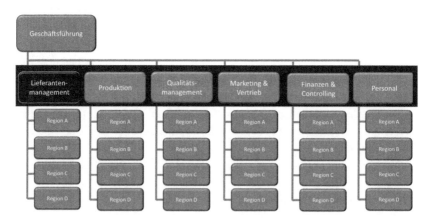

Abb. 5.5 Funktionale Organisation des Lieferantenmanagements

5.2.6   Matrixorganisation

Als Matrixorganisation wird eine Organisationsstruktur eines Wirtschaftsunternehmens bezeichnet, in dem sich unterschiedliche funktionale Organisationsbereiche und mit der Organstation der Produktbereiche überschneiden und eine Matrix bilden. Eine Matrixorganisation ist ein mögliches Strukturprinzip in der Organisation eines Betriebes, nach dem Zuständigkeit und Verantwortlichkeit aufgebaut werden können. Eine Matrixorganisation ist damit eine Form der Mehrlinienorganisation. Dabei wird die Leitungsfunktion auf zwei voneinander unabhängige, gleichberechtigte Dimensionen (z. B. Verrichtung und Produkte) verteilt. In Abb. 5.6 kann man sehen, dass es neben den Divisionen und Projekten auch Linienfunktionen gibt, die diese mit Fachwissen und Experten unterstützen. Die heute übliche und vielfach sehr erfolgreiche Umsetzung einer Matrixorganisation unterscheidet zwischen der disziplinarischen Linienfunktion, üblicherweise in der Senkrechten dargestellt, und der fachlichen Weisungsbefugnis in der horizontalen. Die fachliche Führung ist dabei sehr oft projektbezogen und somit für einen bestimmten Projektzeitraum angelegt. Das Lieferantenmanagement hat damit fachliche Weisungsbefugnisse für die Planung, Steuerung und Kontrolle von Lieferanten (Helmold 2020).

Als Vorteile können genannt werden
- kürzere Wege in der Kommunikation bei Prävention oder Eskalation
- Spezialisierung der Leitungsfunktion bei gleichzeitiger Entlastung der obersten Unternehmensleitung
- Problemlösungen unter Berücksichtigung unterschiedlicher Standpunkte und der Vorrang der Sachkompetenz vor der hierarchischen Stellung sowie die Förderung von Teamwork
- Zusammenarbeit aller Abteilungen

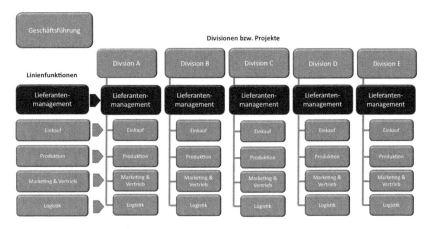

Abb. 5.6 Matrixorganisation mit Lieferantenmanagement als Querschnittsfunktion

Aus Mitarbeitersicht ergeben sich weitere Vorteile

- Bei geeigneter Umsetzung der Matrix ergibt sich eine enge fachliche Steuerung des Mitarbeiters auf der horizontalen Ebene.
- Es steht ein permanenter Ansprechpartner in der Linienorganisation zur Verfügung, der im Sinne des Mitarbeiters und dessen Entwicklung agieren und vermitteln kann.
- Das soziale Umfeld und Denken über die eigene Abteilung hinaus wird gefördert.

Zu den Nachteilen und Gefahren dieser Organisation von Stellenbeziehungen zählen

- Kompetenzkonflikte, d. h. Machtkämpfe und unbefriedigende Kompromisse
- Zurechnungsprobleme von Erfolgen und Misserfolgen
- Mangel an Transparenz und notwendigen, klaren Regelungen der Kompetenzen
- hoher Kommunikationsaufwand
- zusätzliche Planungsaufwände und hohe Gemeinkosten während der Projektpausen
- schwerfällige und lang andauernde Entscheidungsfindung
- Unsicherheit der Ausführungsstellen infolge der Mehrfachunterstellung
- herausfordernde Leistungskontrolle durch Abnahme der Leistungsbereitschaft, wenn diese durch die Linienführung nicht anerkannt wird
- für andere Abteilungen nur schwer abschätzbare Kapazitätsauslastung des Mitarbeiters, da das Gesamtbild oft nicht vorhanden ist

5.2.7   Agile Organisationsform

Agile Unternehmen sind in der Lage ihre Organisation und ihr Geschäftsmodell in kurzer Zeit auf neue Marktanforderungen auszurichten. Darüber hinaus sind agile Organisationen proaktiv und initiativ im Ergreifen von sich bietenden Chancen. Das gilt für alle Unternehmensbereiche. Agilität im Unternehmen ist die richtige Mischung aus „doing agile" (Methoden) und „being agile" (Mindset). Im Zuge der digitalen Transformation ist Agilität ein notwendiges Führungs- und Organisationsprinzip, um auch in digitalen Märkten erfolgreich zu sein. Die agile Transformation wird zu einem wesentlichen Eckpfeiler einer erfolgreichen digitalen Transformation. Abb. 5.7 zeigt einen Prototyp der agilen Organisation. Agile Unternehmen haben eine ganz eigene DNA. Ihr Erfolg lässt sich nur schwer auf einzelne Maßnahmen oder Methoden zurückführen. Vielmehr basiert ihr Erfolg auf sechs Säulen, wie Mission, Kundenzentrierung, agile und (neu) gedachte Führung, agile Methoden, kontinuierliche Verbesserung und agile Unternehmenskultur. In agilen Organisationen ist der Kunde Teil der Wertschöpfung und nicht einfach das letzte Glied in der Kette. Anforderungen werden in Anwendergeschichten (Engl.: User Stories) formuliert, Wertschöpfung, ausgehend vom Kunden und entlang seiner Kundenreise gedacht, statt von innen nach außen (Helmold 2020). Eine ideale und eindrucksvolle Symbolik für die Stellung des Kunden ist ihm in jedem Meeting einen freien Stuhl zu geben. Als stille, jedoch permanente Erinnerung daran,

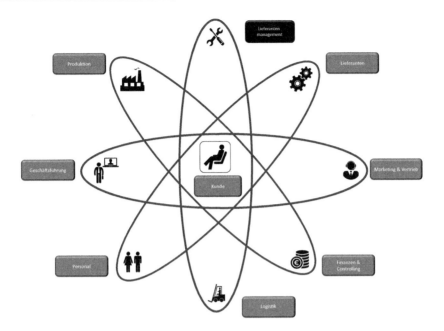

Abb. 5.7 Agile Organisation

worum es eigentlich geht. Diese Form der Kundenzentrierung bedeutet auch, dass der Kunde aktiv in die Entwicklung von Dienstleistungen und Produkten einbezogen wird. In einem frühen Stadium bekommt der Kunde Prototypen und minimal funktionsfähige Produkte, um darauf basierend sein Feedback zu geben. Basierend auf diesem Feedback und seinen Bedürfnissen entwickeln agile Organisationen ihr Angebot ständig weiter. Auf diesem Weg gewinnen agile Unternehmen in einem frühen Stadium eine hohe Klarheit, was Kunden an ihrem Angebot wirklich schätzen und welche Leistungsaspekte sie nicht weiterverfolgen müssen. Das Lieferantenmanagement übernimmt in der agilen Organisation eine Vorreiterrolle, in der sie Lieferanten und eigene Abteilungen mit dem Kunden vernetzt. Produktion, Abläufe und Prozesse werden synchronisiert und regelmäßig überprüft. Ein agiles Lieferantenmanagement muss so organisiert sein, dass sowohl Einheiten für das klassische Einkaufsgeschäft als auch für die Unterstützung beim Erkunden in komplexen Situationen vorhanden sind (Kleemann 2020). Agiles Arbeiten im Lieferantenmanagement funktioniert anders als konventionelle Methoden. Statt hohem Detailgrad in der Planung werden viele Aufgaben und Herausforderungen gleichzeitig angegangen. Agiles Arbeiten heißt nicht, dass überhaupt nicht mehr geplant wird. Agiles Arbeiten bedeutet eher, möglichst viele Aufgaben in kleine Teams mit Steuerung und Moderation des Lieferantenmanagements zu delegieren. Die abteilungsübergreifenden Teams arbeiten dann gemeinsam, auch mit Lieferanten über Unternehmensgrenzen hinweg, an Lösungen. Damit das gelingt, braucht es ein klar definiertes Ziel und einen klaren Projektauftrag, die es zu erreichen gilt. Teams nähern

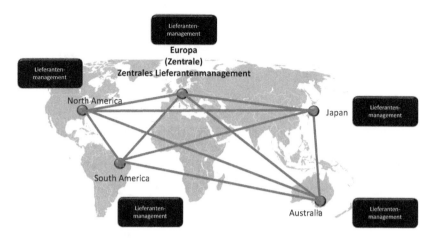

Abb. 5.8 Virtuelle Organisation

sich Lösungen in vielen kleinen Schritten an. Sie unterteilen ein großes Ziel in zahlreiche Zwischenaufgaben (Pfannstiel et al. 2020). Das macht es leichter, auf sich ändernde Bedingungen zu reagieren und ständig zu adaptieren. Unternehmen und Teams können somit in einem schwer vorhersehbaren Umfeld besser bestehen, wenn sie auf agile Methoden setzen als auf lineares Arbeiten.

5.2.8   Virtuelle Organisationsformen

Eine Virtuelle Organisation (VO) ist eine Form der Organisation, bei der sich rechtlich unabhängige Unternehmungen und/oder auch Einzelpersonen virtuell (meist über das Internet) für einen gewissen Zeitraum zu einem gemeinsamen Geschäftsverbund zusammenschließen. Abb. 5.8 zeigt die virtuelle Organisation über Ländergrenzen hinweg. Im Lieferantenmanagement gibt es Reifegrade, die in Abb. 5.9 dargestellt sind. Unternehmen mit einem hohen Reifegrad haben Kompetenzzentren und Expertenteams virtuell aufgestellt, die global agieren.

5.3   Ablauforganisation des Lieferantenmanagements

Die Ablauforganisation im Lieferantenmanagement bezeichnet in der Organisationstheorie das Beschreiben von dynamischen und systematischen Arbeitsprozessen unter Berücksichtigung der Steuerung, Lenkung und Kontrolle von Lieferantennetzwerken, wogegen sich die Aufbauorganisation hauptsächlich mit dem statischen Strukturieren einer Unternehmung in organisatorische Einheiten, Stellen und Abteilungen beschäftigt

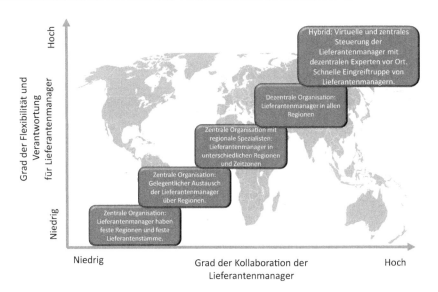

Abb. 5.9 Reifegrade von virtuellen Organisationen

(Hofbauer et al. 2012). Insbesondere wird das Definieren und Modellieren von Prozess-abläufen als wissenschaftlich gestütztes Vorgehen verstanden. Das Arbeiten in einem verketteten Prozess folgt einer Steuermethode für einen Ablauf zeigt. Prozessabläufe sind in Hauptprozessen und Unterprozessen eigeteilt. Die Hauptprozesse im Lieferanten-management können wie folgt definiert werden (Kap. 4):

• Lieferantenstrategie
• Lieferantenauswahl
• Lieferantenbewertung
• Lieferantenentwicklung
• Lieferantenintegration
• Lieferantencontrolling

Die Aufbau- und Ablauforganisation betrachten meist gleiche Objekte unter ver-schiedenen Aspekten. Die Beschreibungen und die zugrunde gelegten Strukturen hängen wechselseitig voneinander ab (Interdependenz). Die Aufbauorganisation betrachtet organisatorische Ressourcen, die Ablauforganisation beschäftigt sich mit der (temporalen oder finalen) Kette einzelner Arbeitsschritte unter Nutzung dieser Ressourcen. Abb. 5.10 zeigt die Kombination von Aufbau- und Ablauforganisation.

Im Rahmen der Neuausrichtung des Lieferantenmanagements in Richtung „Wert-schöpfer" ist eine Überprüfung der bestehenden Prozesse sowie deren Neugestaltung unabdingbar. Die Neuausrichtung muss parallel die Auf-bau- und Ablauforganisation des

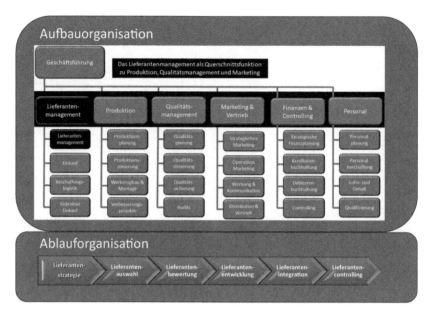

Abb. 5.10 Aufbau- und Ablauforganisation im Lieferantenmanagement

Lieferantenmanagements anpassen und Aspekte des neuen Leitbildes berücksichtigen. Dazu müssen die Verantwortlichkeiten im gruppenweiten Lieferantenmanagement neu und effizient geregelt und die Materialgruppen strategisch ausgerichtet und den jeweiligen Lieferantenmanagern richtig zugeordnet werden. Materialgruppen (Engl.: Commodities oder Kategorien) sind Zusammenschlüsse von Material- und Produktgruppen oder Kategorien mit gleichen Eigenschaften. Organisationsstrukturen, Verantwortlichkeiten und Einteilung der Abteilungen und Unterabteilungen sind Teil der der Aufbauorganisation, die Abläufe und Prozesse sind Teil der Ablauforganisation. Insbesondere durch die Globalisierung und Digitalisierung muss die Neuausrichtung virtuell und über regionale Grenzen hinaus durchgeführt werden. Erfahrungsgemäß ist es sinnvoll die Lieferantenmanager so zu positionieren, dass Lieferantenmanager für Materialgruppe Innenteile mit dem weltweiten Entwickler und Qualitätsverantwortlichen in dieser Materialgruppe räumlich oder virtuell verbunden sind (Netzwerke). Automobilfirmen haben Plattformen oder Produktgruppen (Engl.: Cluster), in denen der Entwickler, der Qualitätsverantwortliche und der Lieferantenmanager physisch koallokiert sind und kollaborieren. Innerhalb dieser Plattformen gib es einheitliche Ziele und abteilungsübergreifend (Engl.: cross-functional) definierte Strategien. Für die Aufgaben des Lieferantenmanagementcontrollings müssen Instrumente entwickelt werden, die sowohl den Leiter im Lieferantenmanagement und die Lieferantenmanager als auch die strategischen und operativen Einkäufer bei der täglichen Arbeit unterstützen. Die Palette der angebotenen Werkzeuge reicht von der Standardisierung der Anfrageunterlagen für Entwicklungsteile, über Benchmarking-Tabellen für Commodities bis hin zu Rentabilitätsrechnungen als Entscheidungsgrundlagen vor Lieferantenwechsel. Die entwickelten Werkzeuge helfen den Lieferantenmanagern, die Einkaufsprozesse strukturiert und effizient abzuwickeln. So dient die Standardisierung der Anfrageunterlagen für Entwicklungsteile dazu, zunächst eine Prüfung aller erforderlichen Unterlagen durchzuführen, damit der Lieferant nicht zusätzliche Nachfragen zu den Teilen vornehmen muss. Weiterhin sind durch dieses Hilfsmittel alle Unterlagen aus Entwicklung und Konstruktion mit klaren Zuordnungen zu verantwortlichen Personen versehen, damit bei Rückfragen der Klärungsprozess möglichst einfach und schnell verläuft und der Lieferantenmanager den zentralen Kontaktpunkt zum Lieferanten bilden kann. Die Einteilung in eine Materialgruppenstruktur ist ein weiterer Punkt zur verbesserten Zuordnung von Verantwortlichkeiten und somit klareren und effizienteren Beschaffungsstruktur. Das Benchmarking für die einzelnen Commodities dient der schnellen Erkennung von Einsparungspotenzialen. Dazu werden die Teile einer Materialgruppe gegeneinander unter Berücksichtigung bestimmter Merkmale abgeglichen. Dies ist bereits mithilfe einfacher, die Teile beschreibender Benchmarking-Tabellen für die einzelnen Commodities möglich. Mithilfe dieser Tabellen können so gezielt Einkaufspotenziale identifiziert werden sowie ein einfaches Controlling der Preise, z. B. als Auswirkungen bei Veränderungen von Aluminium-Weltmarktpreisen durchgeführt werden. Auch die Rentabilitätsrechnung dient der gezielten Verringerung der Gesamtkosten des Einkaufs. Sie wird nur für Teile durchgeführt, die nach bestimmten Kriterien ausgewählt wurden. In die Berechnung gehen die Restlaufzeit der Teile, die Einsparung durch den Lieferantenwechsel und die dem gegenüberstehenden Kosten für diesen ein. Daraus können dann die entsprechenden Schlüsse über die Fokussierung der Aktivitäten hinsichtlich der anvisierten Einsparungen gezogen werden.

5.4   Lieferantenmanagement und Digitalisierung im indirekten Einkauf

Der indirekte Einkauf (Engl.: Indirect Procurement) betrifft Materialien oder Dienstleistungen, die nicht unmittelbar in den Produktionsprozess einfließen, aber dennoch von zentraler Bedeutung für ein Unternehmen sind. Der Einkauf indirekter Güter und Dienstleistungen, kurz „indirekter Einkauf", hat sich als eigene Organisationseinheit in Unternehmen weitgehend etabliert. Trotz unternehmensindividueller Besonderheiten sind die zu beschaffenden Artikel des indirekten Einkaufs auch in unterschiedlichen Unternehmen sehr ähnlich. Um auch für diese Bedarfe im Einkauf Best-Preise zu realisieren müssen diese unternehmensübergreifend gebündelt werden: So wird das zu beschaffende Volumen vergrößert, in der Konsequenz die Marktmacht erhöht und eine verbesserte Verhandlungsposition erreicht. Für Einzelunternehmen, KMU und größere Konzerne bedeutet dies einen deutlich gesteigerten Nutzen, hinsichtlich Konditionen und Leistung. So übernimmt der indirekte Einkauf eine Vorreiterrolle in der digitalen Beschaffung (Kerkhoff Group 2016). Mit Hilfe von digitalen Lösungen (eProcurement) und der stetigen Bündelung der Kundenbedarfe realisieren sie im indirekten Einkauf einen Mehrwert für jedes einzelne Unternehmen. So werden Einsparungen möglich, die kein Unternehmen im Alleingang realisieren kann, aber die durch klassische Konditionsspreizungen in Form von Rabatt- und Mengenstaffeln sowie Verhandlungskompetenz im Abschluss von Rahmenverträgen greifbar werden. Neben einer optimalen Unterstützung der kollaborativen Prozesse mit den indirekten Lieferanten durch das Lieferantenmanagement sind jedoch auch Katalogfunktionen wichtig. Schließlich wird das indirekte Material meist nicht von professionellen Einkäufern, sondern von den Fachbereichen im Unternehmen bestellt. Für diese sollte der Einkaufsprozess so einfach wie möglich sein. Vorbilder sind hier Amazon oder Alibaba. Ähnliches gilt auch für Dienstleistungen, die sich ebenfalls über Kataloge beschaffen lassen. Hier empfiehlt es sich zudem, Mengenabfragen im Katalog zu integrieren. Damit kann der Anforderer bei Lieferanten mit vorverhandelten Preisen den gewünschten Umfang einer Dienstleistung direkt über die Shopping Cart anfragen, ohne den Einkauf einbinden zu müssen. Die Erfahrung zeigt laut der Kerkhoff-Beratung, dass eine Verdopplung des Einkaufsvolumens im Durchschnitt eine Konditionsverbesserung zwischen sechs und acht Prozent zur Folge hat. Neben diesen quantitativen Vorteilen, kann gleichzeitig auch das Servicelevel optimiert und eine A-Status-Bewertung der Lieferanten durchgesetzt werden. Die eProcurement Instrumente, die diesen Ansatz charakterisieren, unterstützen nicht allein die Marktbeobachtung, sondern auch Quartalsausschreibungen, Preisanalysen und eine neue Form der Verhandlungsführung – die Advanced Negotiation. Ein weiterer, entscheidender Vorteil dieses Verfahrens ist die Schaffung von Transparenz über die Einkaufsprozesse und damit zusammenhängend die Garantie der Compliance-Sicherheit: Mithilfe des eProcurement-Systems und Quartalsreports kann eine Reduzierung der Maverick-Buying-Quote erreicht werden. Aufgrund dieser langfristigen Reduzierung sind weitere Einsparungen in Höhe von zwei bis fünf Prozent realistisch, da durch die zwingende Nutzung der Rahmenverträge unnötige Transaktions- und Opportunitätskosten ausgeschlossen werden können. Reporting-Tools unterstützen durch den permanenten Abgleich zwischen Bedarfs-, Bestell- und Rechnungsmenge das Qualitäts-Berichtwesen und gewährleisten zusätzlich einen kontinuierlichen Verbesserungsprozess (Kerkhoff Group 2016).

5.5   Strategischer Einkauf im Lieferantenmanagement

Der strategische Einkauf unterscheidet sich vom operativen Einkauf dadurch, dass er eine Einkaufsstrategie definiert, die aus systematisch auf einander abgestimmten Maßnahmen besteht, welche dem Unternehmen anschließend nachhaltigen Erfolg bringen. Während Strategische Einkäufer von der Marktuntersuchung bis zur Lieferantenbeurteilung und -auswahl die Prozesse der Beschaffung konzeptionell gestalten und steuern, sind operative Einkäufer für die Ausführung der Bestellung zuständig.

5.6   Operativer Einkauf im Lieferantenmanagement

Grundsätzlich wird zwischen dem strategischen und dem operativen Einkauf unterschieden. Zum operativen Bereich gehören Funktionen, wie die Bestellung und Terminverfolgung sowie die Abwicklung von Retouren und Reklamationen. Es handelt sich also um die klassischen ausführenden Aufgaben im Rahmen der physischen Beschaffung.

5.7   Fallstudie: Globales Lieferantenmanagement bei Bombardier Transportation

Bombardier Transportation hat ein weltweites Beschaffungsvolumen von mehr als 2,3 Mrd. € an Komponenten, die für die Fertigung von Straßenbahnen, Zügen oder S-Bahnen verwendet werden. Mehr als 15 % werden dabei aus China beschafft. Betrachtet man den gesamten Global-Sourcing-Anteil, so sind es sogar mehr als 50 %. Dieser Trend steigt weiter, Bombardier baut insbesondere Lieferantennetzwerke mit einem hohen Reifegrad in China oder auch Indien weiter aus. Man denkt sogar über den Bau von halbfertigen Zügen in China bei dem Joint Venture in Qingdao, Bombardier Sifang Transportation (BST), nach, um dadurch Kostenvorteile gegenüber internationalen Wettbewerbern in Europa, Korea, China und Japan zu erreichen. In einzelnen Projekten, wie Metro Stockholm, die in dem größten Werk von Bombardier in Hennigsdorf bei Berlin gefertigt wird, kommt der Wagenkasten mit Innenausbau schon aus China. Der Wagenkasten ist einer der größten Wertschöpfungsanteile bei Zügen. In anderen Projekten werden alle Umfänge in Indien gefertigt und nach Australien geliefert.

Abb. 5.11 zeigt ein Beispiel von Bombardier, in dem alle Aktivitäten im Lieferantenmanagement durch einen global agierenden Lieferantenmanager (Engl.: Global Commodity Leader) gebündelt und koordiniert werden. Die Lead-Buyer-Organisation ist dem strategischen Einkauf in der Zentrale in Berlin zugeordnet und besteht aus einem globalen Netzwerk an unterschiedlichen Orten. Für Aluminium, Stahl und andere Materialien für Wagenkästen sitzt der Lead Buyer in England, Derby. Innerhalb des Lead-Buyer-Netzwerkes gibt es Schnittstellen zu den regionalen (Zentraleuropa, Westeuropa; Asien-Pazifik, Amerikas, China und Afrika) und divisionalen Lieferantenmanagern. Darüber hinaus sind die Lieferantenqualität (Qualitätsverantwortlicher), die Industrialisierung und die Entwicklung in das globale Materialgruppenmanagement und Lieferantenmanagement eingebunden. In den blauen äußeren Kästchen sieht man die unterschiedlichen Regionen und regionalen Projekte, z. B. Projekte Metro Stockholm in der Divsion Zentraleuropa oder Queensland New Generation (QNGR) in der Division Asien-Pazifik, die global an Lieferanten in Anlehnung an die zentrale Materialgruppenstrategie vergeben werden. Aufgrund dieser Neuausrichtung hin zu einer virtuellen und netzwerkfokussierten Organisation sind neben den traditionellen Einkaufskompetenzen wie Beschaffungsmarktkenntnisse, Produktexpertise, Verhandlungskenntnisse, Materialwirtschafts-Know-how und Basisfremdsprachenkenntnisse weitere Anforderungen

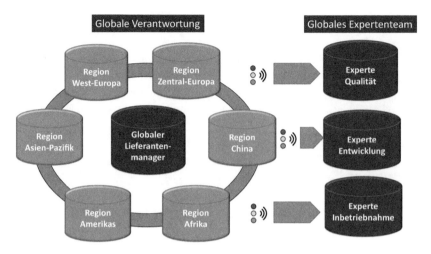

Abb. 5.11   Beispiel eines globalen Lieferantenmanagements bei Bombardier Transportation

zwingend notwendig. Im Vergleich zu den traditionellen und meist harten Anforderungen
sind die neuen Anforderungen einer höheren Komplexität der Lieferantennetzwerke und der größeren Internationalisierung geschuldet. Lieferanten haben sich zu
konkurrierenden und komplexen Wertschöpfungsnetzwerken verändert. In Sektoren, wie
der Automobilindustrie, dem Maschinenbau, der Bahnindustrie oder dem Flugzeugbau
haben sich in spezialisierten Märkten Angebotsoligopole für bestimmte Komponenten
gebildet. Weiterhin agieren auch die Lieferantennetzwerke mehr und mehr international.

Literatur

BME (2017). Leitfaden Strategisches Lieferantenmanagement. Bundesverband Materialwirtschaft,
    Einkauf und Logistik e.V. (BME). Abgerufen am 14.10.2020. https://www.koinno-bmwi.de/
    fileadmin/user_upload/publikationen/Leitfaden_Lieferantenmanagement.pdf.
Emmett, St. & Crocker, B. (2009). Excellence in Supplier Management. How to better manage
    contracts with suppliers and add value. Best practices in Supplier Relationship and Supplier
    Development. Cambridge Cambridge Academic Publishing.
Helmold, M. and Terry, B. (2016). Lieferantenmanagement 2030. Sicherung der Wettbewerbs-
    fähigkeit durch wertfokussierte Lieferantenbeziehungen. Springer Gabler Verlag. Wiesbaden.
Helmold, M. (2020). Lean Management and Kaizen. Fundamentals from Cases and Examples in
    Operations and Supply Chain Management. Springer Cham.
Hofbauer, G. et al. (2012). Lieferantenmanagement. Die wertorientierte Gestaltung der Liefer-
    beziehung. 2nd Edition. München Oldenbourg Verlag.

Kerkhoff Group (2016). Vom Underdog zum Favoriten: Indirekter Einkauf übernimmt eine tragende Rolle in der digitalen Beschaffung. IN Tagespiegel. Abgerufen 14.10.2020. https://www.kerkhoff-analytics.com/presse/presseartikel/presse-details/news/vom-underdog-zum-favoriten-indirekter-einkauf-uebernimmt-eine-tragende-rolle-in-der-digitalen-beschaffung/?no_cache=1&tx_news_pi1%5Bcontroller%5D=News&tx_news_pi1%5Baction%5D=detail&cHash=d29f31603df3d5167a3fb5920cd6e197.

Kleemann, F. (2020). Agiler Einkauf: Mit Scrum, Design Thinking & Co. die Beschaffung verändern. 2. Auflage. Springer Gabler Wiesbaden.

Pfannstiel, M., Siedl, W. & Steinhoff, P. (2020). Agilität in Unternehmen. Eine praktische Einführung in SAFe® und Co. Springer Gabler Wiesbaden.

Kompetenzanforderungen im Lieferantenmanagement

6

Menschen bilden bedeutet nicht, ein Gefäß zu füllen, sondern ein Feuer zu entfachen.

Aristophanes (446–386 v. Chr)

6.1 Der Lieferantenmanager als Schnittstelle zum Lieferanten

6.1.1 Veränderte Rahmenbedingungen führen zu neuen Kompetenzanforderungen

Durch die Fokussierung auf die eigenen Kernkompetenzen und durch die stetig abnehmende Wertschöpfung und das damit verbundene Outsourcing an Lieferanten haben viele Unternehmen verstanden, dass ein exzellentes Lieferantenmanagement für den Unternehmungserfolg von Bedeutung ist. Zahlreiche Unternehmen haben daher in Verbindung mit einer strategischen Beschaffung das Lieferantenmanagement aufgebaut. Aufgrund dieser steigenden Anforderungen innerhalb der Lieferkette zu strategischen und global aufgestellten System-, Modul oder Komponentenlieferanten hat sich auch das Aufgabengebiet für die Lieferantenmanager geändert. Ein Lieferantenmanager stellt als interner und externer Verantwortlicher die zentrale Koordinationsstelle für die Gesamtverantwortung der Zuliefererfirmen dar, und diese Gesamtverantwortung umfasst neben Qualitäts- auch Liefer- und Kostenziele. Hier obliegt Ihm eine regelmäßige Messung der Lieferantenperformance anhand geeigneter Methoden. Lieferantenmanager beraten Zulieferer ganzheitlich im Sinne einer Lieferantenförderung und arbeiten an der Schnittstelle von Qualitätsmanagement, Einkauf, Produktion und Entwicklung eng mit den Lieferanten zusammen und unterstützen diese fachlich bei der Umsetzung und Optimierung qualitativer und logistischer Prozesse. Die Tätigkeit als Lieferantenmanager

© Der/die Autor(en), exklusiv lizenziert durch Springer Fachmedien Wiesbaden GmbH, ein Teil von Springer Nature 2021
M. Helmold, *Innovatives Lieferantenmanagement*,
https://doi.org/10.1007/978-3-658-33060-6_6

beinhaltet z. B. die Mitarbeit in Neuproduktprojekten, die Anlaufvorbereitung und die enge Zusammenarbeit mit der Produktion an internationalen Standorten. Lieferantenmanager arbeiten mit Lieferanten zusammen und verantworten den reibungslosen Produktionsbetrieb in der Serienvorbereitung und Serienbelieferung. Außerdem planen und leiten sie eigenverantwortlich Lieferantenfördermaßnahmen im In- und Ausland. Bei dem Auftreten von Störungen wird der LM von Linienabteilungen Qualitätsvorausplanung, dem Einkauf, der Fertigung und allen relevanten Abteilungen unterstützt. Kontinuierliche Weiterentwicklung der Prozesse und Methoden des gesamten Lieferantenqualitätsmanagements ist ein „Muss" für jeden Lieferantenmanager. Weiterhin obliegt Ihm die Festlegung der Lieferanten in enger Zusammenarbeit mit dem Einkauf, der Qualität und der Entwicklungsabteilung anhand von Analysemethoden wie VDA 6.3 (Prozessaudit). Ebenso muss ein Lieferantenmanager cross-funktional und weltweit vernetzt arbeiten können. Ein Lieferantenmanager versteht es, Experten eines global agierenden Netzwerkes in den jeweiligen Teilprojekten einzusetzen, zu steuern und zu „dirigieren". Er/Sie sollte fundiertes Anwenderwissen im Lieferanten- und Qualitätsmanagement haben. In zahlreichen Firmen kommen Lieferantenmanager aus den unteren oder mittleren Führungsebenen der Fachabteilungen. Die harten Kernkompetenzen (Abb. 6.1) eines Lieferantenmanagers sehen wie folgt aus:

- fundierte Ausbildung in den Bereichen Betriebswirtschaftslehre, Ingenieurwesen oder Wirtschaftsingenieurwesen
- einschlägige Berufserfahrung im Lieferantenmanagement in der jeweiligen Industrie
- Erfahrung in der Durchführung von Audits und Lieferantenentwicklungsmaßnahmen
- Erfahrung im internationalen Einkauf
- Kenntnisse im Produktentstehungsprozess und Technikverständnis
- Vertragswissen und Fähigkeiten, Verträge zu gestalten und Rückschlüsse zu ziehen
- Logistikkenntnisse, insbesondere Kenntnisse im Bereich schlanke Lieferketten, Transport, Lagerung
- Finanzkenntnisse, Fähigkeiten die finanzielle Situation von Lieferanten zu bewerten
- IT-Kenntnisse und Wissen im Bereich künstlicher Intelligenz
- Sprach- und interkulturelle Kenntnisse
- Methodenwissen über Qualitätsmanagementwerkzeuge
- Erfahrung im Projektmanagement sowie im Bereich der schlanken Produktion

Neben den aktuellen Kernvoraussetzungen muss ein Lieferantenmanager methodensicher sein. Insbesondere bei der Einbringung bzw. dem Ausbau der Prinzipien der schlanken Produktion in die Lieferkette ist Kommunikationsstärke erforderlich. Aufgrund der Notwendigkeit von Coaching-Maßnahmen bei Lieferanten müssen ebenso Moderationsfähigkeiten vorhanden sein. Neben den Kernkompetenzen sind auch die nachstehenden Anforderungen unabdingbar:

- Erfahrung im Durchführen von Coaching-Maßnahmen

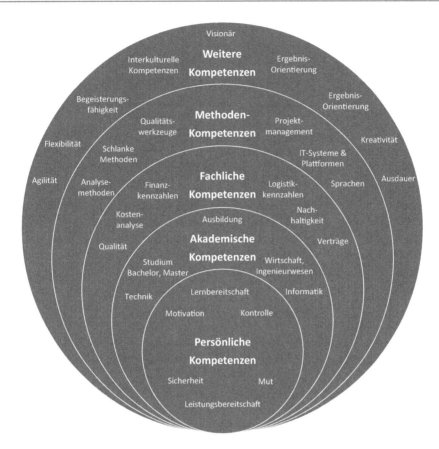

Abb. 6.1 Kompetenzanforderungen im Lieferantenmanagement

- Kompetenz im Steuern von virtuellen und internationalen Netzwerken
- Analysefähigkeiten
- Konfliktmanagementkenntnisse
- Kooperations- und Konfliktlösungskompetenz
- Durchsetzungsvermögen sowie hohe Methodenkompetenz
- hohe Eigenmotivation
- Fähigkeit, virtuelle und interdisziplinäre Teams zu führen

Neben den o.g. Anforderungen muss ein Lieferantenmanager im Rahmen einer 360-Grad-Analyse darüber hinaus Kenntnisse im Finanzwesen und anderen Disziplinen haben, um seine Aufgabe ganzheitlich zu erfüllen. Die zuvor genannten Anforderungen zeigen, dass sich das Anforderungsprofil und die Aufgaben des Lieferantenmanagers radikal geändert haben: vom reinen „Beschaffer" und „Kostendrücker" zum „Wertbringer" und „Wertgestalter". Zahlreiche Unternehmen bilden Ihre Lieferantenmanager in der eigenen Akademie aus. In vielen Fällen übernehmen die strategischen Einkäufer die Funktion des Lieferantenmanagements, das heißt es existiert keine eigene Stelle. In den anderen Unternehmen sind sogenannte Tandems, bestehend aus einem strategischen Lieferantenmanager aus der Qualitätsabteilung sowie einem strategischen Einkäufer, zuständig für das Lieferantenmanagement. Ein weiteres Beispiel sind Lieferanten-entwickler, die dem Einkauf zugeordnet sind. Wichtige Schnittstellen sind hier u. a. Fertigung und Qualität sowie der operative Einkauf als unterstützende Funktion. Die organisatorische Zuordnung des Lieferantenmanagements ist eine Frage der Philo-sophie jedes einzelnen Unternehmens. Unterstützt wird der Einkauf in manchen Fällen durch einen EDV-Verantwortlichen, der operative Aufgaben übernimmt, zum Bei-spiel die Datenpflege oder das Nachhalten von Zertifikaten. Die Anforderungen an einen Mitarbeiter im Lieferantenmanagement unterscheiden sich von denen an einen strategischen Einkäufer, da ein höheres technisches Verständnis notwendig ist. Wie auch immer die Zuständigkeiten in den jeweiligen Unternehmensbereichen verteilt sind, die Verantwortung für die Einführung und Etablierung liegt beim Einkauf. Allgemeine Vor-gehensweisen im Lieferantenmanagement (zum Beispiel die Definition von Prozessen) werden meist von einem Team, bestehend aus Einkauf, Qualitätsmanagement und Produktentwicklung, festgelegt. Abb. 6.1 teilt die Kompetenzen eines Lieferanten-managers in persönliche, akademische, fachliche, methodenseitige und weitere Kompetenzen ein.

6.1.2   Der Lieferantenmanager als Single Point of Contact

Lieferantenmanager sind gefragte Fachleute in der Industrie. Sie setzen die Einhaltung hoher Standards bei der Beschaffung von Roh-, Hilfs- und Betriebsstoffen durch. Lieferantenmanager arbeiten eng mit den jeweiligen Fachabteilungen zusammen und sind alleinige Ansprechpartner für die Lieferanten (Engl.: Single Point of Contact, SPOC). Als Single Point of Contact wird in einer Organisation eine zentrale Anlaufstelle für einen oder mehrere Lieferanten bezeichnet. Je nach Kontext gibt es für das Konzept SPoC auch ähnliche Begriffe, wie einheitlicher Ansprechpartner oder Key Account Manager. Damit füllen sie eine wichtige Funktion als Schnittstelle zu externen Wert-schöpfungspartner aus. Sie stellen sicher, dass ausschließlich einwandfreie Materialien, Dienstleistungen und Teile in den Produktionsprozess gelangen. Lieferantenmanager üben vielfältige Aufgaben im Lieferantenmanagement aus. Sie sind für die Planung und Durchführung von Workshops, Lieferantenaudits und Potenzialanalysen verantwortlich. Ebenfalls sind sie für die Suche, Auswahl, Selektion und Freigabe neuer Lieferanten zuständig. Darüber hinaus bearbeiten sie Lieferantenreklamationen und beteiligen sich an der Verhandlung von Qualitätssicherungsvereinbarungen. Zum Berufsalltag gehört die Kommunikation mit anderen Fachabteilungen des Unternehmens. Lieferantenmanager sind der Ansprechpartner für sämtliche Qualitätsfragen zwischen Lieferanten und internen Fachabteilungen. Sie haben stets einen Blick auf die Prozess- und Produktquali-tät und koordinieren die technische Lieferantenentwicklung:

- Planung und Durchführung von Lieferantenworkshops
- Planung und Durchführung von Lieferantenaudits
- Potenzialanalysen über die Lieferkette hinweg
- Maßnahmen zur Verbesserung in der Lieferantenperformance
- Lieferantensuche, -auswahl, -selektion und -freigabe
- Einleitung von notwendigen Qualitätsverbesserungsmaßnahmen
- Kommunikation und Abstimmung mit internen Fachabteilungen
- Schulung von Mitarbeitern der Einkaufs- und Beschaffungsabteilung
- Unterstützung bei der Erstmusterprüfung von neuen Teilen und beim Serienanlauf
- Design von Wertschöpfungsketten in Bezug auf Geschwindigkeit, Vollständigkeit und Kosten

6.1.3   Wachsende Internationalisierung in der Beschaffung

Lieferanten haben sich zu konkurrierenden und komplexen Wertschöpfungsnetzwerken verändert. In Sektoren wie der Automobilindustrie, dem Maschinenbau, der Bahnindustrie oder dem Flugzeugbau haben sich in spezialisierten Märkten Angebotsoligopole für bestimmte Komponenten gebildet. Weiterhin agieren auch die Lieferantennetzwerke mehr und mehr international. Neben der fortschreitenden Digitalisierung und Industrie 4.0 fokussieren die Ziele der neuen Lieferantenmanager auf Wertschöpfung und wertschöpfende Aktivitäten entlang der gesamten Wertschöpfungskette. Entgegen des alten Leitbildes des Kostendrückers und des auf einer auf historischen Daten basierten reaktiven Lieferanteneskalation stehen im neuen Leitbild partnerschaftliche und proaktive Maßnahmen zur stetigen Verbesserung von Qualität, Kosten, Logistik und Technik im Mittelpunkt des Lieferanten-managements.

6.2   Vernetzungsfähigkeit der Lieferantenmanager

Aufgrund dieser Neuausrichtung hin zu einer virtuellen und netzwerkfokussierten Organisation sind neben den traditionellen Einkaufskompetenzen wie Beschaffungsmarktkenntnisse, Produktexpertise, Verhandlungskenntnisse, Einkaufsexpertise und Fremdsprachenkenntnisse (meist Englischkenntnisse) weitere Anforderungen zwingend notwendig. Im Vergleich zu den traditionellen und meist harten Anforderungen sind die neuen Anforderungen einer höheren Komplexität der Lieferantennetzwerke und der größeren Internationalisierung geschuldet.

6.3   Regelmäßige Weiterentwicklung durch Training und Qualifikationen

Weiterbildung bringt Know-how in das Unternehmen, fördert die Innovationskraft, Leistungsfähigkeit und -bereitschaft sowie Arbeitszufriedenheit der Lieferantenmanager. Als Schlüsselrolle ist es daher zwingend notwendig, dass das Lieferantenmanagement eine Vorreiterrolle in Methoden, Prozessen, Innovationen und anderen Aspekten hat. Das hat einen positiven Einfluss auf Lieferketten und die Produktivität. Aber auch die Außenwahrnehmung kann durch Weiterbildung der Mitarbeiter verbessert werden. Neben den einkaufsrelevanten Kompetenzen im Lieferantenmanagement sind Fähigkeiten und Wissen in anderen Bereichen wie Digitalisierung, Projektmanagement, Konfliktlösungsfähigkeiten oder Qualitätswerkzeuge notwendig. Abb. 6.2 zeigt eine Kompetenzmatrix für Lieferantenmanager. Die Kompetenzmatrix zeigt mit einem schwarzen Kreis, dass alle Kompetenzen erfüllt sind. Umgekehrt zeigen die nicht vollen ausgefüllten Kreise, wo noch Kompetenzen verstärkt werden müssen. Die Kompetenzanalyse sollte mit der Führungskraft im Rahmen des Entwicklungsplans und Jahresgesprächs (Zielvereinbarung) stattfinden.

6.4   Fallstudie: Risikoorientiertes Management der Lieferanten bei der Meyer Werft

Mit einem ganzheitlich umgesetzten Konzept für ein risikoorientiertes Lieferantenmanagement hat die Papenburger Meyer Werft die Jury des Bundesverbandes Materialwirtschaft, Einkauf und Logistik (BME) überzeugt und den BME-Preis erhalten. Beim Bau von Kreuzfahrtschiffen – mit einem Beschaffungsanteil von mehr als 75 % – verbaut

	Kompetenz-Matrix Lieferantenmanagement				
	Persönliche Kompetenzen	Akademische Kompetenzen	Fachliche Kompetenzen	Methoden-Kompetenzen	Weitere Kompetenzen
Lieferantenmanager A	●	◑	◒	◔	◔
Lieferantenmanager B	◕	◐	◕	◐	◔
Lieferantenmanager C	●	●	◑	●	◐
Lieferantenmanager D	◕	◐	◐	◐	◐
Lieferantenmanager E	◕	◕	◑	●	◐
Lieferantenmanager F	◕	◕	◐	◐	◑

Abb. 6.2 Kompetenzmatrix

die Werft mehr als 15 Mio. Einzelteile pro Schiff. 800 Lieferanten und Dienst-leister müssen pro Neubau koordiniert werden. Ein zuverlässiger und eng vernetzter Lieferantenstamm ist dabei die Grundvoraussetzung für die langfristige Standort-sicherung der familiengeführten Werft und ein erfolgreiches Agieren auf dem Markt. Anlass für die Konzeption und Umsetzung eines neuen Lieferantenmanagements ist die massive Steigerung der Ausbringungsmenge der Werftengruppe, die sowohl auf der Erhöhung der Anzahl jährlicher Schiffsablieferungen als auch auf den steigenden Schiffsgrößen beruht. Hinzu kommt die zunehmende Komplexität der Neu-bauten, wie etwa dem LNG-Antrieb oder auch innovativen Entertainmentneuheiten, welche eine intensive Partnerschaft mit den Lieferanten über alle Realisierungs-phasen erfordern. Gleiches gilt in Bezug auf das langfristige Auftragsbuch mit einer Reichweite bis in das Jahr 2023, welches neben der erfreulichen langfristigen Aus-lastung auch Risiken hinsichtlich einer langfristigen Versorgungssicherheit und den zukünftigen Baukosten aufweist. Das Lieferantenmanagement-Konzept wurde daher unter Einbindung aller Schnittstellen der mit den Lieferanten in Kontakt stehenden Abteilungen aufgestellt. Erstmals erfolgte dabei ein komplett risikoorientierter Ansatz, sodass in allen Zusammenarbeitsphasen mit dem Lieferantenstamm risikoabwendende Maßnahmendefinitionen erfolgen können – sowohl auf operativer Ebene als auch strategisch abhängig von den Beschaffungsmärkten. Ausgehend vom bestehenden Lieferantenmanagement wurde Anfang 2017 systematisch mit einer Neukonzeption begonnen. Ein eigens dafür geschaffener Fachbereich – direkt an der Geschäftsleitung im Einkauf angesiedelt – koordiniert dabei die Umsetzung des Konzeptes. Seit dem Frühjahr 2018 erfolgt die gruppenweite Implementierung des Gesamtkonzepts. „Unser Lieferantennetzwerk verantwortet 75 % des Wertschöpfungsanteils unserer Projekte", sagt Klaus Lübbers, Chief Procurement Officer und Executive Board Member der Werft. „Durch die Neuausrichtung unseres risikoorientierten Lieferantenmanagements binden wir dieses Netzwerk stärker ein und optimieren gemeinsam unsere Performance." „Die Meyer Werft muss signifikante Herausforderungen nahezu zeitgleich managen, und dass nicht nur im Rahmen der angestammten Aufgaben", begründete Dr. Michael Nießen, Mitglied des geschäftsführenden BME-Bundesvorstandes und Jury-Sprecher, die Ent-scheidung. „Für jedes Schiff wird ein Wow-Effekt erwartet, als eine eigene Pionier-leistung. Da die Preis- und Termintreue im besonderen Maße über Erfolg und Misserfolg eines Projektes entscheidet, bedarf es hier nicht nur einer sorgfältigen Planung der einzelnen Projektschritte, sondern es müssen Alternativszenarien vorgehalten werden. Denn auf engstem Raum arbeiten 800 Lieferanten, die sich nicht nur eng abstimmen, sondern immer wieder Ideen entwickeln müssen, um Preise und Termine zu halten. Hier hat sich die Meyer Werft risikoorientiert aufgestellt. ,Takten-Ziehen-Fließen' ist das Leitprinzip – und statt Einsparungsdiskussionen stehen Kostenstrukturanalysen im Vordergrund."

Steuerungskreise und Eskalationsstufen im Lieferantenmanagement

Dumme Gedanken hat jeder, aber der Weise verschweigt sie.

Wilhelm Busch (1832–1908)

7.1 Lieferantenmanagement als zentrale Steuerungsfunktion

7.1.1 Lieferantenlenkungskreis

Der Lieferantenlenkungskreis (LLK) ist ein abteilungsübergreifendes Gremium auf Leitungsebene, in dem sich regelmäßig alle betroffenen Fachbereiche, wie Qualität, Einkauf, Entwicklung, Produktion oder Logistik treffen. Die Leitung und Moderation des LLK übernimmt das Lieferantenmanagement. Auf Grundlage standardisierter Kennzahlen und anderer Werkzeuge werden präventive und reaktive Maßnahmen zur Performanceverbesserung von Lieferanten oder Lieferketten getroffen. Ziel ist es, faktenbasierte und abgestimmte Entscheidungen zu treffen, die, um Versorgungsrisiken frühzeitig zu vermeiden. Im LLK beschlossene Lieferantenprojekte folgen einem erfahrungsbasierten, standardisierten Verfahren und können hinsichtlich ihres Fortschrittstands jederzeit nachverfolgt werden. Abb. 7.1 zeigt den Lieferantenlenkungskreis mit den Abteilungsleitern der jeweiligen Fachabteilungen.

7.1.2 Lieferantenmanager als zentraler Ansprechpartner

Bei der unternehmensinternen Umsetzung des Lieferantenmanagements ist eine intensive Zusammenarbeit zwischen dem Lieferantenmanagement und den Fachab-

M. Helmold, *Innovatives Lieferantenmanagement*,
https://doi.org/10.1007/978-3-658-33060-6_7

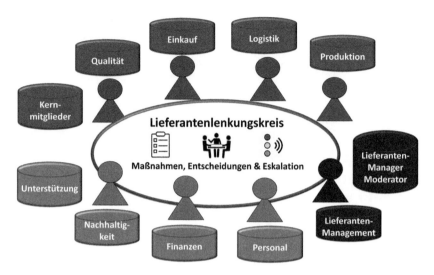

Abb. 7.1 Lieferantenlenkungskreis als Entscheidungsgremium für Lieferantenmaßnahmen

teilungen zwingend notwendig. Mitarbeiter aus Lieferantenmanagement, Einkauf, Supply Chain Management, Logistik, Entwicklung, Qualität und Produktion müssen für ausgewählte Lieferanten oder Materialgruppen übergreifende Teams bilden, die sich mit systematischem Lieferantenmanagement, der Verbesserung, Standardisierung, Reduzierung der Wertschöpfungstiefe, Lieferantenintegration und anderen Fragen beschäftigen. Die Teams schaffen durch gruppenweite Zusammenarbeit Know-how, um unentbehrliches Produkt-, Markt- und Lieferantenwissen zu generieren. Der Lieferantenmanager agiert in diesem Zusammenhang als Schnittstelle und zentraler Ansprechpartner, wie Abb. 7.2 zeigt. Gemeinsam mit zuverlässigen Partnern sichern alle Parteien hohe Qualitätsstandards durch einen standardisierten Regelprozess.

7.1.3 Lieferantenmanagement-Workshops

Ein Lieferantenmanagement-Workshop (Arbeitskreis oder Denkwerkstatt) ist eine Veranstaltung, in der eine kleinere Gruppe mit begrenzter, kompakter Zeitdauer intensiv an einem Thema und Teilbereich arbeitet. Ein Kennzeichen ist dabei die kooperative und moderierte Arbeitsweise an einem gemeinsamen Ziel. Lean Management Workshops haben das Ziel der Verbesserung der Supply Chain und eine Minimierung des Verschwendungspotenzials. Die branchenübergreifende Nutzbarkeit des Lean Management ist eine der großen Stärken des Konzeptes. Abb. 7.3 zeigt den Ablauf von Lieferantenworkshops.

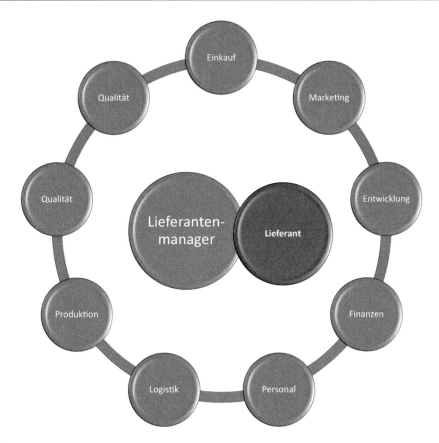

Abb. 7.2   Lieferantenmanager als zentraler Ansprechpartner

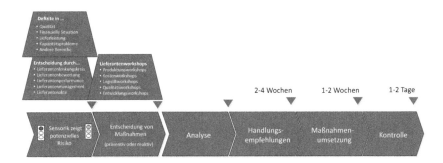

Abb. 7.3   Ablaufschema für Lieferantenworkshops

7.1.4   Lieferantenakte

Eine Lieferantenakte beinhaltet alle relevanten Informationen eines Lieferanten. Lieferantenakten werden vom Lieferantenmanagement zur gezielten Steuerung der Performance eingesetzt. Sämtliche Informationen wie auch Funktionen zum Lieferanten lassen sich in Lieferantenakten an zentraler Stelle zusammenfassen. Die Lieferantenakte sichert die Zusammenführung von Dokumenten und Informationen des Einkaufsprozesses in einer Akte, zum Beispiel Bestellanforderungen, Anfragen, Preisvergleiche, Bestellungen, Wareneingang, Verträge, Gespräche und E-Mails. Meist sind diese Akten digitalisiert. Abb. 7.4 zeigt das Beispiel von Informationen und Elementen einer Lieferantenakte.

7.1.5   Lieferantencockpit

Das Lieferantencockpit ist ein zentrales und meist digitalisiertes Werkzeug zur Bewertung, Einstufung und Entwicklung der Lieferanten. Im Cockpit werden für die meist fünf Bereiche Einkauf, Logistik, Qualität, Entwicklung und Nachhaltigkeit bestimmte Kennzahlen berechnet und visuell in einem Cockpit dargestellt.

Abb. 7.4   Beispiel einer Lieferantenakte

7.2   Lieferantentag

Für gute Geschäftsbeziehungen mit beiderseitigem Informationsaustausch bieten sich kongressähnliche Tagungen an. Ob als Tagungsteilnehmer alle Zulieferer und Lieferanten eines Herstellers eingeladen werden oder beispielsweise die wichtigsten Zulieferer, Lieferanten eines Kontinents/Landes abhängig von der Zielsetzung dieses Lieferantentags. Der Erfolg eines Unternehmens basiert unter anderem auf einer intensiven, partnerschaftlichen und vertrauensvollen Zusammenarbeit zwischen dem Unternehmen und seinen Lieferanten. Ein intensiver Austausch und Dialog stellen dabei die Grundlage einer erfolgreichen Zusammenarbeit dar. Oft werden auf Lieferantentagen Innovationen, Neuheiten oder Prozessänderung vorgestellt und Lieferanten mit sehr guter Performance ausgezeichnet.

7.3   Lieferantenakademie

Zahlreiche Unternehmen mit einem Weltklasse-Lieferantenmanagement haben eine eigene Lieferanten-Akademie (z. B. die Unternehmen Porsche, ZF Friedrichshafen, Bosch), in der Mitarbeiter aus dem eigenen Unternehmen und externe Lieferanten gezielt geschult werden. Die Lieferantenakademien helfen dem eigenen Unternehmen, neue Lieferanten oder Risikolieferanten auf den geforderten Reifegrad hinsichtlich Standards oder Qualitätsanforderungen zu entwickeln bzw. zu coachen. Ferner erhöhen Sie die Kompetenzen der eigenen Mitarbeiter. Das Ziel ist dabei die nachhaltige Verbesserung der Lieferanten in Bereichen, wie Qualität, Logistik, Prozesse oder Innovationen. Relevante Faktoren sind vor allem Qualität, Zeit und Kosten, praktische Belege z. B. die Reduzierung von Ausschuss und Nacharbeit. Lean, flexibel, effizient und zukunftsfähig: Experten und sogenannte Lieferanten-Coaches (Eng.: Trainer, Coach) beraten und schulen in allen Fragen vom Anlauf bis zum Serienende.

7.4   Eskalationsstufen im Lieferantenmanagement

Eskalation (Engl.: Escalation = Steigerung) ist das Steigern und Verschärfen von gezielten Maßnahmen. Im Bereich des Lieferantenmanagements wird der Begriff der „Eskalation" so verwendet, um bestimmte Maßnahmen bei Lieferantenstörungen und -defiziten kontrolliert auf eine oder mehrere Hierarchieebenen „nach oben" zu verlagern und konkrete Korrekturmaßnahmen umzusetzen. Abb. 7.5 zeigt vier Eskalationsstufen.

Abb. 7.5 Eskalationsstufen im Lieferantenmanagement

7.5   Fallstudie: Lieferantenmanagement bei Porsche und dem neuen 911

Die veränderten Rahmenbedingungen in der Automobilindustrie, der Innovationsdruck sowie immer kürzere Entwicklungszyklen führen in dem Lieferantenmanagement bei Porsche zu einem neuen Rollenverständnis. Entsprechend der Unternehmensstrategie ist Porsche ständig auf der Suche nach neuen Impulsen und Lösungen, die durch eine partnerschaftliche Zusammenarbeit mit Lieferanten, Start-ups und Partnern in der frühen Phase erarbeitet werden. Porsche geht das Thema „Innovationsmanagement" im Beschaffungsressort konzernweit, proaktiv und markenübergreifend an. Um Trends und Entwicklungen frühzeitig zu erkennen, arbeitet das Unternehmen eng mit seinen strategischen Lieferanten zusammen. Die strategischen Partner wurden im Rahmen der vertrauensvollen Zusammenarbeit frühzeitig in diesen Prozess einbezogen – ein wichtiger Faktor, um Verbesserungen zu erzielen. Der Materialaufwand von Porsche belief sich im Jahr 2019 auf 4.345 Mio. € (Geschäftsjahr 2018: 4.201 Mio. €). Auch bei Dienstleistungen und Nicht-Produktionsmaterial trug die Beschaffung entscheidend dazu bei, dass die Unternehmensziele erreicht wurden. Das Investitionsvolumen betrug im Berichtsjahr insgesamt 1992 Mio. €. Der Zuwachs im Vergleich zum Jahr 2018 mit 1858 Mio. € ist vor allem auf große Infrastrukturprojekte zurückzuführen. Dies reflektiert zugleich den Weg des anhaltenden und nachhaltigen Wachstums, den Porsche eingeschlagen hat, um das Unternehmen in die Zukunft zu führen. Das Jahr 2019 hat das Lieferantenmanagement außerdem zur Neuausrichtung der Strategie genutzt, die auf der Porsche-Strategie 2025 aufbaut. Teil davon ist ein neues Zielbild, das sämtliche Führungskräfte des Ressorts gemeinsam ausgearbeitet haben. Die Bereichsstrategie fokussiert sich auf fünf Felder: Software als Produkt, flexible Organisation, Produkte und Services mitgestalten, Operational Excellence sowie Kultur und Kompetenz. Außerdem zielt sie auf eine gestärkte ressort- und markenübergreifende Zusammenarbeit ab. Neu besetzt wurden die Strategieteams. Mehr als 85 % aller Bauteile der achten 911-Generation sind neu. Daher hat Porsche in der Sparte Zulieferer neben bewährten strategischen Partnern auch neue Lieferanten für die Produktion eingebunden. Porsche bindet Zulieferer zu einem möglichst frühen Zeitpunkt in die Projekte ein. Hierbei wollen alle Funktionen Know-how bündeln, die Entwicklung in die richtige Richtung steuern und technisch anspruchsvolle Komponenten möglichst frühzeitig ausrichten. Dazu führt Porsche im eigenen Unternehmen Entwicklungskonzeptworkshops durch (Schwarz 2019). Es ist dem Unternehmen so gelungen, mit den Lieferanten ein Produkt auf die Straße zu bringen, dass auch in seiner achten Generation den Fahrspaß noch vielfältiger und zudem smarter macht. An der bereits in der Vergangenheit bewährten Vergabestrategie der Partnerschaft hat Porsche nichts geändert. Grundsätzlich sind die Qualitätsansprüche von Porsche an alle Fahrzeuge sehr hoch, besonders für den 911. Dabei setzt die Firma auf die beauftragten Geschäftspartner, mit denen sie im Schulter-schluss und unter Einbeziehung aller Ressorts die Qualitätsanforderungen erfüllen. Die Entscheidung für die Auswahl und Integration von Lieferanten entsteht aus einem komplexen Mosaik. Hierbei leisten alle Abteilung wie Entwicklung, Produktion, Qualität und Baureihe unseren Anteil, um mit der Steuerung durch das Lieferantenmanagement den besten Zulieferer auszuwählen. Diese Entscheidung sowie die Beauftragung der Lieferanten bildet für Porsche daher den Grundstein für den gemeinsamen Projekterfolg (Schwarz 2019).

Literatur

Schwarz, E. (2019). Porsche 911. Hand in Hand zum Erfolg. In: Porsche Newsroom. Abgerufen 14.10.2020. https://newsroom.porsche.com/de/2019/unternehmen/porsche-beschaffungs-vorstand-uwe-karsten-staedter-911-zulieferer-17084.html.

Weiterführende Literatur

Büsch, M. (2019). Fahrplan zur Transformation des Einkaufs. Springer Gabler Wiesbaden.
Dathe, T. & Helmold (2018). Erfolg im Chinageschäft. Handlungsempfehlungen für kleine und mittlere Unternehmen (KMU). Springer Gabler Wiesbaden.
Dust, R. (2019). Total Supplier Management. Hanser Verlag München.
Helmold, M. & Terry, B. (2016). Lieferantenmanagement 2030. Wertschöpfung und Sicherung der Wettbewerbsfähigkeit in digitalen und globalen Märkten. Springer Gabler Wiesbaden.

Helmold, M., Einmahl, R., Rassmann, K. & Carvalho, L. (2020). In IUBH Discussion paper. Lessons from the COVID-19 Situation: Rethinking Global Supply Chain Networks and Strengthening Supply Management in Public Procurement in Germany. Abgerufen 31.10.2020. https://www.iubh-university.de/wp-content/uploads/DP_Logistik_Helmold_4_2020fin.pdf.

Immerthal, L. (2017). Lieferantenmanagement im Wandel. Die Digitalisierung im Lieferanten-management beginnt mit guter Kommunikation. In Beschaffung aktuell. Abgerufen 31.10.2020. https://beschaffung-aktuell.industrie.de/einkauf/die-digitalisierung-im-lieferantenmanagement-beginnt-mit-guter-kommunikation/.

Kleemann, F. & Glas, A. (2020). Einkauf 4.0. Digitale Transformation der Beschaffung. 2. Auf-lage. Springer Gabler Wiesbaden.

Kolev, G. & Obst, T. (2020). Die Abhängigkeit der deutschen Wirtschaft von internationalen Lieferketten. Institut der deutschen Wirtschaft. IW-Report Nr. 16. 23. April 2020. Abgerufen 31.10.2020. https://www.iwkoeln.de/studien/iw-reports/beitrag/galina-kolev-thomas-obst-die-abhaengigkeit-der-deutschen-wirtschaft-von-internationalen-lieferketten.html.

Schupp, F. & Wöhner, H. (2017). Digitalisierung im Einkauf. Springer Gabler Wiesbaden.

Schlanke Methoden im Lieferantenmanagement

8

*Alles, was wir tun, ist, auf die Durchlaufzeit zu achten, und zwar
von dem Moment an, in dem wir einen Kundenauftrag erhalten, bis
zu dem Moment, da wir das Geld in Empfang nehmen.*

Taiichi Ohno (1912–1990)

8.1 Schlanke Prinzipien im Lean Management

Aufgrund der zunehmenden Verlagerung von Wertschöpfungsanteilen auf die Lieferantennetzwerke und die Konzentration auf Kernkompetenzen müssen Unternehmen ihre
Lieferanten in die eigenen Produktionsprozesse integrieren und Produktionsaktivitäten
synchronisieren. Daher ist es notwendig, dass schlanke Produktionsmethoden ganzheitlich
auf alle Lieferanten angewandt werden (Helmold 2020). Das schlanke Produktionssystem
oder Just-in-time-Produktionssystem kann als ideale Kombination von vier Prinzipien
beschrieben werden (Imai 1986). Diese Prinzipien sind das Null-Fehlerprinzip, das Ziehprinzip, das Taktprinzip und das Fließprinzip. Abb. 8.1 zeigt die vier Prinzipien eines
schlanken Produktionssystems (Helmold und Samara 2019).

8.1.1 Null-Fehler-Prinzip

Grundgedanke des Null-Fehler-Prinzips (Engl.: Zero Defects Concept) ist, dass es
keine akzeptablen Fehlerquoten gibt und damit auch keine Nachbesserungen geben
kann. Fehler werden nicht hingenommen, da jeder Fehler zu Zeit- und Kostennachteilen
führt. Da die Forderung nach Null-Fehler unrealistisch erscheint, soll man sich dem
Ziel durch ein Programm nähern. Man orientiert sich hierbei an der Kenngröße Fehler

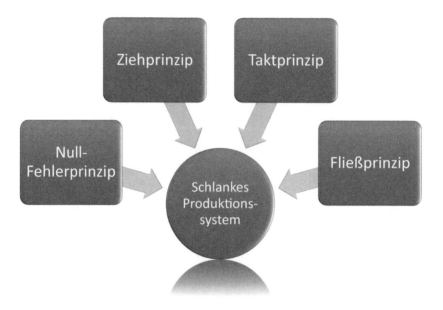

Abb. 8.1 Prinzipien des schlanken Produktionssystems

pro Millionen Möglichkeiten (ppm = parts per million; Helmold 2020). Grundlage ist jedoch die Schaffung von optimalen Voraussetzungen. Damit eine Arbeit fehlerfrei ausgeführt werden kann, sind geprüfte und hochwertige Materialien, gut funktionierende und gewartete Maschinen sowie qualifiziertes Personal notwendig (Ohno 1990). Es zielt darauf ab, Menschen zu motivieren, Fehler zu vermeiden, indem sie einen ständigen, bewussten Wunsch entwickeln, ihre Arbeit gleich beim ersten Mal richtig zu machen. In der Realität sind keine Fehler möglich, das Konzept stellt jedoch sicher, dass in einem Projekt kein Abfall vorhanden ist (Helmold und Terry 2016). Abfall bezieht sich auf alle unproduktiven Prozesse, Werkzeuge, Mitarbeiter usw. Alles, was unproduktiv ist und keinen Mehrwert für ein Projekt bietet, sollte beseitigt werden, was als Prozess der Abfallbeseitigung bezeichnet wird. Die Beseitigung von Abfall führt zu einem Verbesserungsprozess und senkt dementsprechend die Kosten. Gemeinsam mit der Null-Fehler-Theorie ist das Konzept, „es gleich beim ersten Mal richtig zu machen", um kostspielige und zeitaufwändige Korrekturen im späteren Projektmanagementprozess zu vermeiden. Das Konzept der Nullfehler basiert auf vier Hauptelementen für die Umsetzung in realen Projekten. Qualität ist ein Zustand der Gewährleistung der

Anforderungen. Daher bedeutet „Null Fehler" in einem Projekt, dass die Anforderungen zu diesem Zeitpunkt vollständig erfüllt werden:

- Beim ersten Mal richtig. Qualität sollte von Anfang an in den Prozess integriert werden, anstatt Probleme zu einem späteren Zeitpunkt zu lösen.
- Qualität wird finanziell gemessen. Man muss Abfall, Produktion und Einnahmen im Hinblick auf die Auswirkungen auf den Haushalt beurteilen.
- Die Leistung sollte nach den anerkannten Standards beurteilt werden, die so perfekt wie möglich sind.

8.1.2   Ziehprinzip

Unter dem Ziehprinzip (Pullprinzip, aus dem Engl.: Pull = Ziehen) versteht man die Art und Weise, wie eine Produktion gesteuert wird. Man unterscheidet in der Regel zwischen einer Push (Drücken) oder einer Pull (Ziehen) gesteuerten Produktion (Kürble et al. 2016). In der Regel wird man beide Arten in jeder Firma finden, da eine Art alleine über alle Prozesse hinweg schwer umsetzbar ist. Die sinnvollere Art ist die Pull-Steuerung, da hier bereits im Vorfeld ein Teil der möglichen Verschwendung ausgeschlossen wird. Bei dem Ziehprinzip wird der Bedarf direkt vom internen oder externen Kunden ausgelöst (Helmold 2020), Die ausgelöste Bestellung geht auf diese Weise rückwärts vom Endkunden bis zum ersten Arbeitsschritt. Jeder Teilprozess bekommt vom Folgeprozess den Auftrag zu produzieren. Der Folgeprozess fordert die notwendigen Teile mittels 5R oder 7R-Methode an, wie Abb. 8.2 zeigt. Arbeiten nach der 7R-Methode bedeutet, das richtige Teil in der richtigen Qualität zum richtigen Zeitpunkt in der richtigen Menge am richtigen Ort mit den richtigen Mitarbeitern und den richtigen Kosten zu liefern (Helmold 2020).

Abb. 8.2   5R- und 7R-Ziele in der schlanken Produktion

Supermärkte sind ein Werkzeug der Produktionsplanung und -steuerung (Ohno 1990). Taiichi Ohno, der Erfinder der Ziehmethodik, übertrug den Gedanken vom Supermarkt auf die Produktionssteuerung. In einem Supermarkt nimmt der Kunde die Produkte aus den Regalen, die er benötigt, ohne zu warten oder ein Produkt zu beauftragen. Ist der Bestand der Ware im Regal niedrig, füllt ein Mitarbeiter das Regal aus dem Lager wieder auf. Nichts Anderes passiert in Bezug auf die ziehende Fertigung. Auf dieser Grundlage der Fertigungssteuerung setzen dann weitere Optimierungen der Fertigungsprozesse auf. Hier orientiert sich der Fertigungsverantwortliche an den acht Arten der Verschwendung und maximiert den Wertschöpfungsgrad durch das Erreichen einer fließenden Fertigung. Im Optimalfall ist es ein Stück pro Produktionsintervall. Man nennt es auch EPEI (=Every Part, Every Interval). Das PPS-System setzt genau an diesen Optimierungspunkten an. Es unterstützt bei der Produktionsplanung und Steuerung individuell nach dem Pull-Prinzip bzw. nach Ansatzpunkten für die ziehende Fertigung.

Kanban (Jap.: かんばん oder 看板) gehört zum Ziehprinzip und ist eine Methode der Produktionsprozesssteuerung. Kanban entstammt dem Japanischen und bedeutet „Karte", „Tafel" oder „Beleg". Kanban ist eine Umsetzung des unter den Synonymen Hol-, Zuruf- oder Pull-Prinzip bekannten Steuerungsverfahrens. Das Vorgehen beim Kanban-Prinzip orientiert sich ausschließlich am tatsächlichen Verbrauch von Arbeitsmaterialien am Bereitstell- und Verbrauchsort. Kanban ermöglicht eine Reduktion der lokalen Bestände von Vorprodukten in und nahe der Produktion, die dort in Produkten der nächsten Integrationsstufe verbaut werden. Ziel der Kanban-Methode ist es, die Wertschöpfungskette auf jeder Fertigungs-/Produktionsstufe einer mehrstufigen Integrationskette kostenoptimal zu steuern. Dabei erfolgen die Entnahmen aus den jeweiligen Pufferlagern und das Nachliefern in dieselben Pufferlager asynchron. Durch das Verteilen der Pufferlager in der Produktion entlang der Integrationskette wird mit einfachen Mitteln der Information und mit kurzen Wegen des Transports eine einfache Lösung erreicht.

8.1.3   Fließprinzip

Beim Fließ- oder Flussprinzip muss der Prozess der Fertigungslinie so angeordnet werden, dass ein gleichmäßiges Fließen von Material möglich ist. Das Flussprinzip zeichnet sich insbesondere dadurch aus, dass es keine Staustufen (Puffer) zwischen den Bearbeitungsschritten gibt. Die Konsequenz ist, dass die Durchlaufzeit verkürzt wird, es keine Wartezeit, Staus oder Hektik im Prozess gibt und die Reaktionsgeschwindigkeit im Prozess steigt. Außerdem richtet sich das Layout des Unternehmens am Materialfluss aus. Abb. 8.2 zeigt drei unterschiedliche Flusstypen. Die gelben Pfeile zeigen die Richtungen der Materialbewegungen. Der einfachste Weg, das Fließprinzip zu gewährleisten ist die linienförmige Produktionslinie. Darüber hinaus sieht man in schlanken

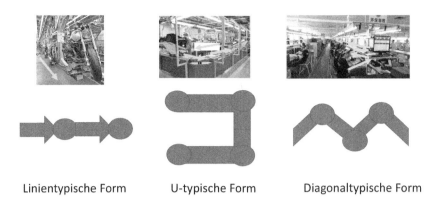

Linientypische Form   U-typische Form   Diagonaltypische Form

Abb. 8.3 Linienformen in der Produktion

Unternehmen die U-förmige oder diagonale Anordnung der Produktionslinien (Helmold 2020). Ein wichtiges Element innerhalb des Fließprinzips nimmt das Zentenatamadashi ein. Zentenatamadashi (全 点 頭 出 し für alle Gegenstände, alle Teile, alle Punkte; und die Köpfe herausstrecken): Materialversorgung für die Montagestation, übersetzt als einteilige Präsentation. Für jeden Teiletyp steht dem Arbeiter genau ein Teil (das erste) zur Verfügung. Idealerweise ist die kleinste Front dem Arbeiter zugewandt. Daher nimmt jedes Teil einen minimalen Platz um den Arbeiter herum ein, wodurch der Platzbedarf insgesamt reduziert und die Effizienz erhöht wird. Wenn ein Teil genommen wird, sollte das nächste Teil am Arbeitsplatz angekommen sein (Abb. 8.3).

8.1.4   Taktprinzip

Unter dem Takt-Prinzip versteht man die Herstellung von Produkten im Takt. Die Taktzeit gibt die maximale Zeit vor, in der ein Teil produziert werden muss. Man unterscheidet zwischen Kundentakt und Produktionstakt. Zur Bestimmung der Taktzeit werden die verfügbare Zeit und die Kundennachfrage ins Verhältnis gesetzt. Sollte der Kunde beispielsweise 15 Einheiten eines Produktes innerhalb der verfügbaren Arbeitszeit von neun Minuten (540 s) nachfragen, so berechnet sich die Taktzeit (der Kundentakt) als 540 s geteilt durch 15 Produkteinheiten: das Ergebnis lautet 36 s als Kundentakt. Alle 36 s Minuten muss in jeder Arbeitsstation ein Teil produziert werden, um die Nachfrage zu bedienen. Neben dem Kundentakt sind Kennzahlen wie die optimale Mitarbeiterbesetzung (Engl.: Optimum Manning Level), der Glättungsfaktor (Engl.: Line Balancing Ratio; LBR) oder die Linieneffizienz (Engl: Line Efficiency Ratio; LER) wichtige Kennzahlen in der Produktion (Helmold 2020; Abb. 8.4).

Abb. 8.4 Kundentakt und
andere Kennzahlen in der
Produktion

8.2   Harmonisierung und Nivellierung des Produktionsflusses: Heijunka

Der aus dem Japanischen stammende Begriff Heijunka bedeutet so viel wie „Glätten"
oder „Nivellieren". Im Lean Management steht er für „Produktionsglättung" oder
„nivellierte Produktion" und bezeichnet eine bei Toyota in den 1950er-Jahren entwickelte Methode der Arbeitsplanung (Toyota- Produktionssystem). Ziel ist die weitgehende Harmonisierung des Produktionsflusses durch einen Abgleich der zu- und
abfließenden Elemente in der Fertigungslinie, um Warteschlangen und damit Verschwendung (Muda) aufgrund von Liege- und Transportzeiten zu vermeiden. Die
Werkstattfertigung wird dabei durch die Fließproduktion (Engl.: Continuous Flow
Manufacturing, One-Piece-Flow) mit kurzen Transportwegen und vollständiger
Bearbeitung ersetzt. Heijunka erlaubt auch bei komplexen, mehrstufigen Fertigungs-
linien eine Synchronisation des Produktionssystems (Ohno 1990). Voraussetzung für
eine durch Heijunka gesteuerte Produktion ist die Umsetzung des Pull-Prinzips, bei
dem durch detaillierte Prognosen, z. B. auf Basis der Marktforschung, zurückliegender

Verkaufszahlen sowie nach Analyse von Branchendaten, Absatzvolumina möglichst genau abgeschätzt werden. Letztlich gibt die Kundschaft die Produktionsrate und die (auch interne) Terminierung (Just-in-time-Prinzip) vor; dies muss in der Steuerung des gesamten Produktionsprozesses und an jeder einzelnen Fertigungsstation berücksichtigt werden. Menge und Reihenfolge der zu fertigenden Teile werden damit vordefiniert. Dies wird (je Auftrag) auf einer Heijunka-Karte vermerkt, die, ähnlich einer Kanban-Karte, alle Informationen zur Fertigung eines Produkts oder einer Anzahl von Produkten (bis zur Losgröße 1) enthält. Diese Karten werden zentral auf einer Hejunka-Tafel, chronologisch und nach Produkten geordnet, abgelegt. (Logistik-)Mitarbeiter entnehmen die Karten in der gegebenen Reihenfolge, entnehmen alle benötigten Teile für diesen Auftrag aus dem Lager und stellen sie der Produktionslinie bereit. Das Fertigungsmaterial fließt ohne Zwischenlagerung durch den so geglätteten Produktionsprozess und ermöglicht die Herstellung von individuell konfigurierten Produkten. Heijunka bietet folgende Vorteile:

- Die erfolgreiche Glättung der Produktion stellt eine Just-in-time-Lieferung gemäß Kundenwünschen sicher.
- Der Verbrauch an Zulieferteilen wird verstetigt, die Fertigung der Zulieferer wird mit der eigenen Produktion synchronisiert.
- Belastungsspitzen von Menschen und Maschinen werden durch eine Balancierung der Arbeitsabläufe und Stationen vermieden.
- Wareneingänge und -ausgänge werden transparent und lassen sich mit der Planung abstimmen.

8.3 Yamazumi-Diagramme

Yamazumi-Diagramme (山 積 み-Diagramm; Nivellierungsdiagramm, wörtlich „Haufen oder Stapel") sind Balkendiagramme, um die Arbeitslast verschiedener Bediener und Stationen transparent zu machen und in einer Produktionslinie auszugleichen. Abb. 8.5 zeigt das Diagramm eines Lean- Management-Workshops bei einem Zulieferer für geschweißte Baukomponenten in der Automobilindustrie.

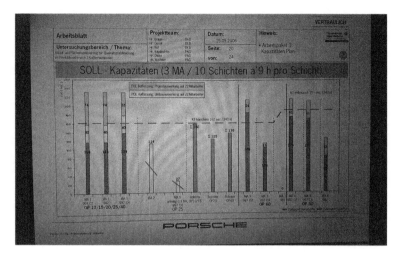

Abb. 8.5 Beispiel eines Yamazumi-Diagramms

8.4   Intelligente Automatisierung: Jidoka (自働化)

Der japanische Begriff Jidoka (Jap.: 自働化, deutsche Entsprechung: Autonomation
für autonome Automation) bezeichnet eine „intelligente Automation" oder eine „Automation mit menschlichem Touch". Bei dieser Art von Automation werden einige Über-
wachungsfunktionen in Maschinen integriert, statt ihnen nur Produktionsfunktionen
zuzuordnen. Jidoka bildet neben dem Just-in-time-Prinzip eine zentrale Rolle Säule im
Toyota-Produktions-System (TPS) und ist ein wichtiger Faktor im Lean Management
sowie in der Qualitätssicherung.

8.5   Visualisierung im Lean Management

Die visuelle Darstellung und Aufbereitung von Sachverhalten und Prozessen hat sich
im Lean Management bewährt. Visualisierung trägt dazu bei, die Produktivität in der
Fertigung und anderen Bereichen zu verbessern, Stillstände zu reduzieren, Kosten zu
senken, Abläufe transparent zu machen und die Qualität zu erhöhen. Dementsprechend
kommt kaum ein Prozess oder ein Ablauf ohne das Hilfsmittel der Sichtbarmachung zum
Einsatz. Die Visualisierung beschränkt sich nicht auf die Darstellung am Ort, im Rahmen
der digitalen Transformation sind die Daten auch aus der Ferne und sogar mobil zugänglich. Abb. 8.6 zeigt die Wahrnehmung der fünf Sinne. Das Auge nimmt durch das Sehen
mit mehr als 80 % den größten Wert der Erinnerung ein.

Abb. 8.6 Visualisierung und
Sinne

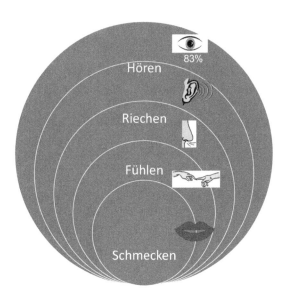

Abb. 8.7 zeigt ein Beispiel der Visualisierung von Produktion und Qualität bei einem
Hersteller von Interieurkomponenten in China. Neben Projekten, Produktionsfort-
schritten werden die angefallenen Kosten für jedes Produkt angezeigt.

Abb. 8.7 Visualisierung in der Produktion

8.6   Shadow Boards

Shadowboards (Dt.: Schattenbrett) sind Teil des 5 S-Konzepts. Shadowboards sind Schaumstoffeinlagen, die dazu dienen Werkzeuge und Materialien ordentlich einzusortieren. Die Tafel definiert, wo bestimmte Werkzeuge oder Materialien platziert werden sollen, wenn sie nicht verwendet werden. Abb. 8.8 zeigt ein Shadowboard der Firma Mitsubishi in Osaka Japan für Schrauben in der Fertigungslinie für Hochgeschwindigkeitszüge (Shinkanzen).

Abb. 8.8   Shadowboard

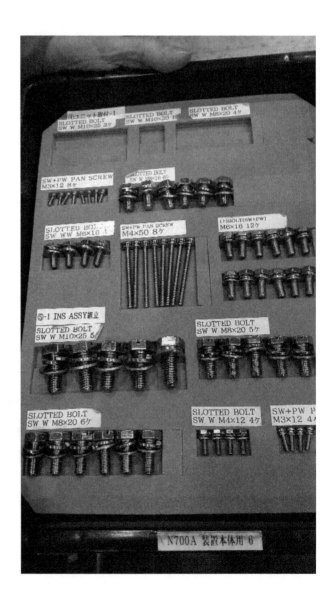

8.7 Andon

Andon (japanisch: アンドン oder あんどん oder 行灯) ist ein Konzept der schlanken Fertigung, das sich auf ein System bezieht, um Management, Wartung und andere Mitarbeiter über ein Qualitäts- oder Prozessproblem zu informieren. Das Herzstück ist ein Gerät mit Signalleuchten, die anzeigen, an welcher Workstation das Problem auftritt. Der Alarm kann manuell von einem Arbeiter mithilfe einer Zugschnur oder eines Knopfes aktiviert werden oder kann automatisch von der Produktionsausrüstung selbst aktiviert werden. Das System kann ein Mittel zum Stoppen der Produktion enthalten, damit das Problem behoben werden kann. Einige moderne Alarmsysteme enthalten Audioalarme, Text oder andere Anzeigen. Ein Andon-System ist eines der Hauptelemente der Jidoka-Methode, die Toyota als Teil des TPS entwickelt hat und daher jetzt Teil des Lean-Konzepts ist. Es gibt dem Arbeiter die Möglichkeit und darüber hinaus die Befugnis, die Produktion zu stoppen, wenn ein Defekt festgestellt wird, und ruft sofort um Hilfe. Häufige Gründe für die manuelle Aktivierung des Andon sind Teilemangel, erzeugter oder gefundener Defekt, Fehlfunktion des Werkzeugs oder das Vorhandensein eines Sicherheitsproblems. Die Arbeit wird gestoppt, bis eine Lösung gefunden wurde. Die Warnungen können in einer Datenbank protokolliert werden, damit sie im Rahmen eines Programms zur kontinuierlichen Verbesserung untersucht werden können. Das System gibt normalerweise an, wo die Warnung generiert wurde, und kann auch eine Beschreibung des Problems bereitstellen. Moderne Andon-Systeme können Text-, Grafik- oder Audioelemente enthalten. Audio-Warnungen können mit codierten Tönen, Musik mit unterschiedlichen Melodien, die den verschiedenen Warnungen entsprechen, oder aufgezeichneten verbalen Nachrichten erfolgen. Die Verwendung des Wortes stammt ursprünglich aus japanischen Produktionsunternehmen und ist im Englischen ein Lehnwort aus einem japanischen Wort für eine Papierlaterne (Ima 1986). Abb. 8.9 zeigt ein Beispiel des Andon-Konzepts bei Bombardier Transportation.

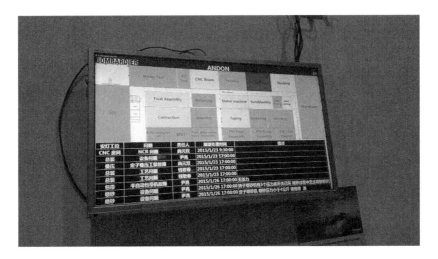

Abb. 8.9 Andon-Beispiel

8.8   Total Productive Maintenance (TPM)

Total Productive Maintenance (TPM) steht für die Pflege und Instandhaltung von Maschinen und Arbeitsmitteln. Auch dieses Prinzip gehört zu den Prinzipien, die durch das Lean Management auf die gesamte Wertschöpfungskette angewandt werden müssen (Ohno 1990). Heute wird TPM auch als Total Productive Manufacturing oder Total Productive Management im Sinne eines umfassenden Produktionssystems interpretiert. TPM bezieht sich auf eine optimierte Inbetriebnahme, Wartung und Instandhaltung von Anlagen und Maschinen. Hier können Parallelen zu Kaizen oder zum Lean Management gesehen werden. Von der grundsätzlichen Idee her ist TPM ein Programm zur kontinuierlichen Verbesserung in allen Bereichen eines Unternehmens. Dabei geht es vor allen Dingen um die Eliminierung von Verlusten und Verschwendung mit dem Ziel von Null Defekten, Null Ausfällen, Null Qualitätsverlusten, Null Unfällen usw. Hauptfokus liegt im Bereich der Produktion. Ziele des TPM sind:

- Autonome Instandhaltung: Der Anlagenbediener soll Inspektions-, Reinigungs- und Schmierarbeiten im ersten und in weiteren Schritten auch kleine Wartungsarbeiten selbstständig durchführen.
- Geplante Instandhaltung: Sicherstellung der 100 %igen Verfügbarkeit der Anlagen sowie Ausweisen von Kaizen-Aktionen durch die Instandhaltung.
- Training und Ausbildung: Mitarbeiter bedarfsgerecht zu qualifizieren zur Verbesserung der Bedienungs- und Instandhaltungsqualifikationen.
- Anlaufüberwachung: Eine nahezu senkrechte Anlaufkurve bei neuen Produkten und Anlagen zu realisieren.
- Qualitätsmanagement: Realisierung des „Null–Qualitätsdefekte"-Ziels bei Produkten und Anlagen
- TPM in administrativen Bereichen. Verluste und Verschwendungen in nicht direkt produzierenden Abteilungen eliminieren.
- Arbeitssicherheit, Umwelt- und Gesundheitsschutz: Die Umsetzung der Null–Unfälle-Forderung im Unternehmen.

8.9   Gesamtanlageneffiktivität (GAE)

Der Begriff Gesamtanlageneffektivität (Engl.: Overall Equipment Effectiveness bzw. Overall Asset Effectiveness, OEE) bezeichnet eine vom Japan Institute of Plant Maintenance erstellte Kennzahl. Sie ist eines der Ergebnisse im Zuge der jahrzehntelangen Entwicklung des TPM-Konzeptes. Mit ihr können auf einen Blick sowohl die

Produktivität einer Anlage als auch deren Verluste dargestellt werden. Die GAE einer Anlage ist als das Produkt der folgenden drei Faktoren definiert:

- Verfügbarkeitsfaktor
- Leistungsfaktor
- Qualitätsfaktor

Ihr Wertebereich liegt zwischen 0 und 1 oder zwischen 0 % und 100 %. Die Definition der Kennzahl kann in keiner Norm nachgelesen werden. Sie wird sehr individuell auf das anwendende Unternehmen zugeschnitten. Dabei handelt es sich im Regelfall um einen länger andauernden Prozess, da im Unternehmen erst Verständnis für die Art des Denkens in den Kategorien Wertschöpfung und Verschwendung aufgebaut werden muss. Weiterhin gestaltet sich abhängig von den Anlagen bzw. Produkten die Erfassung der nötigen Basisdaten zur Ermittlung der Kennzahl u. U. als schwierig. Viele Unternehmen setzen daher auf spezielle Software zur Datensammlung, Auswertung und Analyse. Die Gesamtanlageneffektivität ergibt gemeinsam mit der Gesamtserviceeffizienz (OSE oder Engl.: Overall Service Effectiveness) die Overall Administration Effectiveness (OAE) eines Unternehmens. Unternehmen, die OEE als Metrik verwenden, haben Erfolg bei der Kombination mit allgemeinen Lean-Manufacturing-Programmen und auch als Teil von TPM-Systemen. Bei Verwendung von OEE mit diesen Systemen werden die Vorteile erheblich: Abb. 8.10 zeigt ein Beispiel für die OEE. Leistungsstarke Unternehmen können eine OEE von mehr als 85 % erzielen (Helmold und Samara 2019). In der

Abb. 8.10 Berechnung der Gesamtanlageneffektivität (GAE)

Berechnung hat die OEE die Elemente Verfügbarkeit (83,3 %), Leistung (90,0 %) und Qualität (98 %). Basierend auf den tatsächlichen Zahlen ist es nun möglich, jede in den ineffizienten Kategorien zu optimieren. Die Verfügbarkeitsquote liegt unter 90 % und erfordert spezielle Maßnahmen zur Verbesserung.

8.10   Lean Management am Ort des Geschehens: Gemba, Genjitsu, Genchi, Gembutso

Neben den vorher genannten Schlagwörtern gibt es drei weitere wichtige Begriffe, die ebenfalls zu den Grundlagen einer schlanken Produktion gehören. Best-in-Class-Unternehmen wie Toyota, Porsche oder Tesla arbeiten nach dem Prinzip Gemba (現場), Genjitsu (現実), Genchi (現地) und Gembutso (現物).

Der Begriff „Gemba" bedeutet auf Japanisch „Ort des Geschehens". Mit Gemba bezeichnet man den Arbeitsplatz im Sinne des Ortes, an dem wertschöpfende Prozesse im Unternehmen stattfinden und an dem die Probleme entstehen, z. B. am Arbeitsplatz in der Fertigung. Gemba wird oft in Verbindung mit Lean Management angesprochen und entstammt der japanischen Begriffssammlung aus dem Lean Management. Genjitsu bedeutet „die richtigen Fakten". Nur mit richtigen Fakten, die auf stabilen Daten einer soliden Leistungsdatenerhebung beruhen, lassen sich nachhaltige Verbesserungen erzielen. Genchi, Genbutsu bedeutet, vereinfacht gesagt, „Komm schneller zum Kern! Orientiere dich nicht am Hörensagen." Viele Unternehmen, so die Meinung der Anwender des Toyota-Systems, verbringen zu wenig Zeit mit der Formulierung des Problems und zu viel Zeit mit seiner Lösung. Der umgekehrte Weg ist richtig. Das Lieferantenmanagement muss daher effizient und professionell die Prinzipien von Gemba, Genjitsu, Genchiund Gembutso bei Lieferantenentwicklungsmaßnahmen umsetzen, d. h. durch schnelle, effektive Untersuchungen und Definitionen von nachhaltigen Korrekturmaßnahmen am Ort des Geschehens. Lieferantenmanager müssen sich daher auf das Kernproblem in der Lieferantenentwicklung fokussieren, d. h. dort, wo die grundlegenden Störungen innerhalb der Lieferantenkette liegen. Meist beinhaltet dieses grundlegende Kernproblem die Frage, warum die richtigen Teile *nicht* zum richtigen Ort (innerhalb des Lieferanten oder zum eigenen Unternehmen) kommen, und das *nicht* zum richtigen Zeitpunkt in der richtigen Menge und Qualität.

8.11   Fokus auf wesentliche Elemente: Muda, Mura, Muri

Muda, Mura und Muri stellen innerhalb der Lean-Management-Philosophie wesentliche Begriffe dar. Die Begriffe Muda (無駄), Mura (無ら) und Muri (無理) sind die Grundlage für die Verlustphilosophie von Toyota. Muda ist japanisch und bedeutet Verschwendung und ist ein Teil der „drei Mu". Die Schwerpunkte werden auf die Identifizierung von Verschwendung gelegt. Das Unternehmen muss diese Philosophie auf alle

Mitarbeiter und die gesamte Wertschöpfungskette übertragen. Insgesamt gibt es sieben Verschwendungsarten:

- Verschwendung durch Transport
- Verschwendung durch Bestände
- Verschwendung durch ineffiziente Arbeitsbewegungen
- Verschwendung durch Wartezeiten
- Verschwendung durch Ineffizienzen
- Verschwendung durch Überproduktion
- Verschwendung durch Produkt- und Produktionsfehler

Es gilt, Muda (Verschwendung), Mura (Unausgeglichenheit) und Muri (Überlastung) bei den Elementen Mitarbeiter Technik, Methode, Zeit, Möglichkeit, Arbeitsmittel, Material, Produktionsvolumen, Umlaufbestände, Arbeitsplatz, Denkart etc. zu vermeiden. Im Einzelnen betrifft dies vor allem Verschwendung durch Überproduktion, hohe Bestände, unnötige Transporte, lange Wartezeiten, schlechte Nutzung der Betriebsmittel, unnötige Vorgänge, Fehler, unzureichende Organisation (Helmold 2020). Mura bedeutet Unausgeglichenheit und beschreibt zusammen mit Muri große Verlustpotenziale, deren Ursprünge in einer nicht optimal synchronisierten Produktion zu finden sind. Während manche Kapazitäten zu knapp bemessen sind und als Flaschenhals die Produktion größerer Stückzahlen verhindern (Überlastung, Muri), befinden sich andere Produktionsmittel unterhalb ihrer Auslastungsgrenze. Nicht ausgelastete Produktionsmittel stellen eine Verschwendung im Sinne von Muda dar. Muri hat die fast identische Bedeutung von Mura. Muri ist ein Teil der drei Mu, die gemeinsam die großen Verlustpotenziale nach japanischer Kaizen-Philosophie beschreiben. Überlastung im Sinne von Muri bedeutet, dass sowohl Mitarbeiter, als auch Maschinen betroffen sein können. Diese führt zu körperlicher und geistiger Überbeanspruchung, die sich in Form von erhöhter Fehlerhäufigkeit, Unfallgefahr, Stress und sinkender Arbeitszufriedenheit äußert. Nuri ist ebenso wie Muda und Mura ein Aspekt, der Abstellmaßnahmen erfordert. Die gestiegene Fehlerhäufigkeit versucht man durch qualitätssichernde Maßnahmen wie Poka Yoke zu bekämpfen. Die Überlastung der Maschinen führt zu Wartezeiten vor den voll ausgelasteten Maschinen und stellt damit ebenso eine Verschwendung im Sinne von Muda dar. Abhilfe für beide Formen von Überlastung schafft nur eine Anpassung und Harmonisierung des Produktionsablaufs. Durch Verbesserung der Motivation wird die Arbeitszufriedenheit erhöht und damit die Qualität des Mitarbeiters.

8.12 Fehlervermeidung: Poka Yoke

Der japanische Ausdruck Poka Yoke (Jap.: ポカヨケ, dt. „unglückliche Fehler vermeiden") bezeichnet ein aus mehreren Elementen bestehendes Prinzip, welches technische Vorkehrungen bzw. Einrichtungen zur sofortigen Fehleraufdeckung und -verhinderung umfasst. Als Erfinder des Prinzips gilt Shigeo Shingō. Poka Yoke ähnelt als fehlerver-meidendes Prinzip dem biochemischen Schlüssel-Schloss-Prinzip, das etwa bei der Duplikation der Erbinformation fehlerminimierend wirkt. Poka bezeichnet einen falschen Zug im Go oder Shōgi und im weiteren Sinne „dumme Fehler, Schnitzer" allgemein. Yoke stammt vom Verb yokeru ab (Dt.: „Vermeiden"). Ausgangsbasis für Poka Yoke ist die Erkenntnis, dass kein Mensch und auch kein System in der Lage ist, unbeabsichtigte Fehler vollständig zu vermeiden. Mit Poka Yoke wird meist durch einfache und wirkungs-volle Systeme dafür gesorgt, dass Fehlhandlungen im Fertigungsprozess nicht zu Fehlern am Endprodukt führen. Dabei zielt Poka Yoke auf den Einsatz von meist technischen Hilfs-mitteln. Diese Lösungen sind meist kostengünstig und sofort einführbar. Um auch ein weiteres Auftreten von einmal entdeckten Fehlern ausschließen zu können, wird Poka Yoke in Verbindung mit einer Inspektionsmethode, der Source-Inspection eingesetzt. Poka-Yoke in Kombination mit der Source-Inspection ergeben die Methodik des Poka-Yoke-Systems. Formcodierung eines Telefonsteckers, um die falsche Montage zu verhindern. Poka Yoke ist in zahlreichen Prozessen bei der Produktion von Komponenten in vielen Unternehmen integriert. Aber auch im gesellschaftlichen Leben sehen wir, dass Poka Yoke durchaus Sinn macht. Poka Yoka wird eingesetzt, ohne dass es Menschen oft merken. Beispiele sind viel-fach in das tägliche Leben integriert:

1. Züge werden bei Überfahren eines roten Signals (durch menschliches Versagen) automatisch abgebremst.
2. Zündschlüssel eines Autos lassen sich nur so einstecken, dass er richtig in das Schlüsselloch passt.
3. Acetylenflaschen haben einen einzigartigen Bügelanschluss, um die gefährliche Ver-wechslung mit anderen Gasen zu verhindern.
4. CEE-Stecker haben je nach Spannung und Frequenz andere Farben und Kontakt-anordnungen, um Verwechslungen zu vermeiden.
5. Jedes zu verbauende Bauteil muss vor dem Einbau per Barcode- oder RFID-Scan freigegeben werden.
6. Durch eine Pick-by-Light-Einrichtung wird Kommissionierungsfehlern vorgebeugt.
7. TAE-Telefonstecker lassen sich nicht verkehrt herum einstecken.
8. Bankautomaten geben in Deutschland das Geld erst heraus, wenn die Karte ent-nommen wurde. Dadurch wird verhindert, dass man die Karte vergisst.
9. SIM-Karten lassen sich aufgrund ihrer Form nur in der korrekten Ausrichtung im SIM-Kartenslot einlegen.
10. Positionssensoren an einer Presse lassen den Pressvorgang erst starten, wenn das Bauteil korrekt eingelegt ist
11. Abfrage der Augenfarbe in Formularen für Kundenservicemitarbeiter, um Blick-kontakt mit dem Kunden sicherzustellen.
12. Unterschiedlicher Durchmesser von Zapfpistolen an Tankstellen, um versehentliches Tanken des falschen Kraftstoffs zu verhindern

Der Ausgangspunkt für die Entwicklung des Poka-Yoke-Systems mit Fehlerquellen-Inspektion lag für Shigeo Shingo bei der statistischen Qualitätskontrolle (SQC). Jedoch stellte er fest: „Fehler werden in der Arbeitsphase erzeugt und Prüfungen können nichts Anderes bewirken, als die Fehler zu finden. Die Sicherstellung der Fehlervermeidung kann im Lieferantenmanagement durch die vorher beschriebenen Audits gewährleistet werden.

8.13 Umsetzung einer idealen Arbeitsumgebung: 3K-Prinzip

Das 3K-Prinzip bezieht sich auf die Arbeitsumgebung und den Einfluss der Arbeitsatmosphäre auf die Motivation von Mitarbeitern. Die Gestaltung einer optimalen Arbeitsumgebung, die zu einer Mitarbeiterin und einem Mitarbeiter passt und ihr oder ihm hilft, produktiver und zufriedener zu sein, ist im Lean Management eine der zentralen Aufgabe der Führungskräfte. Es erfordert viel Überlegung und Planung. Im Lean Management ist dieses Prinzip als 3K-Prinzip beschrieben:

Kiken (危 険, gefährlich), Kitsui (き つ い, schwierig) und Kitanai (汚 い, schmutzig).

8.14 Lean Management als konsensbasierte Basis für rasante Projektumsetzungen

Tatakidai (叩 き 台, Hackklotz oder Sprungbrett zur Diskussion): Suche nach Konsens und Information anderer, wenn das Projekt zu 80 % abgeschlossen ist, um die Akzeptanzchancen zu verbessern.

8.15 Sicherheit und Gesundheit

Die Bewahrung der Sicherheit und der Gesundheit (Engl.: Health, Safety – oft zusammen mit Umwelt verwendet: HSE, Health, Safety, Environment) des Menschen bei der Arbeit ist das Kernziel des Arbeitsschutzes. Im Betrieb unterteilt sich der Arbeitsschutz in den baulichen, technischen, organisatorischen, medizinischen und sozialen Arbeitsschutz. Die rechtliche Basis für ein sicheres und gesundes Arbeiten bildet das Arbeitsschutzgesetz (ArbSchG) und die das Gesetz konkretisierenden Verordnungen. Dabei ist unerheblich in welchem Tätigkeitsbereich oder wo die Personen arbeiten. Beispielsweise kann die Beschäftigung in einer Arbeitsstätte, im Freien oder auf einer Windenergieanlage auf See erfolgen. Der Arbeitgeber ist verpflichtet die Sicherheit und den Schutz der Gesundheit der Beschäftigten bei der Arbeit durch Maßnahmen des Arbeitsschutzes zu sichern und zu verbessern. Er ist somit für das körperliche, geistige und soziale Wohlergehen der Beschäftigten in der Arbeitszeit verantwortlich. Um die Gesundheit zu bewahren, sind die Betriebe gefahrenfrei oder nur mit vertretbaren Risiken einzurichten und zu betreiben.

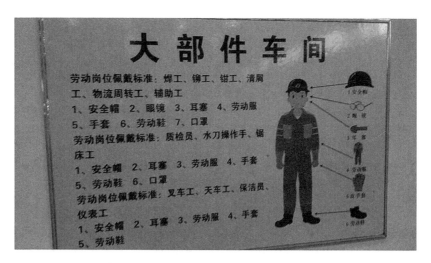

Abb. 8.11 Arbeitssicherheit und Gesundheitsschutz

Dahin gehend beurteilt der Arbeitgeber die Arbeitsbedingungen am Arbeitsplatz und ermittelt die resultierenden Schutzmaßnahmen. Abb. 8.11 zeigt ein Beispiel für Arbeitsschutz eines chinesischen Herstellers in der Automobilindustrie.

8.16   Fallstudie: Einführung des schlanken Produktionsystems bei Mercedes-Benz

„Das Beste oder nichts." – Gottlieb Daimlers Anspruch kennzeichnet die Marke Mercedes-Benz und ist alles andere als leicht zu erfüllen. Was sich ursprünglich hauptsächlich auf die Ideen und den Einfallsreichtum des Firmengründers bezog, ist seitdem pragmatischer geworden. Daimler ist heute eine globale Organisation mit über 260.000 Mitarbeitern und erfordert eine klare Vision, erfahrene und kompetente Manager und Mitarbeiter, stabile Prozesse und eine starke Unternehmenskultur. Der Erfolg des Automobilunternehmens hängt von den Anstrengungen jedes Einzelnen ab. Einer der wichtigsten Erfolgsfaktoren hierfür ist ein weitreichendes Produktionssystem. Produktionssysteme haben eine lange Tradition und klare Prinzipien. So erkannte General Carl von Clausewitz bereits 1831 die Bedeutung robuster Prozesse, die Vermeidung von Verschwendung und die kontinuierliche Verbesserung, um die Ziele zu erreichen. Das bekannteste derzeit verwendete Produktionssystem ist das von Toyota. Das von Mercedes-Benz Cars (MBC) verwendete Produktionssystem hat ebenfalls eine lange Tradition und ist zu einem der treibenden Faktoren für den Erfolg der Premiummarke Mercedes Benz geworden – mit einem ausgeprägten Fokus auf Technologie, Innovation, Qualität, Sicherheit und Nachhaltigkeit. Im Jahr 2000 wurde dieses System erstmals als geschlossenes System – das Mercedes-Benz Production System (MPS)

– gebündelt, indem verschiedene Entwicklungen im Unternehmen genutzt wurden. Dies legte den Grundstein für Lean-Management-Prinzipien in der Produktion und etwas später in der Verwaltung. Aus kritischer Sicht war der anfängliche Erfolg mit den Herausforderungen früher Lean-Initiativen konfrontiert. Beispielsweise konnten Verbesserungen in den einzelnen Geschäftsbereichen nicht auf Kosten anderer Geschäftsbereiche vorgenommen werden (z. B. der historische Konflikt von Montageprozessen, der im Namen der Logistik gefährdet ist und umgekehrt, oder die Annahme einer aktiven Beteiligung von Managern an Optimierungsmaßnahmen sind alles, was erforderlich ist, um Änderungen zu schützen und Rückfälle zu vermeiden. Um diesen Herausforderungen zu begegnen und die Implementierung des MPS zu erleichtern, wurden alle Ressourcen 2008 bei MBC gebündelt. Die Organisation wurde umstrukturiert und vier neue Beratungsfelder definiert: strategische und taktische Zieldefinition, Methoden und Werkzeuge, Qualifikation und Mercedes-Benz-Kultur. Heute, fast vier Jahre nach dem Start, kann eine erste Schlussfolgerung gezogen werden. Die Einführung des zentralisierten MPS wurde im Jahr 2008 durchgeführt. Das Framework bietet allen Mitarbeitern eine standardisierte Basis für die dezentrale Lean-Support-Organisation bei Mercedes-Benz Cars und verankert diese im „Strategischen Planungs- und Mercedes-Benz-Produktionssystem". Dieses Zentrum ist unter anderem für die Unterstützung der Geschäftsbereiche bei der Implementierung des MPS in Mercedes-Benz Cars verantwortlich. Die Aktivitäten begannen im Produktionsbereich und wurden seitdem auf Verwaltungsbereiche, wie Personal und IT, übertragen.

Literatur

Helmold, M. and Terry, B. (2016). Global Sourcing and Supply Management Excellence in China. Procurement Guide for Supply Experts. Springer Singapore.

Helmold, M. and Samara, W. (2019). Progress in Performance Management. Industry Insights and Case Studies on Principles, Application Tools, and Practice. Springer Heidelberg.

Helmold, M. (2020). Lean Management and Kaizen. Fundamentals from Cases and Examples in Operations and Supply Chain Management. Springer Cham.

Kürble, P., Helmold, M., Bode, O.H., Scholz, U. (2016). Beschaffung-Produktion-Marketing. Marburg: Tectum.

Ohno, T. (1990). Toyota Production System. Beyond large Scale Production. New York: Productivity Press.

Audits und Lieferantenanalysen

9

Wenn Du ein Schiff bauen willst, so trommle nicht Männer zusammen, um Holz zu beschaffen, Werkzeuge vorzubereiten, Aufgaben zu vergeben und die Arbeit einzuteilen, sondern lehre die Männer die Sehnsucht nach dem weiten endlosen Meer.

Antoine de Saint-Exupery (1900–1944)

9.1 Audits und Qualitätsmanagementsysteme

9.1.1 Begriff des Audits

Ein Audit ist eine systematische und strukturierte Bewertung/Evaluierung eines Systems, Prozesses, Produkts oder anderen Bereichs mit dem Ziel, Abweichungen vom Sollzustand zu identifizieren. Audits können intern oder extern durchgeführt werden und basieren auf standardisierte Auditfragen und Auditchecklisten. Audits sollen so zu stetigen Verbesserungen führen und sind ein fundamentaler Bestandteil in jedem Lean-Management-System (Helmold und Samara 2019). Als Ergebnis eines Audits werden Handlungsbedarfe und Korrekturmaßnahmen (Engl.: Corrective Action Requests; CARs; Open Items = Offene Punkte) identifiziert und in einem terminierten Aktionsplan festgeschrieben. Welche Art von Audit zum Einsatz kommt, hängt von der Art der Ziele ab, die ein Unternehmen als „erreicht" festgestellt haben möchte. Will es – eventuell im Zuge der Vorbereitung auf eine Zertifizierung – wissen, auf welchem Stand es sich in Bezug auf die Erfüllung der jeweiligen Normforderungen befindet, wird es zunächst interne Audits durchführen, danach kann (optional) ein Vor-Audit durch die Zertifizierungsgesellschaft erfolgen; hierbei würde deutlich, ob das betreffende Managementsystem bereits reif für ein Zertifizierungs-Audit ist, das dann letztendlich über eine

© Der/die Autor(en), exklusiv lizenziert durch Springer Fachmedien Wiesbaden GmbH, ein Teil von Springer Nature 2021
M. Helmold, *Innovatives Lieferantenmanagement,*
https://doi.org/10.1007/978-3-658-33060-6_9

Tab. 9.1 Auditarten. (Quelle: Eigene Darstellung in Anlehnung an Helmold (2020))

1	Systemaudit	Bewertung eines Qualitätsmanagementsystems
2	Prozessaudit	Bewertung des Prozesses: Input, Transformation, Output
3	Produktaudit	Bewertung von Produktmerkmalen
4	Kontrollaudit	Kontrolle der Korrekturmaßnahmen
5	Andere Audits	Alle anderen Audits, z. B. Finanzen, Sicherheit etc.

Zertifizierung entscheidet. Der Vollständigkeit halber sei erwähnt, dass zwischen der Erteilung eines Zertifikates und dem drei Jahre später folgenden Audit zur Rezertifizierung noch zwei jährliche Überwachungs-Audits anstehen. Tab. 9.1 zeigt die fünf Auditarten und ihre jeweilige Beschreibung.

9.1.2 Systemaudits

Das Systemaudit bewertet die Normenanforderungen für Qualitätsmanagementsysteme. Die Auditierung eines Managementsystems, z. B. nach DIN EN ISO 9001:2015, wird als Systemaudit bezeichnet. Dies kann auch eine Kombination aus mehreren Managementsystemen, wie z. B. Umwelt, Qualität und Arbeitssicherheit sein, die dann als ein Integriertes Managementsystem bezeichnet werden. DIN EN ISO 9001 legt die Mindestanforderungen an ein Qualitätsmanagementsystem für die Herstellung von Produkten oder Dienstleistungen (QM-System; QMS) fest, denen eine Organisation zu genügen hat, um Produkte und Dienstleistungen bereitstellen zu können, welche die Kundenerwartungen sowie allfällige behördliche Anforderungen erfüllen. Zugleich soll das Managementsystem einem stetigen Verbesserungsprozess unterliegen. Obwohl der prozessorientierte Ansatz schon mit der Revision 2000 eingeführt wurde, gab es doch erhebliche Probleme in der Umsetzung. Das soll durch die Revision erleichtert werden. Außerdem fordert die Norm einen verstärkt risikobasierten Ansatz. Ein formales QM-Handbuch wird nicht mehr notwendig sein, wenn die Organisation in anderer Weise eine angemessene Dokumentation zur Verfügung stellt. Auch einen „Beauftragten der obersten Leitung" wird es im formalen Sinne nicht mehr geben müssen. Die aktuelle Version der ISO 9001 wurde letztmals im Jahr 2015 überarbeitet. Aufbauend auf der EN ISO 9001 existiert für die Serienfertigung der Automobilindustrie die IATF 16.949. Verglichen mit der EN ISO 9001 stellt sie weitergehende Anforderungen an das Qualitätsmanagementsystem. Der Grundgedanke der ISO 9001:2015 ist, dass Unternehmen für einen langfristigen Erfolg die Anforderungen ihrer Stakeholder berücksichtigen müssen. Darum hat die Norm die interessierten Parteien als eigenständigen Punkt noch stärker hervorgehoben. Im Gegensatz zur ISO 9001:2008 liegt der Fokus nicht mehr nur bei dem Kunden, sondern bei den Interessengruppen (interessierten Parteien). Dies umfasst neben den Kunden z. B. auch die Lieferanten, Eigentümer, Mitarbeiter, Behörden, Geschäftspartner oder sogar

Wettbewerber. Die ISO 9001 verfolgt weiter den Ansatz von Planen (Plan), Durchführen (Do), Prüfen (Check) und Handeln (Act), kurz PDCA-Zyklus, um das Qualitätsmanagementsystem als Ganzes und dessen Prozesse fortlaufend wirksam zu verbessern.
Die 10 Elemente der DIN EN ISO 9001:2015 sind in Abb. 9.1 aufgeführt. Im Punkt
10 sind Elemente des Lean Managements durch die Bewertung von Verbesserungs-
prozessen verankert.

9.1.3   Prozessaudits

Prozessaudits bewerten Prozessketten von Unternehmen vom Input über die Transformation bis zum Output. Durch den prozessorientierten Ansatz ist die Norm leicht
anwendbar und unabhängig von der Betriebsgröße und dem Unternehmenszweck. Die
Wirksamkeit und Effizienz der Organisation beim Erreichen der festgelegten Ziele wird
verbessert und auch die Kundenzufriedenheit wird durch das Erfüllen der Erwartungen
gesteigert. Ein Prozess ist ein Satz von in Wechselbeziehung oder Wechselwirkung
stehenden Tätigkeiten, der Eingaben (Input) in Ergebnisse (Output) verwandelt. Der
Prozessansatz ermöglicht einer Organisation: Anforderungen besser zu verstehen und
konsequenter zu erfüllen (verbesserte, konsistente und vorhersagbare Ergebnisse),
Mehrwert (geringere Kosten und kürzere Zykluszeiten durch die effektive Nutzung von
Ressourcen), Erreichung von effektiven Prozess-Leistungskennzahlen, Verbesserung
der Prozesse anhand der Auswertung von Daten und Informationen, Förderung der
Beteiligung von Mitarbeitern und klare Verantwortlichkeiten. Prozessaudits sind in
Abb. 9.2 beschrieben.

Gliederung	DIN EN ISO 9001	PDCA/Deming-Zyklus
0.	Einleitung	
1.	Anwendungsbereich	
2.	Normative Verweise	
3.	Begriffe	
4.	Kontext der Organisation	**PLAN**
5.	Führung	
6.	Planung	
7.	Unterstützung	**Do**
8.	Betrieb	
9.	Bewertung der Leistung (Performance)	**Check**
10.	Kontinuierliche Verbesserung	**Act**

Abb. 9.1   Die Elemente der DIN EN ISO 9001:2015

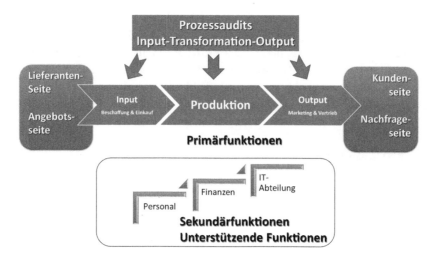

Abb. 9.2 Prozessaudits

9.1.4 Produktaudits

Im Rahmen der Prüfung einer definierten Anzahl von Produkten bestätigt das Produktaudit die Qualitätsfähigkeit des Produktionsprozesses basierend auf den Qualitätsmerkmalen eines Produkts. Dabei wird überprüft, ob das Produkt den vorgegebenen Spezifikationen, speziellen Kunden- und Lieferantenvereinbarungen entspricht. Ein Produktaudit ist die Planung, Durchführung, Auswertung und Dokumentation von Prüfungen (Helmold 2020):

- quantitative und qualitative Merkmale
- materielle Produkte
- nach Abschluss eines Produktionsschrittes
- vor Weitergabe an den nächsten Kunden (intern / extern)
- auf Basis von Sollvorgaben
- durch einen unabhängigen Auditor

Ein Produktaudit dient der Begutachtung der Übereinstimmung mit den festgelegten eigenen Qualitätsanforderungen. Darüber hinaus zielt es auf die Begutachtung der Übereinstimmung mit den ausgesprochenen und unausgesprochenen Kunden-anforderungen (mit den „Augen eines sehr kritischen Kunden": Das Produktaudit stellt eine Maßnahme zur Überprüfung der Wirksamkeit durchgeführter Qualitätsprüfungen und -lenkungsmaßnahmen dar und führt unmittelbar und kurzfristig zu Prozess- und Produktverbesserungen. Zuletzt schafft eine interne Vertrauensbasis hinsichtlich der Anforderungen der Produkthaftung und prüft die Konformität der Produkte, auch auf die gesetzlichen Vorgaben. Innerhalb der Automobilindustrie ist das PPAP-Verfahren ein gängiges Verfahren der Produktqualifizierung. Das Produktionsteil-Abnahmever-fahren PPAP (Engl.: Production Part Approval Process [PPAP]) ist ein Verfahren aus der mittlerweile durch die ISO/TS 16949 abgelösten QS 9000, bei dem Serienteile bemustert werden. Diese Vorgehensweise stammt aus der Automobilindustrie und wird dort seit Jahren erfolgreich umgesetzt. Dabei geht es vor allem um die Qualität der gelieferten Teile, was bedeutet, dass die Teile aus den Serienwerkzeugen bzw. Serienprozesse den Zeichnungen entsprechen müssen. Neben den zur Überprüfung gelieferten Teilen stellt die Bemusterung (Engl.: Part Submission Warrant; PSW) ein zentrales Element für den Bemusterungsprozess dar.

9.1.5 Kontrollaudits

Kontrollaudits sind spezielle Audits außerhalb des turnusmäßigen Auditplans inner-halb der Wertschöpfungskette zur Verifizierung der Fortschritte von Audits und können folgende Gründe haben:

• Fortschrittskontrolle
• spezielle Prozessaudits, z. B. für Prozesse wie Kleben, Lackieren, Schweißen etc.
• Eskalationsaudit
• Audits auf Basis von Kundenwünschen

9.1.6 Andere Audits

Andere Audits beinhalten alle möglichen Bewertungen von Normenanforderungen in Teilbereichen durch Umweltaudits, Finanzaudits, Sicherheitsaudits etc.

Abb. 9.3 zeigt Dr. Helmold und seine Mitarbeiterin bei einem Audit bei Mitsubishi Heavy Industries in Nagasaki-Japan.

Abb. 9.3 Audit bei Mitsubishi
Heavy Industries

9.2   Fallstudie: 5S Audits in der Berliner-Kindl-Schultheiss-Brauerei

Wie die oben aufgeführten Beispiele für die Wirkung der 5S-Methode bereits zeigen, entfaltet die 5S-Methode ihre größte Wirkung auf die Verschwendungsarten „Warten", „Transport" und „Bewegung". Das liegt in erster Linie daran, dass sich Suchzeiten und Entfernungen mit der 5S-Methode durch das Aussortieren, die Systematisierung und die Standardisierung signifikant verringern lassen. Ein weiterer, wenn auch meist geringerer Effekt liegt in der Reduzierung von Ausschuss und Nacharbeit. Beispielsweise können Beschädigungen am Produkt durch Schmutz, wie zum Beispiel Kratzer in der Oberfläche, durch regelmäßiges Reinigen des Arbeitsplatzes verringert oder sogar verhindert

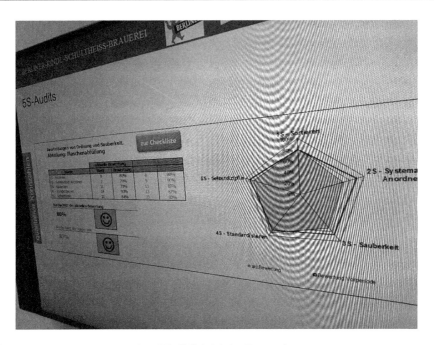

Abb. 9.4 5S-Audits in der Berliner-Kindl-Schultheiss-Brauerei

werden. Bearbeitungsmaschinen können aufgrund starker Verschmutzung ebenfalls zu Ausschuss oder Defekten führen, was mit regelmäßiger Reinigung vermieden werden kann. Die Berliner-Kindl-Schultheiss-Brauerei in Berlin führt regelmäßig 5S-Audits durch, wie Abb. 9.4 zeigt. Die Audits werden in der Abfüllung und anderen Bereichen durchgeführt. Sollten Handlungsbedarfe identifiziert werden, werden diese mit Verantwortlichkeiten und einem Zieltermin in einen Maßnahmenplan gestellt. Dieser Maßnahmenplan ist für alle Mitarbeiter einsehbar.

Literatur

Helmold, M. & Samara, W. (2019). Progress in Performance Management. Industry Insights and Case Studies on Principles, Application Tools, and Practice. Springer Heidelberg.

Helmold, M. (2020). Lean Management and Kaizen. Fundamentals from Cases and Examples in Operations and Supply Chain Management. Springer Cham.

Corporate Social Responsibility (CSR) und Ethik im Lieferantenmanagement

10

> *Zu fällen einen schönen Baum, braucht's eine halbe Stunde kaum.*
> *Zu wachsen, bis man ihn bewundert, braucht er, bedenkt es, ein*
> *Jahrhundert!*
>
> *Eugen Roth (1895–1976)*

10.1 Begriffsdefinition: CSR und Ethik

Die Begriff Corporate Social Responsibility (CSR) wurde 1953 von Howard R. Bowen in seinem Buch „Social Responsibilities of the businessman" (Gesellschaftliche Verantwortung des Geschäftsmannes) verwendet und steht für die gesellschaftliche Verantwortung der Unternehmen (Carroll 2016). Bowen predigt in seinem Buch für mehr Rücksicht auf die Gesellschaft durch die großen Unternehmen in den Vereinigten Staaten (Corporate America), da diese Unternehmen über erhebliche Macht verfügt und mit ihren wirtschaftlichen Bestrebungen das Leben der normalen Mitbürger wesentlich beeinflussen (Bowen 1953). In den darauffolgenden Jahrzehnten evolviert das Konzept Corporate Social Responsibility (CSR) kontinuierlich, zunächst durch den Zeitgeist der Sozialbewegungen in den 1960'ern, beispielsweise durch die Bürgerrechtsbewegung, die Verbraucherbewegung, die Umweltbewegung sowie die Frauenbewegung (Carroll 2016).

Für eine erfolgreiche CSR-Strategie ist ein klares Verständnis für das Konzept CSR notwendig. Trotz anhaltender reger Diskussionen über die gesellschaftliche Rolle der Unternehmen existiert keine allgemein anerkannte Definition für Corporate Social Responsibility (CSR).

Die Europäische Kommission beschreibt CSR formell als „die Verantwortung von Unternehmen für ihre Auswirkungen auf die Gesellschaft" in ihrer Mitteilung „EU

M. Helmold, *Innovatives Lieferantenmanagement*,
https://doi.org/10.1007/978-3-658-33060-6_10

Strategie 2011–2014 für die soziale Verantwortung von Unternehmen (CSR)" mit der folgenden näheren Ausführung (Europäische Kommission 2011):

„Nur, wenn die geltenden Rechtsvorschriften und die zwischen Sozialpartnern bestehenden Tarifverträge eingehalten werden, kann diese Verantwortung wahrgenommen werden. Damit die Unternehmen ihrer sozialen Verantwortung in vollem Umfang gerecht werden, sollten sie auf ein Verfahren zurückgreifen können, mit dem soziale, ökologische, ethische, Menschenrechts- und Verbraucherbelange in enger Zusammenarbeit mit den Stakeholdern in die Betriebsführung und in ihre Kernstrategie integriert werden. Auf diese Weise

- *soll die Schaffung gemeinsamer Werte für die Eigentümerinnen und Eigentümer sowie Aktionärinnen und Aktionäre der Unternehmen sowie die übrigen Stakeholder und die gesamte Gesellschaft optimiert werden;*
- *sollen etwaige negative Auswirkungen aufgezeigt, verhindert und abgefedert werden …"*

In der akademischen Forschung gibt es zwei unterschiedliche Ansätze im Umgang mit den ähnlichen Ausdrücken Business Ethics und Corporate Social Responsibility (CSR), wobei beide Ansätze einen gesellschaftlichen Beitrag des Unternehmens mittels effektiver CSR-Strategien vorsehen, die über eine medienwirksame Kommunikation hinausgehen (Sahut et al. 2019).

Der erste Vorschlag ist die pragmatische Gleichsetzung beider Begriffe. Denn im Grunde nimmt ein ethisches Unternehmen seine soziale Verantwortung in jeden Fall wahr und wenn ein Unternehmen seine soziale Verantwortung wahrnimmt, verhält es sich auch ethisch (Fassin et al. 2011).

Andere sehen vor, den Anwendungsbereich des Begriffs Business Ethics auf die moralischen Grundsätze zu beschränken und den Begriff Corporate Social Responsibility (CSR) zu wählen, wenn die sozialen Ziele im Vordergrund stehen (Maxim 2014).

In der Wirtschaftspraxis tangiert das Business Ethics Management mit den Bereichen der CSR: Bewertung der Kunden- bzw. Lieferantenbeziehungen, Umweltmanagement sowie weiteren ethischen Themen. Dementsprechend stellt CSR eine Dimension der ethischen Performance dar

In den folgenden Abschnitten werden einige populärwissenschaftliche CSR-Modelle skizziert.

10.1.1 4-Stufen-CSR-Pyramide nach Caroll

Die 4-Stufen-Pyramide wurde 1979 von A. Carroll entwickelt und zählt zu den am meisten verwendeten CSR-Modellen sowohl für die akademische Forschung als auch für die wirtschaftlichen Anwendungen. In diesem Modell beschreibt Carrol die gesellschaftliche Verantwortung von Unternehmen in vier hierarchischen Stufen (Abb. 10.1).

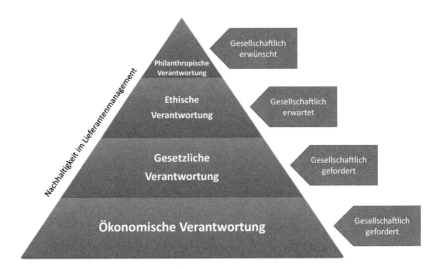

Abb. 10.1 Die 4-Stufen-CSR-Pyramide nach Caroll

Die ökonomische Verantwortung bildet in diesem Modell die Grundlage für die gesellschaftliche Verantwortung der Unternehmen. Die Gesellschaft fordert von den Unternehmen den wirtschaftlichen Erfolg, um langfristig die für die Allgemeinheit nützlichen Produkte bzw. Dienstleistungen anzubieten und den Mitarbeiter langfristige sichere Arbeitsplätze zur Verfügung zu stellen zu können. Ohne eine solide ökonomische Basis werden die Unternehmen nicht in der Lage sein, einen Beitrag in den höheren Ebenen für die Gesellschaft zu leisten.

Ferner fordert die Gesellschaft, dass die Unternehmen bei ihren geschäftlichen Tätigkeiten und Wertschöpfungen keine illegalen Mittel einsetzen. Die gesetzlichen Bestimmungen bilden einen rechtlichen Rahmen für alle Mitglieder der Gesellschaft. Die Unternehmen sollen trotz ihrer Macht keine Ausnahmen darstellen. Die Betrugsvorfälle in der Vergangenheit (z. B. der Enron Skandal) sowie manche rechtlich fraglichen Geschäftspraktiken (wie z. B. das Cum-ex bzw. Dividendenstripping Geschäft) führen uns allen vor Augen, dass diese gesellschaftliche Anforderung nicht für alle Unternehmen eine Selbstverständlichkeit ist.

Bei der ethischen Verantwortung handelt es sich um den Beitrag seitens der Unternehmen, der zwar gesetzlich nicht erforderlich, jedoch von der Gesellschaft erwartet wird. Ein Beispiel dafür ist das Sicherstellen menschenwürdiger Arbeitsbedingungen für die Mitarbeiter in ausländischen Produktionsstätten bzw. den Einsatz umweltschonender Technologien.

Die philanthropische Verantwortung stellt die höchste Stufe der gesellschaftlichen Verantwortung der Unternehmen da. Es handelt sich um den freiwilligen Beitrag der Unternehmen, die Lebensqualität für ihre Mitarbeiter, für die lokale nachbarschaftliche Region sowie die für Allgemeinheit im gesellschaftlichen Ökosystem zu verbessern, beispielsweise durch Bereitstellung von Kinderbetreuungseinrichtungen, Förderung von Bildung und Kunst sowie freiwillige Spenden für Hilfsprojekte. Dieser Beitrag wird von der Gesellschaft zwar erwünscht, ist jedoch nicht von den Unternehmen gefordert bzw. vorausgesetzt (Carroll 2016).

Das 4-Stufen-Pyramidenmodell von Carroll begünstigt durch die klare Struktur die CSR-Kommunikation. In der Praxis ist es aber nicht immer einfach, die 4 Stufen voneinander abzugrenzen. Ein weiterer Kritikpunkt gilt, dass das Modell keine Aussage für Situationen mit Interessenkonflikten liefert, beispielsweise wenn die Produktion in Niedriglohnländern verlagert wird, wenn die Mitarbeiter im Heimatland die Arbeitsplätze verlieren, während sich die Gesellschaft im Ausland über die neuen Investitionen bzw. neue Steuereinnahmequellen freut (Crane und Matten 2016).

10.1.2 Zwei-Dimensionen-Modell nach Quazi und O'Brien

Aufgrund ihrer Feldforschung in Australien und Bangladesh entwickelten Quazi und O'Brien ein Zwei-dimensionelles CSR-Modell, in dem sie die Sichtweisen von unternehmerischen CSR-Wahrnehmungen durch zwei Achsen in vier Quadranten aufteilen (Abb. 10.2).

Ihrer empirischen Forschung zufolge, werden die CSR-Entscheidungen in der Wirtschaftspraxis unabhängig von der kulturellen Umgebung bzw. der Marktkonstellationen wesentlich durch zwei Faktoren beeinflusst:

- die CSR-Auffassung vom Manager: weite vs. enge Verantwortung
- die Begünstigungen vs. Kosten durch CSR-Aktivitäten.

Die unternehmerischen Ansichten über ihre gesellschaftliche Verantwortung lassen sich folglich in die folgenden vier Gruppen teilen:

Abb. 10.2 Zwei-Dimensionen-CSR-Modell nach Quazi und O'Brien

- **klassische Sichtweise:** Der Manager hat eine enge Auffassung über die gesellschaftliche Verantwortung des Unternehmens. Seiner Meinung nach überwiegen anfallende Kosten die Begünstigungen durch CSR-Aktivitäten.
- **sozial-ökonomische Sichtweise:** Der Manager hat eine enge Auffassung über die gesellschaftliche Verantwortung des Unternehmens. Seiner Meinung nach überwiegen die Begünstigungen die Kosten durch CSR-Aktivitäten.
- **philanthropische Sichtweise:** Der Manager hat eine weite Auffassung über die gesellschaftliche Verantwortung des Unternehmens. Seiner Meinung nach überwiegen anfallende Kosten die Begünstigungen durch CSR-Aktivitäten.
- **moderne Sichtweise:** Der Manager hat eine weite Auffassung über die gesellschaftliche Verantwortung des Unternehmens. Seiner Meinung nach überwiegen die Begünstigungen die Kosten durch CSR-Aktivitäten.

Dieses Model ermöglicht die effiziente Analyse vom unternehmerischen CSR-Verständnis bzw. die Entwicklung der Grundlage für die CSR-Strategien. Allerdings bleiben die einzelnen CSR-Aktivitäten unberührt.

10.1.3 Kernbereiche-Modell nach Carroll und Schwartz

Dieses Modell kann als eine Weiterentwicklung des ursprünglichen 4-Stufen-Pyramidenmodells nach Carroll betrachtet werden, da es die Abgrenzungsproblematik zwischen den verschiedenen Stufen löst, indem es diese durch die CSR-Aktivitäten in drei Kernbereichen „ökonomisch", „legal" sowie „ethisch" sowie derer Schnittmengen in 7 Kategorien gänzlich abdeckt (Carroll und Schwartz 2003):

1. rein ökonomisch
2. rein legal
3. rein ethisch
4. ökonomisch-ethisch
5. ökonomisch-legal
6. legal-ethisch
7. ökonomisch-legal-ethisch

Abb. 10.3 zeigt die Kernbereiche nach Carroll und Schwartz.

Einige Forscher bemängeln jedoch, dass der ökologische Aspekt als Teilmenge des Kernbereichs „ethisch" dargestellt wird. Aufgrund der gesellschaftlich empfundenen Wichtigkeit für den Umgang mit der Natur könnte die Darstellung dieses Aspekts als ein eigenständiger Kernbereich sinnvoll sein (WELZEL 2008).

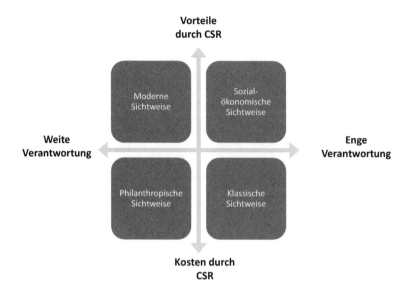

Abb. 10.3 Kernbereiche nach Carroll und Schwarz. (Quelle: in Anlehnung an (Schwartz und Carroll 2003))

10.1.4 Nachhaltigkeit und Drei-Säulen-Modell

In den Diskussionen über die gesellschaftliche Verantwortung der Unternehmen im internationalen Umfeld fällt oft der Begriff „Sustainability" (Engl.: Nachhaltigkeit). Eine prominente Definition für diesen Begriff stammt aus dem Brundtland-Bericht der Weltkommission für Umwelt und Entwicklung (World Commission on Environment and Development, WCED) „Our common future". Demnach handelt es sich bei der Nachhaltigkeit um eine „Strategie der sozialen Entwicklung, die den Bedürfnissen der Gegenwart entspricht, ohne die Fähigkeit künftiger Generationen zu beeinträchtigen, ihre eigenen Bedürfnisse zu befriedigen" (United Nations 1987).

Das Drei-Säulen-Modell ist das Ergebnis der Weiterentwicklung des Konzepts Sustainability. Während der anfängliche Fokus bezüglich der Nachhaltigkeit überwiegend auf den schonenden Umgang mit Naturressourcen gelegt wurde, erlangten die Wissenschaftler mit der Zeit die Erkenntnis, dass man den Umweltschutz nicht ohne Berücksichtigung der sozialen und ökonomischen Auswirkung auf die betroffenen Menschen bzw. Gesellschaften betreiben kann.

Sustainability wird im Drei-Säulen-Modell („Tripple-Bottom-Line") als eine gesunde Balance von den ökologischen, ökonomischen sowie sozialen Zielen (Abb. 10.4) dargestellt.

Nachhaltigkeit und Corporate Social Responsibility (CSR) sind wesentliche Faktoren für die Erreichung von Wettbewerbsvorteilen und für Mitarbeiterzufriedenheit. Mitarbeiter

Abb. 10.4 Die Dimensionen
der Nachhaltigkeit
(Sustainability) im Drei-
Säulen-Modell

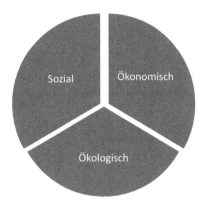

wollen für Unternehmen mit sozialen Standards und Regeln arbeiten. Für eine erfolgreiche nachhaltige Entwicklung beschäftigen sich Akteure aus Politik, Unternehmen,
gemeinnützigen Organisationen, Wissenschaft und Bildung mit dem Thema nachhaltiges
Management. Beispiele zeigen, dass CSR nicht nur eine Frage multinationaler Unternehmen (MNC) ist, sondern auch anderer Organisationen aus verschiedenen Branchen, wie
Start-ups, Unternehmen in Ballungsräumen, kleinen und mittleren Unternehmen (KMU)
in ländlichen Gebieten – von Hightech bis Bio-Landwirtschaft. CSR ist auch unter einer
Reihe anderer Definitionsnamen bekannt. Dazu gehören Unternehmensverantwortung,
Unternehmensethik, Corporate Citizenship oder Stewardship, Unternehmensethik, ver-
antwortungsbewusstes Unternehmertum und Triple Bottom Line, um nur einige zu nennen.
Da CSR-Themen zunehmend in moderne Geschäftspraktiken integriert werden, besteht
der Trend, sie als „verantwortliche Wettbewerbsfähigkeit" oder „Nachhaltigkeit von Unternehmen" zu bezeichnen. Unter CSR versteht man die Art und Weise, wie Unternehmen
soziale, ökologische und wirtschaftliche Belange auf transparente und rechenschaftspflichtige Weise in ihre Werte, Kultur, Entscheidungsfindung, Strategie und Geschäftstätigkeit integrieren und dadurch bessere Praktiken innerhalb des Unternehmens etablieren,
Wohlstand schaffen und die Gesellschaft verbessern. Ein wichtiger Punkt ist, dass CSR ein
sich entwickelndes Konzept ist, das derzeit keine allgemein akzeptierte Definition hat. Im
Allgemeinen wird unter CSR die Art und Weise verstanden, wie Unternehmen soziale, ökologische und wirtschaftliche Belange auf transparente und rechenschaftspflichtige Weise
in ihre Werte, Kultur, Entscheidungsfindung, Strategie und Geschäftstätigkeit integrieren
und dadurch bessere Praktiken innerhalb des Unternehmens etablieren, Wohlstand schaffen
und die Gesellschaft verbessern. Da Fragen der nachhaltigen Entwicklung immer wichtiger
werden, wird auch die Frage, wie der Unternehmenssektor sie anspricht, zu einem Element
der CSR. Der World Business Council für nachhaltige Entwicklung hat CSR als den
geschäftlichen Beitrag zur nachhaltigen wirtschaftlichen Entwicklung beschrieben. Aufbauend auf der Einhaltung von Gesetzen und Vorschriften umfasst CSR in der Regel „über
das Gesetz hinausgehende" Verpflichtungen und Aktivitäten in Bezug auf:

- Corporate Governance und Ethik
- Gesundheit und Sicherheit
- Einhaltung von Gesetzen
- Umweltverantwortung
- Rechte an geistigem Eigentum
- Menschenrechte (einschließlich der wichtigsten Arbeitsrechte)
- nachhaltige Entwicklung
- Arbeitsbedingungen (einschließlich Sicherheit und Gesundheit, Arbeitszeit, Löhne)
- industrielle Beziehungen; Beteiligung, Entwicklung und Investition der Gemeinschaft
- Einbeziehung und Achtung verschiedener Kulturen und benachteiligter Völker
- Unternehmensphilanthropie und freiwilliges Engagement der Mitarbeiter
- Kundenzufriedenheit und Einhaltung der Grundsätze des fairen Wettbewerbs
- Maßnahmen zur Bekämpfung von Bestechung und Korruption
- Rechenschaftspflichten, Transparenz und Leistungsberichterstattung
- Lieferantenbeziehungen für nationale und internationale Lieferketten

Viele Unternehmen publizieren heutzutage in einem öffentlich verfügbaren Report – dem sogenannten „Sustainability Statement" – wie sie mit dem Thema Sustainability bzw. CSR umgehen wollen. Die nachstehenden Auszüge der Sustainability Statements zeigen ein Verständnis entsprechend des Drei-Säulen-Modells und belegen die Aktualität dieses Modells in der CSR-Kommunikation (Tab. 10.1).

10.1.5 Corporate Citizenship (CC)

Der Ausdruck „Corporate Citizenship (CC)" (Engl.: Unternehmensbürgerschaft) wird seit Mitte der 1990er Jahre wie Corporate Social Responsibilty (SCR) benutzt, um die gesellschaftliche Rolle der Unternehmen zu beschreiben. In der Literatur wird der Begriff jedoch unterschiedlich verwendet:

- CC im engeren Sinne: ist als philanthropische Aktivität der Unternehmen zu verstehen, ihren Wohlstand mit den „Mitbürgern" zu teilen.
- CC im äquivalenten Sinne: ist mit CSR gleichzusetzen.
- CC im weiteren Sinne: beinhaltet das Streben der Unternehmen, ihre dominante Position und ihren politischen Einfluss im internationalen Umfeld für eine Reihe individueller Rechte („Citizenship") einzusetzen.

Die nachstehende Kategorisierung der obigen Rechte als CC ist im weiteren Sinne durch Marshall bis heute weitgehend in der Literatur akzeptiert (Marshall 1965):

a) Soziale Rechte: Die Rechte der Individuen, an der Gesellschaft teilzunehmen, z. B. Recht auf Bildung, medizinische Versorgung sowie weiterer Sozialfürsorge.

Tab. 10.1 Auszug des Sustainability Statements von einigen Unternehmen

Firma	Sustainability Statement (Auszug)	Quelle
Volks-wagen	For Volkswagen, sustainability means pursuing **economic, social and ecological objectives** simultaneously and with equal energy. It is our aim to create lasting values, offer good working conditions, and conserve resources and the environment (Engl. Nachhaltigkeit; bedeutet für Volkswagen, wirtschaftliche, soziale und ökologische Ziele gleichzeitig und mit gleicher Energie zu verfolgen. Es ist unser Ziel, bleibende Werte zu schaffen, gute Arbeitsbedingungen zu bieten und Ressourcen und Umwelt zu schonen.)	https://www.volkswagenag.com/en/sustainability.html
Deutsche Bahn	Mit unseren strategischen Zielen bringen wir **Ökonomie, Soziales und Ökologie** in Einklang	https://www.deutschebahn.com/de/nachhaltigkeit
Louis Vuittons	Savoir Faire und Innovation sind zwei Kernwerte des Hauses Louis Vuitton. Daher besteht für Louis Vuitton der höchste Anspruch darin, den Ursprung der herausragenden Qualität der Louis-Vuitton-Produkte zu respektieren: die natürlichen Ressourcen. „**Großartiges Design, Nachhaltigkeit und wirtschaftlicher Erfolg** gehen Hand in Hand", erklärt Michael Burke, Vorstand und Generaldirektor von Louis Vuitton	https://de.louisvuitton.com/deu-de/la-maison/environment#
Samsung	Bei Samsung zielt unser Nachhaltigkeitsmanagement darauf ab, integrierte Werte zu schaffen. Wir schaffen nicht nur **ökonomischen Wert** durch Gewinnmaximierung und Shareholder-Value-Maximierung, sondern sehen uns verpflichtet als globaler Bürger mehr Verantwortung zu übernehmen und auch **sozialen Wert** zu schaffen. Basierend auf unseren Kernwerten liefern wir entlang unserer Wertschöpfungskette innovative Produkte und Dienstleistungen. Dadurch generieren wir Werte in den Bereichen **Wirtschaft, Gesellschaft und Umwelt**	https://www.samsung.com/de/aboutsamsung/sustainability/strategy/

(Fortsetzung)

Tab. 10.1 (Fortsetzung)

Firma	Sustainability Statement (Auszug)	Quelle
Siemens	Bei Siemens definieren wir nachhaltige Entwicklung als das Mittel, profitables und langfristiges Wachstum zu erzielen. Dabei orientieren wir uns extern an der UN-Agenda 2030 für nachhaltige Entwicklung und streben intern **eine Balance** entlang der Dimensionen **Mensch, Umwelt und Gewinn** an	https://new.siemens.com/global/de/ unternehmen/nachhaltigkeit.html
SAP	Unser Fokus auf Nachhaltigkeit und gesellschaftlicher Verantwortung (Corporate Social Responsibility; CSR) resultiert aus unserer Vision, die Abläufe von Unternehmen und das Leben von Menschen weltweit zu verbessern. Wir wissen, dass **soziale, ökologische und wirtschaftliche** Aktivitäten und **Leistungen** sich gegenseitig beeinflussen und spürbare Wechselwirkungen besitzen. Unsere Anstrengungen zielen daher auf eine Zukunft für unser Unternehmen, unsere Kunden und die Gesellschaft, die von Nachhaltigkeit geprägt ist	https://www.sap.com/corporate/de/ company/sustainability-csr.html

Quelle: Auszug des Sustainability Statements von einigen Unternehmen, abgerufen 09.12.2019 von den entsprechenden Firmen Websites

b) Bürgerrechte: Die Freiheit von Missbräuchen und Eingriffen Dritter (insbesondere der Regierung), Redefreiheit, Recht auf Eigentum, Recht auf Zugang zum „freien" Markt usw.

c) Politische Rechte: Das Stimmrecht, das Recht, ein öffentliches Amt zu bekleiden und auszuüben. Im Allgemeinen, das Recht am bürgerlichen politischen Gestaltungsprozess teilzunehmen.

Das Konzept des Corporate Citizenship im weiteren Sinne wird in Abb. 10.5 veranschaulicht.

Das politische Element des Corporate Citizenship im weiteren Sinne eröffnet ein neues Tätigkeitsfeld für Großunternehmen. In Bezug auf die 2017 veröffentlichte KPMG-Umfrage zufolge, behandeln 90 % der Top 250 weltgrößten Unternehmen und 73 % der repräsentativen Großunternehmen weltweit Menschrechte als Teil ihres Geschäftskonzepts und schließen diesen essentiellen Themenbereich in ihrem CSR-Bericht ein (KPMG 2017). Die Mehrzahl der Kritiker bemängeln jedoch, dass es sich hierbei oft nur um Public-Relationship-Maßnahmen der Unternehmen handelt und keine nachhaltigen Wirkungen erzielt werden. Andere Marktteilnehmer sehen solche politischen Verantwortungen eher bei staatlichen Institutionen aufgehoben.

Abb. 10.5   Das Konzept Corporate Citizenship im weiteren Sinne. (Quelle: Eigene Darstellung)

10.2   Megatrends mit Auswirkungen auf das Lieferantenmanagement

Auf nahezu allen Märkten sehen sich Unternehmen mehr denn je einem dynamischen, sich schnell änderndem Umfeld ausgesetzt. Ein ständiger Wandel der Lieferantenstrukturen, der Marktstrukturen und Umweltbedingungen stellt eine nicht zu unterschätzende Herausforderung an die Marktteilnehmer und das Lieferantenmanagement. Globalisierung, Digitalisierung, weltweite Trends und andere oft diskutierte Themenbereiche stellen mehr dar, als nur Schlagworte. Soll die Wettbewerbsfähigkeit erhalten oder gar ausgebaut werden, so müssen sich Unternehmen schnell und flexibel an die veränderten Bedingungen und Kundenerwartungen anpassen können. In diesem Zusammenhang gewinnt das Lieferantenmanagement zunehmend an Bedeutung: das Bestreben der einzelnen Unternehmen, sich auf die eigenen Kernkompetenzen zu konzentrieren und die restlichen Geschäftsprozesse in enger Zusammenarbeit mit Partnerunternehmen oder Lieferantennetzwerken zu bewältigen. Megatrends sind laut diverser Studien und Quellen (MB Tech 2011) langfristige und übergreifende Transformationsprozesse. Megatrends haben laut der Studie der Agentur Z-Punkt (Z-Punkt GmbH 2016) wirkungsmächtige Einflussgrößen, die die Märkte der Zukunft prägen. Sie unterscheiden sich von anderen Trends in dreierlei Hinsicht:

1. Zeithorizont: Megatrends sind über einen Zeitraum von Jahrzehnten beobachtbar. Für die Gegenwart existieren bereits quantitative, empirisch eindeutige Indikatoren. Sie können mit hoher Wahrscheinlichkeit noch über mindestens 15 Jahre in die Zukunft projiziert werden.
2. Reichweite: Megatrends wirken umfassend, ihr Geltungsbereich erstreckt sich auf alle Weltregionen. Dabei bewirken sie mehrdimensionale Umwälzungen aller gesellschaftlichen Teilsysteme – politisch, sozial und wirtschaftlich. Ihre spezifischen Ausprägungen unterscheiden sich von Region zu Region.
3. Wirkungsstärke: Megatrends wirken umfassend und tief greifend auf alle Akteure – Regierungen, Individuen und ihr Konsumverhalten, aber auch Unternehmen und ihre Strategien.

Geprägt wurde der Begriff des „Megatrends" von John Naisbitt, dessen gleichnamiger Bestseller vor 25 Jahren erschien. Darin zeichnete er ein Bild der Zukunft von der Jahrtausendwende anhand von 10 durchgreifenden Entwicklungen und wurde zu einem Wegbereiter der Trendforschung in Wirtschaft und Gesellschaft. Megatrends beeinflussen nicht nur die Gesellschaft, sondern insbesondere wirtschaftliche Aktivitäten, durch veränderte Kundenwünsche und Kundenerwartungen. Diese wirtschaftlichen Aktivitäten haben wiederum Auswirkungen auf Unternehmen, die eigenen Prozesse in Beschaffung, Produktion, Distribution und die daraus resultierenden Lieferantenbeziehungen. Aus den Ergebnissen der Studie der Logistische Kompass und einer Studie der MB Tech Consulting lassen sich folgende Schlussfolgerungen ziehen: Fast 80 % aller befragten Unternehmen gehen davon aus, dass Megatrends Auswirkungen auf die Anzahl der Kunden und das Variantenmanagements hat. Mehr als 65 % der befragten Unternehmen rechnen mit größeren Marktschwankungen aufgrund von saisonalen oder absatzabhängigen Gründen. Als Resultat geht die Mehrheit der befragten Unternehmen davon aus, dass die veränderten Rahmenbedingungen Auswirkungen auf die eigenen Produktionsstandorte und die Distribution haben werden. Damit beeinflussen diese Trends automatisch die Beschaffungsseite, die Lieferantenkette und das Lieferantenmanagement.

10.3   Notwendigkeit von CSR im Lieferantenmanagement

Das eigene CSR-Profil eines Unternehmens und deren Wertschöpfungskette ist heutzutage eng mit den Aktivitäten von Lieferanten und deren Lieferketten verknüpft. Angesichts der Globalisierung in Wirtschaft und Industrie gilt dies erst recht. Geschäftspartner müssen heute in ihren nationalen wie internationalen Beziehungen Verantwortung bezüglich Nachhaltigkeit übernehmen und ihrer Sorgfaltspflicht nachkommen. Konkret bedeutet dies: verstärkt ökologische, ökonomische und soziale Aspekte zu berücksichtigen. Mindestanforderungen sind die Einhaltung von Gesetzen, Umweltaspekte, den Schutz geistigen Eigentums, Arbeitsschutzmaßnahmen und Antikorruption, wie Abb. 10.6 zeigt. Verlässliche Lieferanten und Partner tragen maßgeblich zur Kundenzufriedenheit und zum

Abb. 10.6 CSR im
Lieferantenmanagement

Erfolg Ihres Unternehmens bei. Es reicht heute nicht mehr aus, nur auf die eigene Qualitätsfähigkeit zu schauen. Die Qualität von Produkten und Prozessketten lässt sich erheblich steigern, wenn beide Seiten in der Lieferkette partnerschaftlich und vertrauensvoll
zusammenarbeiten. Eine ausgewogene Lieferantenstruktur beugt Lieferengpässen vor,
eine hohe Lieferfähigkeit und Termintreue stabilisieren den eigenen Herstellungsprozess.

10.4   Reifegradanalysen von CSR im Lieferantenmanagement

Globalisierung, steigende Produktkomplexität, kürzere Entwicklungszyklen und länderüber-
greifende Wertschöpfungsnetzwerke werden immer komplexer. Ein präventives Lieferantenmanagement ist angesichts dieser Entwicklung unabdingbar. Tab. 10.2 zeigt Reifegrade von
Unternehmen und deren Lieferantenmanagementsystemen. Auf der untersten Stufe stehen
die Verweigerer, die keine Aktivitäten hinsichtlich einer nachhaltigen Lieferkette durchführen. An nächster Stelle kommen die Nachzügler, die ein CSR-Bewusstsein haben und
Aktivitäten (wenn auch geringe) und Maßnahmen eingeführt haben. An dritter und vierter
Position der Reifegradtabelle kommen die Unternehmen, die CSR-Maßnahmen gezielt
planen und steuern (Industrie-Standard und Best Practice). An letzter Stelle stehen die
Unternehmen, die Industrie-Exzellenz oder Weltklasse-Exzellenz haben.

10.5   Lieferantenentwicklung im Bereich CSR

CSR ist ein neuer wesentlicher Bestandteil des Lieferantenmanagements. CSR ist nicht
nur notwendig aufgrund von gesetzlichen Vorschriften, sondern auch gesellschaftlich ein Muss für jedes Unternehmen. Das Lieferantemanagement muss daher den

Tab. 10.2 Reifegrade für Nachhaltigkeit

Reifegrad	Beschreibung	Konsequenz
Verweigerer	Keine Aktivitäten im Bereich CSR	Keine Berücksichtigung bei zukünftigen Aufträgen
Nachzügler	Beginnendes CSR-Bewusstsein, erste Maßnahmen	CSR-Audit und Schwachstellenanalyse mit Handlungsempfehlungen
Standard	CSR-Plan als Teil der Unternehmensstrategie	Überwachung der CSR-Aktivitäten, stichprobenartige Kontrollen
Hoher Reifegrad	CSR-Plan als Teil der Unternehmensstrategie mit Best Practice und einem hohen Reifegrad	Projektbezogene Kollaboration bei wertekettenübergreifenden CSR-Aktivitäten
Industrieführer	CSR-Plan als Wettbewerbsvorteil in der Industrie mit dem Fokus auf Wertschöpfung	Holistische Kollaboration bei wertekettenübergreifenden CSR-Aktivitäten
Weltführer	CSR-Plan als Vorreiter in der Welt. CSR führt zu Wettbewerbsvorteilen mit dem Fokus auf Wertschöpfung	Strategische Partnerschaften in allen Bereichen CSR

Quelle: Eigene Darstellung

CSR-Reformprozess entlang der gesamten Wertschöpfungskette im Auge behalten, insbesondere da Unternehmen gesetzlich und gesellschaftlich zur globalen Sorgfaltspflicht (Due Diligence) aufgefordert sind. Die CSR-Berichterstattungspflicht, die verbindlichen Kernelemente des Nationalen Aktionsplanes zur Umsetzung der VN-Leitprinzipien für Wirtschaft und Menschenrechte und die Aufforderung zur Implementierung von Risikomanagementsystemen treffen dabei nicht nur große, sondern insbesondere auch mittlere und kleine Unternehmen (KMU) in den Lieferantenketten.

Wenn Verbesserungen zum Thema Nachhaltigkeit in der Lieferkette umgesetzt werden sollen, sind folgende Punkte zu beachten:

- Schließen Sie mit Ihren Zulieferern Verträge ab, die Ihre relevanten Nachhaltigkeitsaspekte beinhalten.
- Priorisieren Sie Zulieferer zu Vorzugslieferanten, beispielsweise durch ein Pyramidenmodell nach den für Ihr Unternehmen wichtigsten Kriterien.
- Führen Sie Auditierungen Ihrer Lieferanten durch.
- Legen Sie intern und mit den Lieferanten kommunizierte Maßnahmen infolge schlechter Audits fest: z. B. Schulungen der Mitarbeiter von Zulieferern oder Ausschluss des jeweiligen Lieferanten.
- Schließen Sie an alle Audits Fortbildungsmaßnahmen und Dialogformate an, damit die Auditergebnisse genutzt werden können und eine Verbesserung stattfinden kann.
- Binden Sie insbesondere Ihre Vorzugslieferanten frühzeitig in Entwicklungen und strukturelle Veränderungen ein, beispielsweise zu neuen Umweltstandards oder zur Nutzung neuer Technologien.

10.6 Global-Compact-Prinzipien

Unternehmensnachhaltigkeit beginnt mit dem Wertesystem eines Unternehmens und einem prinzipienbasierten Geschäftsansatz. Dies bedeutet, auf eine Weise zu handeln, die mindestens den grundlegenden Verantwortlichkeiten in den Bereichen Menschenrechte, Arbeit, Umwelt und Korruptionsbekämpfung entspricht. Verantwortungsbewusste Unternehmen setzen überall dort, wo sie präsent sind, dieselben Werte und Grundsätze ein und wissen, dass bewährte Verfahren in einem Bereich den Schaden in einem anderen nicht ausgleichen. Durch die Einbeziehung der zehn Prinzipien des UN Global Compact in Strategien, Richtlinien und Verfahren und die Schaffung einer Kultur der Integrität erhalten Unternehmen nicht nur ihre grundlegende Verantwortung gegenüber Menschen und Planeten aufrecht, sondern schaffen auch die Voraussetzungen für langfristigen Erfolg (Abb. 10.7). Der UN Global Compact ist ein prinzipienbasierter Rahmen für Unternehmen, in dem zehn Prinzipien in den Bereichen Menschenrechte, Arbeit, Umwelt und Korruptionsbekämpfung festgelegt sind. Im Rahmen des Global Compact werden Unternehmen mit UN-Organisationen, Arbeitsgruppen und der Zivilgesellschaft zusammengeführt. Das Framework bietet eine universelle Sprache für die Unternehmensverantwortung und ein Framework, das alle Unternehmen unabhängig von Größe, Komplexität oder Standort anleitet. Der Beitritt zum UN Global Compact bedeutet, einen wichtigen öffentlichen Schritt zu unternehmen, um unsere Welt durch prinzipielles Geschäft zu verändern. Partizipation macht eine Aussage über Werte und kommt sowohl der Gesellschaft als auch dem langfristigen Erfolg der Unternehmen

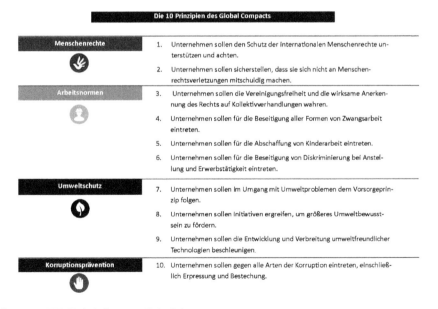

Abb. 10.7 UN Global-Compact-Prinzipien

zugute. Unternehmensnachhaltigkeit beginnt mit dem Wertesystem eines Unternehmens und einem prinzipiellen Geschäftsansatz. Dies bedeutet, auf eine Weise zu handeln, die zumindest die grundlegenden Verantwortlichkeiten in den Bereichen Menschenrechte, Arbeit, Umwelt und Korruptionsbekämpfung erfüllt. Verantwortungsbewusste Unternehmen setzen überall dort, wo sie präsent sind, dieselben Werte und Grundsätze ein und wissen, dass bewährte Verfahren in einem Bereich den Schaden in einem anderen nicht ausgleichen. Durch die Einbeziehung der UN Global-Compact-Prinzipien in Strategien, Richtlinien und Verfahren und die Schaffung einer Kultur der Integrität erhalten Unternehmen nicht nur ihre grundlegende Verantwortung gegenüber Menschen und Planeten aufrecht, sondern schaffen auch die Voraussetzungen für langfristigen Erfolg.

10.7   Fallstudie: Nachhaltigkeit bei VW

Das Werk von Volkswagen in Wolfsburg erhielt für seine effiziente und nachhaltige Produktion den „Lean & Green Management Award 2019" in der Kategorie „Automotive OEM". Mehr als 250 Werke aus mehr als zehn Ländern und 20 verschiedenen Branchen nahmen an dem Wettbewerb teil. „Wir sind stolz darauf, dass unsere beharrliche Arbeit erfolgreich Ressourcen gespart hat und dass wir dafür den renommierten 'Lean & Green Management Award' erhalten haben", sagte Stefan Loth, Leiter des Volkswagen Werks Wolfsburg. „Am Standort Wolfsburg beweisen wir, dass eine effiziente Fahrzeugproduktion bei gleichzeitiger Ressourcenschonung nicht nur möglich, sondern auch sinnvoll ist. Denn die Produktion trägt auch eine ökologische Verantwortung. Der bewusste Einsatz von Rohstoffen und Energie spielt eine Rolle in unserem ökologischen Engagement". In Bezug auf die Produktionseffizienz konzentriert sich das Mutterwerk von Volkswagen auf seine „PQM" -Strategie – Produktivität, Qualität und Besatzung. Jedes Jahr finden mehr als 400 Workshops statt, mit denen die Wolfsburger Belegschaft die Prozesse verbessert und die Produktionskosten pro Fahrzeug reduziert. Das Werk verwendet konsequent das Volkswagen Production System, das die Grundlagen, Standards und Methoden beschreibt, mit denen die Herstellungsprozesse entworfen, ausgeführt und ständig weiterentwickelt werden. Das Volkswagen Mutterwerk ist auch auf dem Weg zur Nachhaltigkeit und Umsetzung von das Umweltprogramm „Zero Impact Facto-ry". Ein wichtiger Baustein zum Schutz der Umwelt und Die Förderung der biologischen Vielfalt sind beispielsweise die auf dem Werksgelände gelegenen Prozesswasserbecken. Dank des internen Wasserkreislaufs fließt jeder Wassertropfen etwa vier- bis sechsmal durch die Baustelle, wodurch der Wasserverbrauch pro Fahrzeug sehr niedrig gehalten wird. Der „Lean & Green Management Award" wird jährlich von den Beratern Growtth Consulting Europe und Quadriga Consult sowie der Fachzeitschrift AUTOMOBIL INDUSTRIE vergeben. Der Preis wurde kürzlich in einer Studie der Universität Hohenheim als einer der am höchsten bewerteten Nachhaltigkeitspreise in Deutschland eingestuft. Abb. 10.8 zeigt den Nachhaltigkeitspreis bei VW.

Abb. 10.8 Nachhaltigkeit bei VW

Literatur

Bowen, H. (1953). Social responsibilities of the businessman. New York: Harper & Row.

Carroll, A. B. (2016). Carroll's pyramid of CSR: taking another look. International Journal of Corporate Social Responsibility, 1:3.

Crane, A., & Matten, D. (2016). Business Ethics. Managing Corporate Citizenship and Sustainability in the Age of Globalization, 4th edition. Oxford: Oxford University Press.

Europäische Kommission. (25. 10 2011). MITTEILUNG DER KOMMISSION AN DAS EUROPÄISCHE PARLAMENT, DEN RAT, DEN EUROPÄISCHEN WIRTSCHAFTS- UND SOZIALAUSSCHUSS UND DEN AUSSCHUSS DER REGIONEN. Von Eine neue EU-Strategie (2011–2014) für die soziale Verantwortung der Unternehmen (CSR): https://ec.europa.eu/transparency/regdoc/rep/1/2011/DE/1-2011-681-DE-F1-1.Pdf abgerufen

Fassin, Y., Van Rossem, A., & Buelens, M. (2011). Small-business owner-managers' perceptions of business ethics and CSR-related concepts. Journal of Business Ethics, 98(3), 425–453.

KPMG. (2017). The KPMG Survey of Corporate Responsibility Reporting. Von https://assets.kpmg/content/dam/kpmg/xx/pdf/2017/10/kpmg-survey-of-corporate-responsibility-reporting-2017.pdf abgerufen am 31.12.2019.

Marshall, T. (1965). Class, citizenship and social development. New York: Anchor Books.

Maxim, S. T. (2014). Ethics: Philosophy or science? Procedia – Social and Behavioral Sciences,149, 553–557.

Sahut, J., Peris-Ortiz, M., & Teulon, F. J. (December 2019). Corporate social responsibility and governance. Journal of Management and Governance, Volume 23, Issue 4, pp 901–912.

Schwartz, M., & Carroll, A. (2003). Corporate Social Responsibility: A Three-Domain Approach. Business Ethics Quarterly, S. 13, 503-530.

United Nations. (1987). Our Common Future. Retrieved from Report of the World Commission on Environment and Development: https://netzwerk-n.org/wp-content/uploads/2017/04/0_Brundtland_Report-1987-Our_Common_Future.pdf

WELZEL, E. (2008). Corporate Social Responsibility oder Corporate Citizenship. Interdisziplinäre theoretische Konzepte als Grundlage der Begriffsabgrenzung der CSR. In M. M., & S. S., Corporate Social Responsibility - Trend oder Modeerscheinung. (S. 262). München: HRSG.

Weiterführende Literatur

Anhand, V., Ashforth, B., & Joshi, M. (2004). Business as usual: the acceptance and perpetuation of corruption in organizations. Academy of Management Excutive, S. 18(2): 39–53.

Baumann, Z. (1993). Postmodern ethics. London: Blackwell.

Buchanan, D., & Huczynski, A. (1997). Organizational behavior (3rd edition). London: Prentice-Hall.

Bundesverfassungsgericht. (2006). Von https://www.bundesverfassungsgericht.de/SharedDocs/Entscheidungen/DE/2006/02/rs20060215_1bvr035705.html abgerufen

Carroll, A. B. (1979). A three-dimensional conceptual model of corporate social performance. Academy of Management Review, S. 4, 497–505.

Craft, J. (2013). A review of the empirical ethical decision-making literature: 2004-2011. Journal of business ethics, 117(2): 221–259

Duden (2019). Duden. https://www.duden.de/rechtschreibung/Ethik abgerufen 12.1.2019.

Dathe, T., & Helmold, M. (2018). Erfolgreich im Chinageschäft: Strategien und Handlungsempfehlungen für kleinere und mittlere Unternehmen (KMU). Springer Gabler Wiesbaden.

De George, R. (1999). Business ethics (5th edition). Upper Saddle River, NJ: Prentice Hall.

Elkington, J. (1998). Cannibals with Forks: The Triple Bottom Line of 21st Century Business. University of Michigan: New Society Publishers.

Ford, R., & Richardson, W. (1994). Ethical decision making: a review of the empirical literature. Journal of business ethics, 13(3): 205–221.

Friedman, M. (1977). "The Invisible Hand.". In M. Friedman, The Business System: A Bicentennial View (S. 2–13). Hanover, New Hampshire: Amos Tuck School of Business Administration.

Historisches Wörterbuch der Philosophie. (1980). Moral, moralisch, Moralphilosophie, Bd. 6. In J. Ritter, & K. Gründer, Historisches Wörterbuch der Philosophie (S. 149). Basel/Stuttgart: Schwabe Verlag.

Jones, T. (1991). Ethical decision making by individuals in organizations: an issue-contigent model. Academy of Management Review, 16: 366–395.

Kalscheuer, F. (2017). Autonomie als Grund und Grenze des Rechts: Das Verhältnis zwischen dem kategorischen Imperativ und dem allgemeinen Rechtsgesetz Kants (Kantstudien-Ergänzungshefte, Band 179). De Gruyter Kiel.

Kant, I. (1900). Kritik der praktischen Vernunft, Grundlegung zur Metaphysik der Sitten, Erster Teil, Erstes Buch, 1. Hauptstück, § 7 Grundgesetz der reinen praktischen Vernunft. Berlin: Ausgabe der Preußischen Akademie der Wissenschaften.

Kohlberg, L. (1969). Stage and Sequence: the cognitive development approach to socialization. In D. G. (ed.), Handbook of socialization theory and research (S. 347–380). Chicago: Rand McNally.

Quazi, A., & O'Brien, D. (2000). An Empirical Test of a Cross-national Model of Corporate Social Responsibility. Journal of Business Ethics, Vol. 25, Iss. 1, 33–51.

Rawls, J. (1979). Eine Theorie der Gerechtigkeit. Suhrkamp Verlag.

Rogers, J. (2010). In Defense of a Version of Satisficing Consequentialism. Utilitas 22 (2), 198–221.

Rothschild, J., & Miethe, T. (1999). Whistle blower disclosures and management retaliation: the battle to control information about organization corruption. Work and Occupation, 26(1): 107–128.

Schroeder, M. (2006). Not so Promising after All: Evaluator-Relative Teleology and Common-Sense Morality. Pacific Philosophical Quarterly 87 (3), 348–356.

Trevino, L., & Nelson, K. (2014). Managing business ethics: straight talk about how to do it right (6th edition). Hoboken, NJ: John Wiley.

Werhane, P. (1999). The role of self-interest in Adam Smith's Wealth of Nation. Journal of philosophy, 86(11): 669–680.

Volkswagen (2019). Volkswagen Werk Wolfsburg erhält den Umweltpreis „Lean and Green Management Award". Abgerufen: 20.11.2019. https://lean-and-green.de/de/award-gewinner.

Lean Management im Dienstleistungssektor

Geld haben ist schön, solange man nicht die Freude an Dingen verloren hat, die man nicht mit Geld kaufen kann.

Salvador Dali (1904–1989)

11.1 Eigenschaften von Dienstleistungen

Bei Dienstleistungen steht nicht die Fertigung eines Produktes oder der Handel mit Produkten im Vordergrund, sondern die Erbringung einer Leistung als Dienst am Kunden oder als Dienst für Kunden. Für die Ausführung wird ein Dienstleister zwar oftmals entsprechende Arbeitsmittel und Produkte, wie Handwerkzeug, Messgeräte, Reinigungs- oder Schmiermittel einsetzen müssen, es wird jedoch (in der Regel) kein neues Produkt gefertigt. Ein Service ist der Prozess, die Aktion oder Aktivität einer Person oder einer Gruppe von Personen für einen Kunden oder eine Gruppe von Kunden, für die Kunden bereit sind zu zahlen. Im Gegensatz zu Produkten können Dienstleistungen nicht berührt oder besessen werden. Dienstleistungen sind Maßnahmen, wie Beratung, Unterkunft, Versicherung, Haarschnitte, medizinische Untersuchungen, Postzustellung, Autoreparatur oder Unterricht. Dienste verfügen über verschiedene Funktionen, die in Abb. 11.1 zusammengefasst sind.

11.1.1 Immaterielle Güter

Dienstleistungen sind nicht berührbar und haben keine physischen Eigenschaften. Die Unberührbarkeit eines Serviceprodukts bedeutet, dass es vor dem Kauf nicht geschmeckt, gefühlt, gesehen, gehört oder gerochen werden kann. Um die durch die

M. Helmold, *Innovatives Lieferantenmanagement,*
https://doi.org/10.1007/978-3-658-33060-6_11

Abb. 11.1 Eigenschaften von
Dienstleistungen

Unberührbarkeit des Dienstes verursachte Unsicherheit zu verringern, suchen Käufer nach konkreten Beweisen, die Informationen und Vertrauen in den Dienst liefern.

11.1.2 Dienstleistungen sind nicht lagerbar

Dienstleistungen haben keinen physischen Charakter und können daher nicht gelagert werden. Es fallen damit auch keine Lagertätigkeiten und -kosten an. Da Dienstleistungen von Menschen erbracht werden, ist der Mensch als Ressource für die Erbringung von Dienstleistungen anzusehen.

11.1.3 Einzigartigkeit (Heterogenität)

Dienstleistungen sind unterschiedlich und daher heterogen. Selbst wenn ein Haarschnitt gleich aussieht, ist der erbrachte Service absolut einzigartig. Unternehmen sind bestrebt, Dienstleistungen zu standardisieren, um sie für Kunden allgemeiner erscheinen zu lassen.

11.1.4 Untrennbarkeit

Untrennbarkeit bedeutet, dass ein Produkt nicht ohne die Anwesenheit des Kunden erstellt oder geliefert werden kann. Der Dienstleister und der Kunde müssen zum Zeitpunkt der Transaktion anwesend sein.

11.1.5 Variabilität

Variabilität beschreibt die Tatsache, dass die Qualität der Servicebereitstellung davon abhängt, wer die Services bereitstellt. Dieselbe Person oder dasselbe Team kann aufgrund von Nachfrageschwankungen unterschiedliche Servicelevels bereitstellen. Mangelnde Konsistenz ist ein wesentlicher Faktor für die Unzufriedenheit der Kunden und die Servicequalität hängt von den Fähigkeiten der Mitarbeiter ab.

11.1.6 Verderblichkeit

Verderblichkeit beschreibt die Tatsache, dass Dienste nicht gespeichert werden können (und die Folgen davon). Leere Airline-Sitze, Hotelzimmer usw. können am nächsten Tag nicht verkauft werden. Wenn Services den Umsatz maximieren sollen, müssen sie Kapazität und Nachfrage verwalten, da es nicht möglich ist, ein nicht verkauftes Inventar vorzutragen. Da Serviceprodukte nicht gelagert werden können, muss versucht werden, das gesamte Hotelzimmerinventar, der Tagungsraum und die Food & Beverage-Verkaufsstellen zum richtigen Preis, zur richtigen Zeit und an den richtigen Kunden zu verkaufen. Revenue-Management-Strategien sollten angewendet werden, um die Auswirkungen der Verderblichkeit zu minimieren.

11.1.7 Kein Eigentum

Mangelndes Eigentum beschreibt die Tatsache, dass Dienstleistungen nicht wie Produkte besessen werden können. Mangelnde Eigenverantwortung ist ein grundlegender Unterschied zwischen einer Dienstleistungsbranche und einer Produktbranche, da ein Kunde möglicherweise nur Zugang zu oder Nutzung einer Einrichtung (z. B. eines Hotelzimmers, einer Kreditkarte) hat. Die Zahlung erfolgt für die Nutzung, den Zugang zu oder die Vermietung von Gegenständen. Mit dem Verkauf eines materiellen Gutes hat der Käufer die volle Nutzung des Produkts, sofern nicht durch ein Mietkaufprogramm Beschränkungen auferlegt werden.

11.2 Anwendung von Lean Management auf Dienstleistungen

Die Methode lässt sich somit allgemein charakterisieren als ein pragmatisches, ganzheitliches, integratives Managementkonzept mit strikter Ausrichtung auf Kundenzufriedenheit, Marktnähe, eine strikte Konzentration auf Kernkompetenzen und auf die ständige Verbesserung von Produkten bzw. Dienstleistungen, Prozessen und Qualität. Unternehmen, die auf anhaltenden Geschäftserfolg abzielen, müssen in einer Zeit, in der die Märkte nicht mehr nur regional, sondern überwiegend global geworden sind, schnell und flexibel reagieren, um Markt- und Wettbewerbsvorteile zu erhalten. Meistens ist dafür eine unternehmerische Neuausrichtung notwendig. In diesem Zusammenhang reicht es nicht aus, nur Produktionsprozesse im Unternehmen zu betrachten und zu optimieren. Vielmehr gilt der Satz von Edward Deming „Wer die Prozesse im Unternehmen nicht beherrscht, beherrscht das ganze Unternehmen nicht", auch für Dienstleistungsprozesse. Im Gegensatz zu den Produktionsprozessen, ist es bei Dienstleistungsprozessen schwieriger, die Prozesse in Zahlen auszudrücken, zu messen und zu steuern. Außerdem sind die Gemeinkosten bei Dienstleistungsprozessen deutlich höher als bei der Herstellung von physischen Produkten. Das liegt daran, dass bei Dienstleistungen die Zuordnung auf Einzelkosten kaum möglich ist. So haben in den letzten Jahrzehnten viele Unternehmen verschiedene QM-Methoden, die in der Fertigung entstanden sind, auch auf ihre Dienstleistungsprozesse übertragen, um alle Geschäftsprozesse zu beherrschen und stetig zu verbessern, mit der Hoffnung Markt- und Wettbewerbsvorteile zu erlangen und anhaltenden Geschäftserfolg zu erzielen. Die Methoden des Lean Management, welche auf die kontinuierliche Verbesserung von Abläufen und Standardprozessen abzielt, wurde durch die Anwendung von großen und renommierten Unternehmen populär. Der Erfolg und die komplementäre Natur der Konzepte führten dazu, dass sich in den letzten Jahren durch die Kombination der beiden, das Konzept Lean Management entwickelte, die nach seinen Befürwortern wie Michael L. Georges vor allem in Dienstleistungsprozessen sehr gute Ergebnisse erzielt. Lean Management in Dienstleistungsprozessen ist in Deutschland jedoch noch ein wenig erforschtes Thema. Lean Management sollte daher auf Komponenten wie Kundenzufriedenheit, Standardabläufe, stabile Prozesse, Qualität und Reproduzierbarkeit zielen, wie Abb. 11.2 zeigt.

11.3   Erhöhung der sichtbaren Wertschöpfung für Dienstleistungen

Dienstleistungen sind immateriell und variabel. Die optimale Preis- und Ertragsstrategie besteht darin, die Dienstleistungen durch physische Beweise greifbarer zu machen. Dienstleistungen können günstiger sein, wenn dem Kunden konkrete Beweise für einen Mehrwert (Wertschöpfung) vorgelegt werden durch:

- Unternehmenswebseite
- Marketingmaterial, wie Broschüren, Factsheet, Verkaufspaket usw. mit Bildern und Informationen
- Social-Media-Präsenz
- Unternehmensmagazin
- Newsletter
- Pressearbeit, Pressemitteilungen, z. B. Dokumentation von Ereignissen
- Empfehlungsschreiben, Dankesbriefe
- Kommentare zu Trip Advisor und ähnlichen Bewertungswebsites

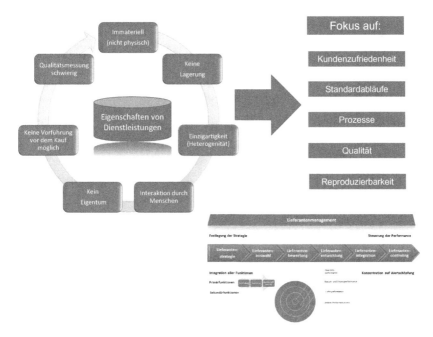

Abb. 11.2 Lieferantenmanagement bei Dienstleistungen

- gedruckte Werbung
- professionelle Verkaufsbesuche bei Kunden
- personalisierter Verkauf und Werbung
- Werbeartikel, wie Hemden, Aufkleber für die Autos usw.

11.4   Fallstudie: Schlankes Bestellverfahren im japanischen Restaurant

Das Beispiel in Abb. 11.3 zeigt, wie das Lean Management ein zentraler Bestandteil der japanischen Gesellschaft geworden ist. In zahlreichen Restaurants gibt es ein automatisiertes Bestellverfahren, was auf einen effizienten Ablauf zielt. In vielen Restaurants gibt es Ticket-Maschinen, mit denen man das Essen und Getränke bestellen kann. Durch ein Signal wird dem Küchenpersonal übermittelt, welches Gericht der Kunde bestellt hat. Es wird nach dem FIFO-Prinzip (Engl.: First in First out) gearbeitet. Der Kunde, welcher zuerst bestellt, erhält auch zuerst seine Mahlzeit und Produkte, die er bestellt hat (Helmold 2020). Bei diesem Prozess sind keine Kellner notwendig, das Küchenpersonal kann sich auf wertschöpfende Tätigkeiten konzentrieren.

Abb. 11.3   Schlanke Prozesse bei der Essensbestellung

Literatur

Helmold, M. (2020). Lean Management and Kaizen. Fundamentals from Cases and Examples in Operations and Supply Chain Management. Springer Cham.

Weiterführende Literatur

Beibst, G. (2011). Dienstleistungsmarketing (2. Aufl.). Studienbrief 2-033-0009. Brandenburg: Hochschulverbund Distance Learning.

Bhattacharjee, D., Moreno, J., & Ortega, F. (2016): The secret to delighting customers: Putting employees first. McKinsey&Company Article (März 2016). Abgerufen am 4.1.2018. Online unter: https://www.mckinsey.com/business-functions/operations/our-insights/the-secret-to-delighting-customers-putting-employees-first.

Ernst & Young [EY] (2017): Global hospitality insights: Top 10 thoughts for 2017. Abgerufen am 4.1.2018. Online unter: www.ey.com/Publication/vwLUAssets/EY-global-hospitalityinsights-2017/$FILE/EY-global-hospitality-insights-top-10-thoughts-for-2017.pdf.

Goldsmith, R. E. (1999). The personalised marketplace: beyond the 4Ps. Marketing Intelligence & Planning, 17(4), 178–185. doi:https://doi.org/10.1108/02634509910275917.

Haas, N. (2015). Lean Management. Umsetzung in Dienstleistungsunternehmen (Deutsch) Taschenbuch. Gim Verlag.

Haller, S. (2015). Dienstleistungsmanagement: Grundlagen – Konzepte – Instrumente. Auflage. Springer Gabler Wiesbaden.

Hatz, N. (2018). Wettbewerbsvorteil durch exzellenten Service: die optimale Gestaltung von Kundenfeedback-Management in der Luxushotellerie als nachhaltiges Differenzierungs-merkmal (Master-Thesis). Donau-Universität Krems, Krems an der Donau, Österreich.

Heskett, J. L., Sasser, Jr., W. E., & Schlesinger, L. A. (1997). The Service Profit Chain: How Leading Companies Link Profit and Growth to Loyalty, Satisfaction, and value. New York: The Free Press.

Maechler, N., Neher, K., & Park, R. (2016): From touchpoints to journeys: Seeing the world as customers do. McKinsey&Company Article (März 2016). Online unter: https://www.mckinsey.com/business-functions/marketing-and-sales/our-insights/from-touchpoints-to-journeys-seeing-the-world-as-customers-do [Zugriff am 22.10.2017].

Meffert, H., Burmann, C., & Kirchgeorg, M. (2012). Marketing: Grundlagen marktorientierter Unternehmensführung. 11. Auflage. Springer Gabler Wiesbaden.

Meffert, H., Bruhn, M., & Hadwich, K. (2015). Dienstleistungsmarketing: Grundlagen – Konzepte – Methoden. 8. Auflage. Springer Gabler Wiesbaden.

Rafiq, M., & Ahmed, P. K. (1995). Using the 7Ps as a generic marketing mix: an exploratory survey of UK and European marketing academics. Marketing Intelligence & Planning, 13(9), 4–15. doi:https://doi.org/10.1108/02634509510097793.

Reichheld, F. F., & Sasser, Jr., W. E. (1990). Zero Defections: Quality Comes to Services. Harvard Business Review, September-Oktober 1990, 105–111.

Scheuer, T. (2015). Marketing für Dienstleister: Wie Sie unsichtbare Leistungen erfolgreich ver-markten (3. Aufl.). Springer Gabler Wiesbaden.

Thomas, A., & Applegate, J. (2010). Pay Attention! How to Listen, Respond, and Profit from Customer Feedback. Hoboken, New Jersey: John Wiley & Sons.

Lieferantenmanagement bei Lieferanten mit finanziellen Schwierigkeiten

12

Auch aus Steinen, die einem in den Weg gelegt werden, kann man Schönes bauen.

Johann Wolfgang von Goethe (1749–1832)

12.1 Anzeichen für finanzielle Schwierigkeiten

12.1.1 Phasen einer finanziellen Krise

Unternehmen und Lieferanten in finanziellen Schwierigkeiten befinden sich in einer Krisensituation, die sich auf andere Bereiche innerhalb des Wertschöpfungsnetzwerkes signifikant auswirken kann (Helmold und Samara 2019). Das Wort Krise ist ein negativ behaftetes Wort und hat etwas mit Gefahr und Bedrohung zu tun. Krise wird laut dem Gabler-Wirtschaftslexikon als unterschiedlichste Ausprägungen oder Phänomene einer Unternehmung, von der bloßen Störung im Betriebsablauf über Konflikte bis hin zur Vernichtung der Unternehmung definiert (Gabler-Wirtschaftslexikon 2018). Befindet sich ein Unternehmen in einer wirtschaftlichen Unternehmenskrise, so kann die Funktionsfähigkeit und Stabilität so beeinträchtigt werden, dass die Gefahr eines Unternehmenszusammenbruchs besteht und Zahlungsunfähigkeit (Insolvenz) droht. Aus Sicht der betroffenen Unternehmung können diese Ausprägungen als finanzielle Krise oder Katastrophe bezeichnet werden, die, den Fortbestand der Unternehmung und die Existenz substanziell gefährden (Gabler-Wirtschaftslexikon 2018). Die Autoren Krystek und Moldenhauer definieren drei Ausprägungen von Krisen für Unternehmen (Krystek und Moldenhauer 2007):

© Der/die Autor(en), exklusiv lizenziert durch Springer Fachmedien Wiesbaden GmbH, ein Teil von Springer Nature 2021
M. Helmold, *Innovatives Lieferantenmanagement*,
https://doi.org/10.1007/978-3-658-33060-6_12

- nicht existenzbedrohende Krisensituation
- existenzbedrohende Krisensituation
- existenzvernichtende Krisensituation

Das Lieferantenmanagement muss in diesem Zusammenhang mögliche Ursachen für Lieferanteninsolvenzen und -krisen präventiv identifizieren, um frühzeitig tätig zu werden. Gründe für Krisen sind vielfältig und lassen sich in exogene (externe) und endogene (interne) Ursachen unterscheiden (Tab. 12.1):

Ein Modell zur Beschreibung von Unternehmenskrisen ist das Vier-Phasen-Modell von Müller, der ein namhafter Wissenschaftler im Bereich der Betriebswirtschaft ist und zahlreiche Publikationen auf dem Gebiet von Unternehmens- und Finanzkrisen veröffentlicht hat (Müller 1986). Er kennzeichnet in seinem Modell insgesamt vier Phasen von Unternehmenskrisen, wie Abb. 12.1 zeigt. Er geht in seinem Modell davon aus, dass

Tab. 12.1 Gründe für Unternehmenskrisen. (Quelle: Eigene Darstellung in Anlehnung an Helmold et al. (2019)

Exogene Gründe	Endogene Gründe
Veränderte Kundenwünsche	Management-Fehler
Ökonomische Veränderungen	Inkompetenzen der Mitarbeiter
Gesellschaftspolitische Veränderungen	Ineffizienz von Prozessen
Staatliche Ursachen	Defizite im Bereich Produktion
Lieferantenverursachte Krisen	Eigentümerverursachte Krisen
Wettbewerber	Fehlendes Kapital
Andere äußere Einflüsse	Falsche Strategieausrichtung

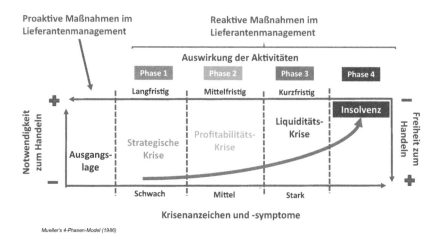

Abb. 12.1 Phasen-Modell von Unternehmenskrisen

die verschiedenen Krisenphasen auch eine gewisse Zeitspanne benötigen, um wirksame Gegenmaßnahmen zur Bewältigung der Krise zu finden. Die vier Phasen nennt R. Müller die strategische Krise, Erfolgskrise, Liquiditätskrise und die Insolvenz.

12.1.2 Strategische Krise

Am Beginn einer Unternehmenskrise bei Lieferanten steht immer die strategische Krise. In der strategischen Krise ist der Lieferant falsch ausgerichtet, z. B. durch falsche Produkte, fehlende Innovationen oder andere Defizite. Dies bedeutet, dass ein oder mehrere strategische Fehler zu einer höheren Kostenstruktur oder rasant sinkenden Einnahmen führen. Das können beispielsweise Veränderungen in der Nachfrage sein, erhöhte Betriebskosten oder Nichtberücksichtigung von Marktveränderungen. Strategische Krisen in der Lieferkette müssen durch ein Frühsystem im Lieferantenmanagement identifiziert werden, um dann Gegenmaßnahmen einzusteuern.

12.1.3 Profitabilitätskrise

Danach folgt die bilanzielle Krise. In dieser Phase spiegelt sich die Krise schon in negativen Zahlen in den Bilanzen oder Gewinn- und Verlustrechnungen wider. Wichtige Merkmale sind hierbei der Umsatzrückgang oder die Verschlechterung der Rendite.

12.1.4 Liquiditätskrise

Danach folgt die Liquiditätskrise. Diese vierte Phase ist gekennzeichnet durch Inanspruchnahme von Lieferantenkrediten, permanenter Ausnützung des Dispositionskredites oder sogar durch Zwangsvollstreckung. Bis zu dieser Phase kann sich das Unternehmen durch rasches und richtiges Handeln noch erholen, doch in der nächsten Phase der Zahlungsunfähigkeitskrise nicht mehr.

12.1.5 Insolvenz

Die fünfte und letzte Phase ist die Zahlungsunfähigkeit oder Überschuldung. Dies ist der Beginn eines Insolvenzverfahrens. Insolvenz bedeutet Zahlungsunfähigkeit. Diese liegt immer dann vor, wenn der Schuldner nicht mehr in der Lage ist, seinen Zahlungsverpflichtungen nachzukommen. Das ist in der Regel der Fall, wenn ihm die erforderlichen Geldmittel, die er benötigt, nicht mehr zur Verfügung stehen.

12.2 Empfehlungen zur Beseitigung von finanziellen Schwierigkeiten

12.2.1 Restrukturierung

Am häufigsten rutschen latente Unternehmenskrisen durch das Wahrnehmungssystem im Unternehmen, da sie sehr schwer zu erkennen sind und noch keine starken Signale aussenden. Bei Erfolgs- und Liquiditätskrise eines Unternehmens ist es ersichtlich, dass eine Krise vorliegt, da die Kennziffern, Ergebnisrechnungen oder Finanzen deutlich davon betroffen sind. Bei schwachen Signalen der latenten Unternehmenskrise lässt sich nicht so schnell eine Krise diagnostizieren, denn die Folgen werden erst in der Zukunft sichtbar sein. Die Bedeutung dieser schwachen Signale wird häufig unterschätzt und daher entwickeln sie sich dann zu größeren Problemen. So wird auch erkennbar, dass Krisen nicht nur plötzlich auftreten können, sondern langsam und schrittweise entstehen. Daher ist es wichtig für den Krisenmanager, Krisen nicht akut werden zu lassen, sondern früh zu erkennen, um handeln zu können. Am besten wäre es, die Krise bereits in der Phase der potenziellen Krise zu erkennen, denn dadurch würde nie eine Krise entstehen.

Frühwarnsysteme sind von großer Bedeutung, wenn es um die Wahrnehmung von Krisen geht. Die Früherkennung oder Frühaufklärung fungiert nicht nur zur Erkennung von Bedrohungen und Risiken für das Unternehmen, sondern auch für Chancen und Gelegenheiten, die sich für das Unternehmen dadurch bieten. Einige Frühwarnkonzepte sind die Kennzahlenanalyse, Jahresabschlussanalyse sowie Prognose- und Portfoliotechniken. Ständige Kontrollen im Unternehmen gehören dazu. Verschiedene Methoden helfen dabei, bessere und effektivere Kontrollen durchzuführen. Die häufigsten sind die Liquiditätskontrolle, Rentabilitätskontrolle, Untersuchung der Eigenkapitalstruktur, SWOT-Analyse und die Nutzwertanalyse. Diese Methoden umfassen das gesamte Unternehmen und die Umwelt, daher kann man negative Einflüsse besser erkennen. In dieser Arbeit wird nicht näher auf alle Konzepte in ihrer Handhabung der Methoden eingegangen, jedoch sind die Früherkennung und ihre Methoden ein wichtiger Punkt für das Krisenmanagement in der Unternehmensführung. Die häufigsten Frühwarnmethoden sind die Kennzahlenanalyse und die Jahresabschlussanalyse, die wichtige Fakten für das Unternehmen aufzeigen. Dabei liefert das Rechnungswesen die wichtigsten Basisdaten und unternehmensexterne Daten werden miteinbezogen. Bei der Kennzahlenanalyse werden die gesamten Kennzahlen, wie zum Beispiel das Eigenkapital oder das Fremdkapital, analysiert und eine Bilanz erstellt. In dieser Bilanz werden die Gewinne oder Verluste deutlich und somit sieht man, ob das Unternehmen in Gefahr ist oder nicht.

12.2.2 Maßnahmen zur Erhöhung der Liquidität

Im Folgenden sollen nun unter Zugrundelegung der Bilanz sowie der Gewinn- und Verlustrechnung (GuV) Maßnahmen zur Überbrückung von finanziellen Engpässen aufgezeigt werden (Abb. 12.2). Die Maßnahmen lassen sich einteilen in Maßnahmen,

Abb. 12.2 Auswirkungen auf GuV von Maßnahmen im Lieferantenmanagement

welche die Zahlungsmittel und/oder die kurzfristigen Forderungen erhöhen, und in Maßnahmen, welche die kurzfristigen Verbindlichkeiten reduzieren. Entscheidend ist in diesem Kontext die unmittelbare Umsetzung der Maßnahmen, da ansonsten Liquiditätsengpässe zur Insolvenz führen. Abb. 12.3 zeigt die vereinfachte Bilanz mit der Aktiva- und Passiva-Seite. Auf der Aktiva-Seite können Finanzmittel durch unterschiedliche Schritte im Anlage- oder Umlaufvermögen erfolgen, wo hingegen auf der Passiva-Seite Aktivitäten im Eigen- oder Fremdkapital (Erhöhung des Eigenkapitals durch Eigenkapitalgeber oder Umschuldung durch Lieferantenmanagement mit der Bank) notwendig sind, um eine Finanzkrise zu beseitigen (Olfert 2013, 2015).

Abb. 12.3 Auswirkungen auf die Bilanz

12.2.3 Eigenkapitalerhöhung

Ein Schritt zur sofortigen Liquiditätsverbesserung ist die Verwendung neuer Finanzmittel durch die Anteilseigner oder Eigenkapitalgeber (Olfert 2013, 2015). In kritischen Situationen kann es sein, dass Kunden in das Zulieferunternehmen investiert, um die Versorgungsicherheit zu gewährleisten. Mit einer Kapitalerhöhung durch Bareinlagen werden dem Unternehmen liquide Mittel zugeführt, die zur Tilgung der fälligen Verbindlichkeiten genutzt werden können. Jedoch ist hier zu beachten, dass die Gesellschafter einer Kapitalerhöhung nur zustimmen, solange die Ertragsaussichten des Unternehmens positiv zu beurteilen sind und die Gesellschafter für ihre Einlage eine Verzinsung in Form einer Dividende erwarten dürfen, die i. d. R. höher ist als der Zinssatz für Fremdkapital (Olfert 2013, 2015).

12.2.4 Erhöhung der langfristigen Verbindlichkeiten

Ein weiterer Schritt ist die Erhöhung des Fremdkapitals (Olfert 2013, 2015). Die Liquidität eines Unternehmens kann kurzfristig auch dadurch verbessert werden, indem langfristige Kredite aufgenommen werden, um kurzfristige Verbindlichkeiten zu tilgen. Hierbei darf jedoch nicht übersehen werden, dass sich diese Maßnahme nur für einen kurzen Liquiditätsengpass eignet, da das Zahlungsproblem lediglich in die Zukunft verlagert wird. Auch hier ist zu beachten, dass die Gläubiger nur dann bereit sind, einem Unternehmen mit Liquiditätsschwierigkeiten neue Kredite zu gewähren, wenn die Ertragsaussichten des Unternehmens positiv.

12.2.5 Verkauf von Anlagegütern und Lease back

Eine beliebte Methode von Unternehmen ist die Veräußerung des Anlagevermögens. Zur kurzfristigen Verbesserung der Liquidität ist der Verkauf von Anlagevermögen (i. d. R. Grundstücke und Gebäude), das anschließend zurückgemietet wird (sog. „Sale-and-lease-back"). Der Verkauf führt zu einem hohen Zufluss an Zahlungsmitteln, während die Auszahlungen für die Mietaufwendungen in die Zukunft verlagert werden (Olfert 2013, 2015).

12.2.6 Factoring

Die Liquiditätswirkung des Forderungsverkaufs (sog. Factoring) muss differenziert betrachtet werden. Während der Forderungsverkauf die Liquidität des 1. Grades erhöht, hat er auf die Liquidität des 2. Grades eine negative Wirkung. Zwar nimmt durch den Forderungsverkauf der Bestand der Zahlungsmittel zu, gleichzeitig reduziert sich jedoch der Bestand der Forderungen. Da die Factoring-Bank für ihre Finanzierungsfunktion einen Forderungsabschlag einbehält, ist die Zunahme des Bestandes an Zahlungsmitteln geringer als die Abnahme des Forderungsbestandes, sodass die Liquidität des 2. Grades sinkt.

12.2.7 Bestandsoptimierung

Eine weitere Aktivität ist die Reduzierung der Bestände. Ein hoher Lagerbestand lässt besonders vorratsintensive Betriebe unter der Kostenbelastung stöhnen. Beispielsweise wird viel Lagerpersonal benötigt, wodurch sich nicht nur die Ausgaben für Löhne und Gehälter, sondern ebenso für Lohnnebenkosten rasch summieren. Zusätzlich fallen Mehrkosten für die Personalverwaltung an. Doch auch die Lagerräume selbst erzeugen Kosten für Miete, Energie und Wasser, Instandhaltung, Wertverlust der Einrichtung, Erweiterung der Lagermöglichkeiten, Verzinsung eingebrachten Kapitals, Versicherungen und Reinigung. Dabei sorgt auch ein hoher Lagerbestand selbst für Belastungen, die hier noch nicht berücksichtigt sind. Immense Beträge toten Kapitals, die dafür anfallenden Zinsen und ein Mangel an Liquidität ergeben weitere hohe Einbußen. Und selbstverständlich fallen für die Ware, seien es Fertig- oder Zwischenprodukte, ebenfalls Versicherungsprämien an. Bedenken Sie daneben jedoch auch Faktoren, die kaum greifbar sind. Verderb, Überlagerung, Veraltung, Beschädigung, enormer Inventuraufwand und Diebstahl – all diese Verluste lassen sich höchstens in grober Näherung beziffern. Schlimmer noch: Aus jeder dieser Komponenten können weitere Ausgaben resultieren. Videokameras wegen diebischer Kollegen oder Lieferanten, Mehrarbeit im Werkschutz, Krankheitskosten durch überdurchschnittlich viele Mitarbeiter unter starker körperlicher Belastung – die Liste nimmt kein Ende. In einer solchen Situation laufen Sie ständig Gefahr, die Übersicht zu verlieren. Ein hoher Lagerbestand birgt gravierende Risiken, die selbst erfolgreiche Unternehmen unerwartet in Schieflage bringen können.

12.2.8 Umwandlung von Fremdkapital in Eigenkapital

Durch die Umwandlung von Fremdkapital in Eigenkapital muss das Unternehmen die fälligen Tilgungsleistungen nicht mehr erbringen. Auch hier gilt, dass die bisherigen Gläubiger diesem Vorhaben nur bei positiven Ertragsaussichten zustimmen werden. Für das Unternehmen besteht der Nachteil, dass künftig Dividendenzahlungen zu erbringen sind und dass die bisherigen Gläubiger nun ein Mitspracherecht bei der Geschäftsführung haben.

Tab. 12.2 Handlungen bei finanziellen Schwierigkeiten

Empfehlungen für Lieferantenmanagement bei in einer prekären Finanzsituation:
Verkaufsprogramme
Erschließung neuer Märkte
Liquiditätsverbesserungspläne durch Vorauszahlung von Kunden
Erhöhung der Einlagen der Eigenkapitalgeber
Verhandlung mit Fremdkapitalgebern
Hinzufügen neuer Investitionen
Liquiditätsverbesserungspläne durch Verlängerung der Zahlungsziele von Lieferanten
Kosteneinsparungsprogramme
Nachverhandlungen und Kostenreduktionsinitiativen mit allen Lieferanten
Nachforderungsmanagement
Prozessverbesserungen
Bestandsminimierung durch Einführung des Vendor Managed Inventory (VMI)
Veräußerung nichtvitaler Sparten
Schließung von nicht profitablen Werken und Geschäftsfeldern
Einstellung von nicht profitablen Geschäftssparten
Veräußerung von Anlagevermögen
Global-Sourcing-Aktivitäten

12.2.9 Umschuldung

Durch die Umschuldung kurzfristiger Verbindlichkeiten in langfristige Darlehen kann die Liquidität ebenfalls kurzfristig verbessert werden. Allerdings wird auch hier das Zahlungsproblem lediglich in die Zukunft verlagert (Tab. 12.2).

12.3 Um- oder Restrukturierungsmaßnahmen

12.3.1 Gegenstand der Umstrukturierung

Die Um- oder Restrukturierung (oder Reorganisation; Engl.: Restructuring, Reorganization) eines Lieferanten beinhaltet die grundlegende, über die Veränderung der Aufbau- und Ablauforganisation hinausgehende, auch betriebswirtschaftliche Umstrukturierung eines Unternehmens mit gezielten Maßnahmen aus dem Lieferantenmanagement. Restrukturierungs- oder finanzielle Turnaround-Maßnahmen (Abschwächungen) sind eine Reihe von Unternehmensaktivitäten, die ergriffen werden, wenn die Verschuldung, der Betrieb oder die Struktur eines Unternehmens erheblich geändert werden, um potenziell finanzielle Schäden zu beseitigen und das

Geschäft zu verbessern. Diese Abschwächungen erfordern Kommunikation und Verhandlungen mit allen betroffenen Stakeholdern. Wenn ein Unternehmen Probleme hat, Zahlungen für seine Schulden und finanziellen Verpflichtungen zu leisten, wird es häufig umstrukturiert, um seine Schulden zu bezahlen und die finanzielle und operative Leistung zu verbessern. Ein Unternehmen restrukturiert seinen Betrieb oder seine Struktur, indem es Kosten, wie Gehaltsabrechnung, Betrieb, Lieferantenkosten senkt oder seine Größe durch den Verkauf von Vermögenswerten verringert. Die Umstrukturierung ist häufig mit externen Experten verbunden, die dem Unternehmen bei der Umstrukturierung von Betrieb, Leistung und Finanzen helfen. Umstrukturierung bedeutet, geeignete Maßnahmen zu ergreifen und führt zu zahlreichen Diskussionen und Verhandlungen mit Stakeholdern, wie Mitarbeitern, Lieferanten oder Kunden, um die finanzielle Situation eines Unternehmens grundlegend zu verbessern. Aufgrund der entscheidenden Bedeutung müssen Restrukturierungspläne vom Top Management entworfen, ausgeführt und kontrolliert werden. Die Umstrukturierung umfasst das Top Management und Verhandlungen mit den Stakeholdern. Die vier Arten der Umstrukturierung können wie in Abb. 12.4 dargestellt werden:

- strategische Umstrukturierung
- strukturelle Umstrukturierung
- Restrukturierung zur Gewinnverbesserung
- finanzielle Umstrukturierung

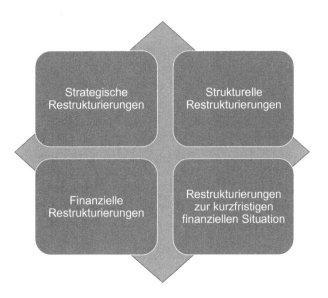

Abb. 12.4 Restrukturierungs maßnahmen

12.3.2 Strategische Umstrukturierung

Strategische Restrukturierung ist die grundlegende Änderung der Struktur, des Geschäftsmodells und der Basis des Unternehmens. Es beinhaltet die Infragestellung und Neuformulierung von Mission, Vision und langfristigen strategischen Zielen. Maßnahmen der strategischen Umstrukturierung umfassen häufig die Bewertung bestehender Geschäftsmodelle und die Neudefinition der strategischen Pyramide einschließlich Mission, Vision und strategischer Ziele (Johnson und Scholes 1997). Ziel ist es, eine nachhaltige Position auf bestehenden oder neuen Märkten zu erlangen und zu sichern. Maßnahmen bei dieser strategischen Umstrukturierung können die Verlagerung in neue Geschäftsmodelle, die Expansion in neue Geschäftsregionen oder der Eintritt in neue Märkte sein. Umstrukturierungsmaßnahmen erfordern auch die Streichung ungünstiger Kostenstrukturen und Produktionslinien. Darüber hinaus kann die Verlagerung des bestehenden Produktionsstandorts in überseeische Länder erfolgen. Schließlich sind die Konzentration auf Kernkompetenzen, die Aufhebung unwichtiger Kundennischen und die Einstellung kostspieliger Produktlinien wirksame Maßnahmen bei der strategischen Umstrukturierung. Beispiel: Die Mannesmann AG, ein ehemaliges Maschinenbau- und Stahlhandelsunternehmen, hatte sich in den 1990er Jahren auf drahtlose Kommunikation und Festnetztelefondienste spezialisiert und sein strategisches Portfolio und ihre Strategie neugestaltet. Mannesmann konnte damit seinen Wert deutlich steigern und wurde später mit Vodafone fusioniert. Ein weiteres Beispiel sind Supermarktketten wie REWE in Deutschland, die in die anderen Geschäftsbereiche eingetreten sind (Rabatt, Spezial- und Lieferdienstleistungsbereich oder Tourismus und Reisen, wodurch Geschäft und Wohlstand gesteigert werden).

12.3.3 Strukturelle Umstrukturierung

Die strukturelle Umstrukturierung zielt auf die Struktur eines Unternehmens ab und wirkt sich auf die Organisation und die bestehende Struktur aus. Die Ausrichtung der Organisation und die Neuausrichtung der Abläufe führen zu effizienteren und effektiveren Prozessen (häufig zentral, dezentral oder in hybrider Form) mit reibungsloseren Rollen und Verantwortlichkeiten. Strukturelle Umstrukturierungen werden häufig von einem polyzentrischen Management hin zu einer Matrixorganisation verfolgt und erfordern systematische und geeignete Informationssysteme und Kontrollstrukturen. Beispiel: Volvo Truck hat seine Organisation auf eine markenzentrierte Organisation ausgerichtet und so die Effizienz und Effektivität verbessert.

12.3.4 Umstrukturierung zur Gewinnverbesserung

Die Restrukturierung zur Gewinnverbesserung zielt auf Einnahmen und Ausgaben ab. Maßnahmen umfassen alles, was den Umsatz steigert, wie ein spezielles Verkaufsprogramm, ein verstärkter Fokus auf Cash-Cows beim Verkauf oder die Löschung unrentabler Produkte oder Dienstleistungen. Darüber hinaus wird das Unternehmen drastische Maßnahmen ergreifen, um Kosten und Kosten zu minimieren. Unternehmen begegnen Kostentreibern wie Material-, Personal- oder Betriebskosten häufig durch globales Sourcing, Outsourcing an Shared Service Center oder die Implementierung von Lean-Prinzipien. Ein Trend zeigt, dass sich MNC und KMU auf Kernkompetenzen und Outsourcing konzentrieren Produkte, Dienstleistungen und Aktivitäten für ausländische Unternehmen. Beispiel: Die Deutsche Bahn (DB) kündigte ein Kostensenkungsprogramm an, bei dem die Betriebskosten um 300 Mio. € von 800 Mio. € auf 500 Mio. € gesenkt wurden, um die finanzielle Leistung drastisch zu verbessern.

12.3.5 Finanzielle Umstrukturierung

Die finanzielle Restrukturierung beinhaltet die grundlegende Verbesserung der finanziellen Leistung und der Finanzkennzahlen. Zu den Aktivitäten gehören Verbesserungen der Vermögenswerte, die in der Bilanz zu sehen sind, die Überprüfung der Elemente in der Gewinn- und Verlustrechnung sowie Cash-Initiativen. Bargeldverbesserungen können erzielt werden, indem Kundenzahlungen, höhere Einnahmen und so spät wie möglich Abflüsse von Zahlungen an Mitarbeiter, Lieferanten, Banken oder andere Interessengruppen abgezogen werden (Olfert 2013, 2015). Verspätete Zahlungen an Lieferanten und andere Stakeholder können durch die Vereinbarung verlängerter Zahlungsbedingungen (normalerweise von 30 Tagen auf 60 oder 90 Tage) ausgehandelt werden. Beispiel: Das Unternehmen Zalando hat eine Initiative gestartet, um die Zahlungsbedingungen auf mindestens 90 Tage zu verlängern, um die Bargeldsituation zu verbessern.

12.4   Werkzeuge zum Erkennen von finanziellen Schwierigkeiten im Lieferantenmanagement

12.4.1 Erkennen von finanziellen Schwierigkeiten

Ein Unternehmen muss Insolvenz anmelden, wenn es überschuldet oder nicht mehr in der Lage ist die fälligen Zahlungsansprüche der Gläubiger zurückzuzahlen. Dieser Zustand nennt sich Zahlungsunfähigkeit oder auch Illiquidität (Handelsblatt 2017). Bis es zur Insolvenz kommt, durchläuft das Unternehmen drei Phasen einer Unternehmenskrise. Der Geschäftsführung ist häufig nicht klar, dass sich das Unternehmen bereits in einer Unternehmenskrise befindet, da auftretende Krisenzeichen durch eine gute oder anziehende Konjunktur überspielt werden können. Sie äußern sich meist erst in einer späteren Phase der Unternehmenskrise.

12.4.2 Creditreform

Die Creditreform ist eine große Auskunftei, die Daten zur Kreditwürdigkeit sammelt und zwar von Unternehmen aller Rechtsformen sowie von Privatpersonen. Insgesamt zählt die Auskunftsdatei mehr als 158.000 Mitglieder. Die grundsätzliche Struktur von Creditreform hat sich seit 1879 kaum geändert. Ein Unternehmen ist nicht Kunde bei Creditreform, sondern Mitglied bei einem der lokalen Vereine Creditreform. Die Geschäfte dieser eingetragenen Vereine werden von Betriebskommanditgesellschaften geführt. Alle Vereine Creditreform sind unter dem Dach des Verbandes der Vereine Creditreform e. V. mit Sitz in Neuss zusammengeschlossen. 2018 existierten in Deutschland 129 regionale Vereine Creditreform, die 127.000 Mitgliedsunternehmen als Mitglieder führen. Heute ist Creditreform eine der größten Wirtschaftsauskunfteien mit 167 Geschäftsstellen und 158.000 Mitgliedern in Europa (Creditreform 2020).

12.4.3 Creditsafe

Die Wirtschaftsauskunftei Creditsafe ermöglicht es Ihnen in wenigen Minuten zu prüfen, ob Ihre Geschäftspartner ihre Kreditzusagen einhalten können. Sie erhalten auf einen Blick Informationen über die Kreditwürdigkeit des Geschäftspartners und können damit Risiken frühzeitig identifizieren. So ist bei niedriger Bonität, und damit risikobehafteten Geschäften, zu empfehlen, die Zahlungsweise von Kunden auf Vorkasse zu reduzieren oder Lieferanten mit hohem Ausfallrisiko zu ersetzen. Das zugrunde liegende Scoring-System betrachtet die Firmenkennzahlen, welche nachweislich Indikatoren für die finanzielle Stabilität von Unternehmen sind. Durch die Verwendung von fortschrittlichsten statistischen Methoden, ist das Scoring-Modell in der Lage 70 % aller Insolvenzen bereits 12 Monate vor dem Eintritt der Zahlungsunfähigkeit vorherzusagen.

12.4.4 VDA-Rating

Der Verband der deutschen Automobilindustrie (VDA) hat 2004 zusammen mit der Prof. Dr. Schneck Rating GmbH einen Ratingstandard entwickelt, der nicht nur den Namen Standard trägt, sondern in der Bewertung von Lieferanten inzwischen allgemein akzeptiert wird. Bei diesem Standard handelt es sich um eine Ratingsoftware, die auf Basis des marktführenden Ratingtools R-CockpitTM speziell für den VDA entwickelt wurde und sowohl ein reines Finanzrating auf Basis von Bilanzdaten als auch ein Vollrating mit qualitativen Kriterien zulässt. Im März 2006 wurde bereits die zweite Edition dieses Standardtools, in der technische Aktualisierungen der Ratingsoftware vorgenommen wurden, an alle Mitglieder des VDA ausgeliefert.

12.4.5 Dun & Bradstreet

D & B Supplier Risk Manager bietet die Informationen und Tools, die Sie zur Überwachung der Lieferantenbeziehungen und zur Vermeidung kostspieliger Störungen benötigen. Basierend auf Daten und Analysen von Dun & Bradstreet ist dies die einzige SaaS-Lösung, die kritische Risikoindikatoren für mehr als 365 Mio. globale Unternehmen bietet.

12.4.6 RapidRatings – Finanzielles Risikomanagement

Rapid Ratings International Inc. ist ein Unternehmen, das Informationen über die finanzielle Gesundheit öffentlicher und privater Unternehmen auf der ganzen Welt bereitstellt. Das Analysesystem des Unternehmens bietet angeblich Einblicke in Partner, Lieferanten, Lieferanten und Kunden von Drittanbietern. Die Plattform des Unternehmens bietet Financial Health Ratings und detaillierte Berichte, um Unternehmen bei der Minderung finanzieller Risiken zu unterstützen. Darüber hinaus bietet RapidRatings einen Service zum Abrufen von Abschlüssen von Dritten privater Unternehmen, um die Transparenz zu erhöhen und die Sichtbarkeit zu verbessern (RapidRatings 2020).

12.5 Fallstudie: Insolvenz des Unternehmens Solarworld

Die SolarWorld AG ist ein internationaler Solarstromtechnologiekonzern, der zuvor hohen Gewinnen, im Zuge der Solarbranchen Krise in 2011 deutliche Verluste schrieb. Der Umsatz der SolarWorld AG brach im Geschäftsjahr 2012 von 1,05 Mrd. € auf 606 Mio. € ein, was einem Umsatzrückgang von 40 % entspricht. Der operative Verlust betrug in 2012 492,4 Mio. € und die vorhandenen flüssigen Mittel sanken von 553,5 Mio. € auf 224, Mio. €. Von 2011 bis 2012 verschlechterte sich die Situation der SolarWorld AG stark. Die zuvor hohen Gewinne und hohe Umsatzsteigerungen wurden durch die Krise der Solarbranche in 2011 unterbrochen. Durch die stark gesunkenen Umsatzerlöse und den hohen operativen Verlust befindet sich die SolarWorld AG zu diesem Zeitpunkt schon mitten in der Erfolgskrise. Die gesunkenen liquiden Mittel deuten auf eine mögliche Liquiditätskrise hin. Im Januar 2013 gab das Unternehmen bekannt, dass es schwere finanzielle Probleme habe, aufgrund eines zunehmenden Preiskampfes und Abnahmeverpflichtungen von Silizium. Das Unternehmen befindet sich zu diesem Zeitpunkt in der Liquiditätskrise, da die finanzielle Situation stark angespannt ist.

Am 17. April 2013 teilt die SolarWorld AG mit, dass im Einzelabschluss gemäß HGB das Eigenkapital aufgebraucht und auf einen negativen Wert gefallen sei. Wie bereits im vorherigen Teil erläutert, muss in diesem Fall ein Insolvenzantrag gestellt werden. Anhand dieses Beispiels wird deutlich, wie sich eine Unternehmenskrise und Insolvenz in verschiedene Phasen gliedern lassen.

Literatur

Creditreform (2020).

Gabler-Wirtschaftslexikon (2018). Unternehmenskrise. Abgerufen am 26.5.2018. https://wirt-schaftslexikon.gabler.de/definition/unternehmungskrise-49331.

Handelsblatt (2017). In: Handelsblatt. 13.01.2017. Finanzielle Zukunft Gläubiger verschaffen Jack Wolfskin Luft für Lieferantenmanagement. Das Lieferantenmanagement über die Zukunft Jack Wolfskin haben begonnen. Um die zu vereinfachen, verzichten die Banken vorerst auf die Rückzahlung von Krediten. Finanzinvestor Blackstone bangt um die Kontrolle des Unternehmens. Abgerufen am 26.5.2018. https://www.handelsblatt.com/unternehmen/handel-konsumgueter/finanzielle-zukunft-glaeubiger-verschaffen-jack-wolfskin-luft-fuer-Lieferantenmanagement/19247752.html?ticket=ST-874329-5m5EZ42jWMfXaeA6SVbH-ap2.

Helmold, M. & Samara, W. (2019). Progress in Performance Management. Springer Cham.

Helmold, M., Dathe, T. & Hummel, F. (2019). Erfolgreiche Verhandlungen – Best-in-Class Empfehlungen für den Verhandlungsdurchbruch. Springer Wiesbaden.

Johnson, G. & Scholes, K. (1997). Exploring Corporate Strategy. Text and Cases. 4th Edition. Prentice Hall London.

Krystek, U. & Moldenhauer, R. (2007). Handbuch Krisen- und Restrukturierungsmanagement. Kohlhammer Stuttgart.

Müller, R. (1986). Krisenmanagement in der Unternehmung: Vorgehen, Maßnahmen und Organisation. Peter Lang Verlag Bern.

Olfert, K. (2013). Investition. 13. Auflage. NWB Verlag Herne.

Olfert, K. (2015). Finanzierung. 15. Auflage. NWB Verlag Herne.

RapidRatings (2020). www.rapidratings.com.

Lean Management in Projekten

Unsere größte Schwäche liegt im Aufgeben. Der sichere Weg zum Erfolg ist immer, es doch noch einmal zu versuchen.

Thomas Alva Edison (1847–1931)

13.1 Lean Projektmanagement

Ein Projekt ist ein zielgerichtetes, einmaliges Vorhaben, das aus einem Satz von abgestimmten, gesteuerten Tätigkeiten bestehen und durchgeführt werden kann, um unter Berücksichtigung von Vorgaben, wie Zeit, Ressourcen und Qualität ein Ziel zu erreichen. Tab. 13.1 zeigt die Projektkriterien. Projekte haben bestimmte Merkmale, wie Zielvorgaben, zeitliche Begrenzung, begrenzte Ressourcen, projektspezifische Organisationsform, Neuartigkeit und Einmaligkeit sowie Komplexität.

Projekte bestehen aus mehreren Phasen (Abb. 13.1)

- Initiierung: Die Grundlagen des Projekts (Problemstellung, Kundenanforderungen, Ideen, Probleme, Ziele etc.) werden gesammelt, analysiert, geplant und in Form eines Projektauftrages dokumentiert. Dieser bildet die Entscheidungsgrundlage für den Projektauftraggeber (PAG).
- Planung: Wenn das Projekt offiziell gestartet ist, konkretisiert das Projektteam in der Planung die Projektinhalte (Ziele, Aufgaben, Risiken etc.).
- Durchführung und Controlling: Sobald die Planung einen ausreichenden Detaillierungsgrad erreicht hat, wird mit der Umsetzung begonnen. Parallel dazu steuert und überwacht der Projektmanager den Projektverlauf.

© Der/die Autor(en), exklusiv lizenziert durch Springer Fachmedien Wiesbaden GmbH, ein Teil von Springer Nature 2021
M. Helmold, *Innovatives Lieferantenmanagement,*
https://doi.org/10.1007/978-3-658-33060-6_13

Tab. 13.1 Projektkriterien. (Quelle: Eigene Darstellung)

Zeitliche Begrenzung	Projekte sind zeitlich begrenzt, dass bedeutet sowohl Anfang als auch Ende sind terminlich definiert
Einmaligkeit	Projekte sind einmalig, sie eignen sich nicht zur Reproduktion bereits vorhandener Dinge (dazu eignet sich Prozessmanagement wesentlich besser)
Ressourcenknappheit	Projekte sind mit begrenzten Ressourcen (Personen, Finanzmitteln etc.) ausgestattet
Zielvorgaben	Projekte verfolgen ein klar spezifiziertes und positiv formuliertes Ziel
Organisation	Projekte erfordern eine eigene Projektmanagementorganisation mit einem Projektverantwortlichen
Risiko	Projekte implizieren das Risiko von Abweichungen und des Scheiterns
Interdisziplinarität	Projekte arbeiten interdisziplinär und bereichsübergreifend
Neuartigkeit	Projekte betreten Neuland. Sie verwirklichen Lösungen, die es in der angestrebten Form noch nicht gibt
Projektphasen	Projekte werden in bestimmten Phasen abgewickelt
Projektverhandlungen	Projekte beinhalten interne und externe Verhandlungen

- Abschluss: Ein Projekt sollte genauso systematisch beendet werden, wie es begonnen wird. Erfahrungswerte (Lessons Learned) sollten kritisch reflektiert werden. Die Projektergebnisse müssen entsprechend evaluiert werden (on scope, on budget, on time?). Die Ergebnisse des Projektabschlusses sind in einem kurzen Abschlussbericht zu dokumentieren.
- Nachprojektphase: In der Nachprojektphase werden die Projektergebnisse genutzt. Oft ist es wichtig und ratsam, auch die Verantwortlichkeiten für die Nachprojektphase klar zu definieren.

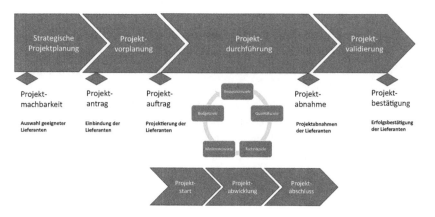

Abb. 13.1 Projektphasen

Funktion	Projekt A	Projekt B	Projekt C
Lieferanten-management			
Einkauf	O	O	O
Produktion	O	O	O
Marketing & Vertrieb	O	O	O
Qualitätswesen	O	O	O
Finanzen	O	O	O
Personalwesen	O	O	O

Abb. 13.2 Interdisziplinäre Projektgruppen mit Lieferantenmanagement

Projekte werden in interdisziplinären Funktionsgruppen ausgeführt, wie Abb. 13.2 zeigt. Die Abbildung zeigt die Projekte A, B und C, die aus unterschiedlichen Funktionen, wie Beschaffung, Produktion, Marketing, Qualitätswesen, Finanzen oder Personalwesen bestehen (Helmold 2018).

Vorteile einer Projektorganisation
- kurze Entscheidungswege durch Ko-Allokation
- Vertretung aller Funktionen an einem Ort
- operative Ausrichtung führt zu schnellen Entscheidungen zur Umsetzung von Maßnahmen
- projektspezifische Materialbudgets schaffen Transparenz über die realen Einkaufskosten für alle Produkte
- gruppendynamische Vorteile durch Zusammenarbeit aller Bereiche (kein „Silodenken" bzw. autonomes Denken von Abteilungen oder Funktionen, sondern gemeinsames Projektdenken)

13.2   Kritische Erfolgsfaktoren in Projekten

13.2.1 Schlüsselkriterien in Projekten

Das Projektmanagementhandbuch definiert Schlüsselkriterien und Erfolgsfaktoren für das Steuern und Lenken von Projekten (PM 2018). Diese Kriterien umfassen insgesamt neun Kategorien, die für den erfolgreichen Projektabschluss berücksichtigt werden müssen.

13.2.2 Integrationsmanagement

Das Integrationsmanagement im Projektmanagement beschreibt die Abläufe und Prozesse, die für eine gute Koordinierung und Integration der unterschiedlichen Aktivitäten eines Projekts erforderlich sind. Es umfasst die Projektplanentwicklung, die Projektplandurchführung und das Änderungswesen (PM 2018).

13.2.3 Umfangs- und Leistungsmanagement

Das Projektumfangsmanagement befasst sich mit der laufenden Planung und Kontrolle des Leistungsfortschritts im Projekt. Im Rahmen des Umfangsmanagements wird in regelmäßigen Abständen überprüft, ob sich das Projekt innerhalb der im Projektauftrag definierten Ziele befindet oder ob es Abweichungen gibt. Zum Projektumfangsmanagement gehören die Projektinitiierung, die Inhalts- und Umfangsplanung, die Leistungsdefinition, die Leistungsverifizierung sowie die Leistungskontrolle (PM 2018).

13.2.4 Zeit- und Terminmanagement

Das Zeit- und Terminmanagement soll sicherstellen, dass ein Projekt termingerecht fertiggestellt wird. Zum Zeit- und Terminmanagement gehören Vorgangsdefinition, Festlegung der Vorgangsfolgen, Vorgangsdauerschätzung, Terminplanentwicklung und Terminplanüberwachung (PM 2018).

13.2.5 Kostenmanagement

Das Kostenmanagement beschreibt alle erforderlichen Prozesse, die sicherstellen sollen, dass das Projekt im geplanten und genehmigten Kostenrahmen fertiggestellt wird. Zum Kostenmanagement gehören Einsatzmittelplanung, Kostenschätzung, Budgetierung sowie Kostenüberwachung (PM 2018).

13.2.6 Qualitätsmanagement

Das Qualitätsmanagement in Projekten soll sicherstellen, dass die vom Auftraggeber definierten Qualitätsansprüche eingehalten oder sogar übertroffen werden. Dazu gehören Qualitätsplanung, Qualitätssicherung und Qualitätslenkung (PM 2018).

13.2.7 Personalmanagement

Die Hauptaufgabe des Personalmanagements ist es, dafür zu sorgen, dass die am Projekt beteiligten Mitarbeiter so effizient wie möglich eingesetzt werden. Dem Personalmanagement können folgende Funktionen und Aufgaben zugeordnet werden: Projektorganisation, Personalakquisition und Teamentwicklung (PM 2018).

13.2.8 Kommunikationsmanagement

Das Kommunikationsmanagement im Projekt hat zum Ziel, sämtliche Projektinformationen rechtzeitig und angemessen zu erstellen, zu sammeln, zu verbreiten, abzulegen sowie zu definieren. Hierzu gehören der Aufbau eines Informations- und Berichtswesens, die Informationsverteilung, die Fortschrittsermittlung sowie der administrative Abschluss (PM 2018).

13.2.9 Risikomanagement

Das Risikomanagement beschreibt sämtliche iterativen Prozesse, die notwendig sind, um Projektrisiken festzustellen, zu analysieren und darauf zu reagieren. Hierzu gehören die Risikoidentifizierung, die Risikobewertung, die Entwicklung von Maßnahmen zur Risikobewältigung sowie die Risikoverfolgung (PM 2018).

13.2.10   Beschaffungsmanagement

Das Wissensfeld Beschaffungsmanagement beinhaltet die Beschaffung von Waren und Leistungen außerhalb der Organisation sowie die dazugehörige Vertragsgestaltung. In diesen Bereich fallen Beschaffungsvorbereitung, Angebotsvorbereitung, Einholen von Angeboten, Lieferantenauswahl, Vertragsgestaltung und Vertragserfüllung (PM 2018).

13.3   Handlungsempfehlungen für Projekte

Projekte mit komplexen Zielvorgaben benötigen einen kompetenten Projektführer oder -manager. Dieser benötigt sowohl harte (z. B. Projektmanagementkompetenzen) als auch weiche Fähigkeiten (z. B. emotionale Intelligenz), um im Innen- und Außenverhältnis zu überzeugen. Neben einem guten und nachhaltigen Verhältnis zur Führungsebene ist eine der Schlüsselkomponenten von Projektmanagern ein Team erfolgreich zu führen. Projektmanager müssen ihre Mitarbeiter dahin gehend auswählen, dass es eine gesunde Mischung zwischen Fachwissen und Sozialkompetenz gibt. Projekte sollten durch einen

Tab. 13.2 Empfehlungen für das Lieferantenmanagement in Projekten. (Quelle: Eigene Darstellung)

1	Führung und Management durch kompetente Projektführung
2	Soziale Kompetenzen und Fachwissen durch Fachabteilungen
3	Projektierung durch klaren Projektauftrag
4	Zielvorgaben nach SMART-Gesichtspunkten
5	Nachhaltigkeit bei Projektaktivitäten
6	Regelmäßige Erfolgskontrolle und -validierung
7	Anreizsystem und Karriereplanung aller Projektmitglieder
8	Rückführung in die Linienabteilung nach Abschluss des Projekts
9	Internationalität und Vielfalt bei internationalen Projekten
10	Einsatz digitaler Medien zur Fortschrittskontrolle in den Projekten

robusten Projektauftrag projektiert werden, in dem Leistungsparameter klar definiert und terminiert sind (PM 2018). Zielvorgaben müssen besondere Attribute haben und spezifisch, messbar, akzeptierbar, realistisch und terminiert sein (SMART Methodik – Engl.: specific, measurable, achievable, realstic, timely). Nachhaltigkeit sowie eine permanente und regelmäßige Erfolgskontrolle runden die SMART-Ziele ab. Hier empfiehlt sich ein Anreizsystem, sodass Mitarbeiter durch materielle oder immaterielle Vorteile zum Projekterfolg ausreichend motiviert werden. Internationalität und Vielfalt stärken Projektteams und helfen, auch im internationalen Kontext Projekte erfolgreich umzusetzen. Der Einsatz von digitalen Medien unterstützt die Vernetzung, insbesondere über Ländergrenzen und Zeitzonen hinweg. Zuletzt sollten Organisationen den Projektmitgliedern die Rückkehr in die Linienfunktion ermöglichen. Tab. 13.2 fasst die wichtigsten Empfehlungen zusammen (PM 2018).

13.4 Fallstudie: Kollaboration von Knorr-Bremse und Continental für die Entwicklung eines automatisierten Fahrsystems

Die Unternehmen Knorr-Bremse und Continental haben eine Partnerschaft zur Entwicklung eines kompletten Systems für das hochautomatisierte Fahren bei Nutzfahrzeugen beschlossen. Zu dem System zählen die Umfelderkennung, Fahrplanung und -entscheidung sowie die Steuerung der beteiligten Aktuatorsysteme, wie Lenkung und Bremssystem im Fahrzeug und die Mensch-MaschineInteraktion. Hierbei liefert Continental die Sensoren, Umfeldmodelle, zentrale Recheneinheit, Konnektivität und Mensch-Maschine-Interaktion. Knorr-Bremse steuert redundante Aktuatorsysteme für Bremse und Lenkung bei und übernimmt Verantwortung für die Gesamtsystem-integration. Die Zusammenarbeit umfasst zunächst das automatisierte Kolonnenfahren (Platooning). In der weiteren Entwicklung folgt das automatisierte Fahren auf der Auto-bahn (sogenannter Highway Pilot).

Literatur

Helmold, M. (2018). Erfolgreiche Verhandlungen und Best-in-Class Empfehlungen für den Ver-handlungsdurchbruch. Manuskript und Workshopunterlagen im Master- und MBA-Studium.
PM (2018). Abgerufen am 7.7.2018. https://www.pm-handbuch.com/begriffe/.

Innovationsmanagement als Schlüsselaufgabe im Lieferantenmanagement

> *Wir leben alle unter dem gleichen Himmel, aber wir haben nicht alle den gleichen Horizont.*
>
> *Konrad Adenauer (1876–1967)*

14.1 Innovationsmanagement als Teilaufgabe des Lieferantenmanagements

„Innovation" stammt vom lateinischen Wort „innovare" ab und steht für Erneuern. Innovation ist aus wirtschaftswissenschaftlicher Sichtweise etwas Komplexes und Neues, das einen wirtschaftlichen Nutzen für eine Organisation oder bzw. und für das Unternehmen bringt. Innovationsmanagement beinhaltet Elemente, wie Ideen, Inventionen und Diffusionen (Müller-Prothmann und Dörr 2019). Innovationen beinhalten die Generierung von Ideen und die stetige Validierung und Überprüfung dieser Ideen im Rahmen eines strukturierten Innovationsprozesses (Nelke 2016). Innovationsmanagement umfasst drei Ebenen. Neben der operativen Ebene, der Arbeitsebene, gibt es die strategische und normative Ebene (Stibbe 2019). Innovationen werden auf der normativen und strategischen Ebene entschieden und auf der operativen in die Praxis umgesetzt (Helmold und Samara 2019). Begriffe, die oft im Zusammenhang mit Innovation fallen, sind Ideen, Ideensammlungen und Erfindungen. Eine Erfindung oder Invention ist insofern abzugrenzen, da diese als schöpferische Leistung einer neuen Problemlösung im Vergleich zur Innovation noch nicht verwertet und genutzt ist. Genauso ist es mit der Idee, die ein schöpferischer Gedanke an etwas Neuem ist. In allen Fällen ist „neu" immer relativ. Neu kann es sein für diese Situation, das Unternehmen oder die Welt. Insbesondere neue Entwicklungen, wie z. B. Industrie 4.0 oder die zunehmende Globalisierung, haben einen wichtigen Einfluss auf Innovationen und das

© Der/die Autor(en), exklusiv lizenziert durch Springer Fachmedien Wiesbaden GmbH, ein Teil von Springer Nature 2021
M. Helmold, *Innovatives Lieferantenmanagement*,
https://doi.org/10.1007/978-3-658-33060-6_14

Innovationsmanagement (Granig et al. 2018). Von zentraler Bedeutung ist die Sammlung von Ideen, die Auswahl und die Entscheidung, welche Ideen umgesetzt werden. Dieser Prozess muss durch das Management gesteuert werden (Helmold und Samara 2019). Management ist ein Begriff, der in Unternehmen ständig verwendet wird. Er steht für die Leitung einer Aufgabe und für die Koordination von Aktivitäten, um einen definierten Zweck und Ziele zu erreichen. Demzufolge ist das Innovationsmanagement die strukturierte Förderung von Innovationen in Unternehmen und umfasst Aufgaben der Planung, Organisation, Führung und Kontrolle dieser Innovationen. Das Innovationsmanagement beschäftigt sich mit allen Maßnahmen, um Innovationen in Organisationen zu begünstigen und um einen Nutzen zu generieren, zum Beispiel:

- neue Produkte und Dienstleistungen, um neue Märkte zu erobern
- verbesserte Produkte und Dienstleistung, um sich von der Konkurrenz abzuheben
- Verbesserung der internen Abläufe, um das Unternehmen von innen zu stärken oder um Kosten zu sparen
- Entwicklung neuer Geschäftsmodelle, um neue Ertragsquellen zu nutzen
- technische Evaluierung und Überprüfung des Ressourceneinsatzes

Innovationen sind meist komplexe Unterfangen mit hohem Technologieaufwand, Ressourceneinsatz und verursachen demnach zumeist sehr hohe Kosten und Investitionen. Daher ist es zwingend notwendig, dass die Unternehmensführung jede Innovation auf ihre Erfolgsaussicht hin nachhaltig evaluiert, und das im Hinblick auf strategische Relevanz, Technologieaufwand, Nutzen und Ressourcenintensität. Ideen und mögliche Innovationen bedürfen immer einer strategischen und ressourcenmäßigen Überprüfung (Pfeiffer et al. 1995 [156], 1991).

14.2   Strategische Relevanz und Attraktivität

Die strategische Relevanz und Attraktivität ist, vereinfacht gesprochen, die Summe aller technisch-wirtschaftlichen Vorteile, die durch das Ausschöpfen der in einem Technologiegebiet steckenden strategischen Weiterentwicklungsmöglichkeiten gewonnen werden können. Die Technologieattraktivität ist einerseits von den Technologieeigenschaften (Potentialseite) und andererseits von den Anforderungen (zukünftiger) Anwender (Bedarfsseite) abhängig.

Die beiden Größen des Technologie-Portfolios, Technologieattraktivität und Ressourcenstärke, stellen jeweils ein (hoch)aggregiertes Bewertungsergebnis in Bezug auf tiefer liegende Einzelfaktoren. Experten sehen folgende Dinge zur Überprüfung und Bestimmung der Technologieattraktivität vor (Helmold und Samara 2019):

- Weiterentwicklungspotential: In welchem Umfang ist eine technische Weiterentwicklung und damit Leistungssteigerungen und/oder Kostenreduzierung möglich?
- Anwendungsbreite: Wie sind die Anzahl möglicher Einsatzbereiche der Technologie und die Mengen je Einsatzbereich einzuschätzen?
- Kompatibilität: Mit welchen negativen oder positiven Auswirkungen ist in Anwender- und Umsystemen zu rechnen (Innovationshemmnisse, -treiber)?

14.3   Ressourcenintensität

Die Ressourcenstärke drückt aus, in welchem Ausmaß die bewertete Unternehmung im Vergleich zu den potenziellen Konkurrenten über die Voraussetzungen verfügt, die betrachtete technologische Alternative erfolgreich, d. h. zeitgerecht und in Form marktfähiger Produkte, zur Anwendung zu bringen. Sie ist mit anderen Worten ein Maß für die technische und wirtschaftliche Stärke oder Schwäche eines Unternehmens bezüglich einer Technologie relativ zu den Konkurrenten. Experten im Tourismus schlagen zur Ermittlung der Ressourcenstärke folgende drei Indikatoren vor (Helmold und Samara 2019):

- Technisch-qualitativer Beherrschungsgrad: Wie ist unser technologiespezifisches Know-how im Verhältnis zur Konkurrenz einzuschätzen, besteht ein Entwicklungsvorsprung oder -rückstand?
- Potenziale: In welchem Umfang stehen finanzielle, personelle und sachliche Ressourcen zur Verfügung, um das bestehende Weiterentwicklungspotential der Technologie auszuschöpfen?
- (Re-)Aktionsgeschwindigkeit: Wie schnell kann das bewertende Unternehmen im Vergleich zur Konkurrenz das Weiterentwicklungspotential der Technologie ausschöpfen?

14.4   Zukunftspotenzialanalyse

Neben den zuvor dargestellten Untersuchungen hinsichtlich Strategierelevanz und Ressourceneinsatz müssen Innovationen einer Zukunftsprognose unterzogen werden, in der die zukünftigen Erfolgsaussichten evaluiert werden. Für Prognosen über die Entwicklung der Anwenderseite können Szenarioanalysen eingesetzt werden (Pfeiffer et al. 1991). Außerdem betonen Pfeiffer und seine Mitautoren die große Bedeutung einer übergeordneten System- und Umfeldperspektive, die über einzelne Technologien hinausreicht. Zum einen bedeutet dies, dass technische Umsysteme in die Analyse einbezogen werden (z. B. der für eine Durchsetzung von Brennstoffzellenantrieben für Pkw erforderliche Aufbau einer Methanol- oder Wasserstoff-Versorgungsinfrastruktur). Zum anderen sind auch nicht-technische Rahmenbedingungen für die Technologiebewertung maßgeblich (z. B.

die mögliche Verschärfung der Abgasgesetzgebung). Im Rahmen der Identifikation von Innovationen sind notwendige Ressourcen und Strategierelevanz noch relativ gering. In dieser Phase werden Ideen gesammelt, bewertet und ausgewählt. Im nächsten Schritt müssen die strategisch relevanten Ideen erprobt werden (Abb. 14.1). Diese Erprobung findet meist durch Experimente statt. Es können aber auch Beobachtungen, Workshops, Panels oder Analysegruppeneingesetzt werden. Mit der Auswahl strategisch wichtiger Innovationen steigt automatisch auch der Ressourceneinsatz in Unternehmen. Vormaterialien müssen gekauft werden, die Produkte müssen serienmäßig produziert werden und die Vermarktung in Richtung Kunden erfordert ein proaktives Marketing. Mit dieser Phase der Investition sind ein sehr hoher Ressourcenaufwand und damit finanzielle Mittel (Eigen- oder Fremdkapital) verbunden. Nach der Investitionsphase beginnt die Optimierung, sodass weniger Ressourcen notwendig sind. Die Optimierung geschieht durch Standardisierungen, Vereinheitlichungen, Volumeneffekte oder technische Neuerungen. Im letzten Schritt, sollte sich herausstellen, dass die Innovation keine strategische Relevanz mehr hat, werden alle Aktivitäten eliminiert und heruntergefahren (Helmold und Samara 2019).

CSR und Nachhaltigkeit spielen laut vorherrschender Meinung zahlreicher Autoren eine signifikante Rolle wie Abb. 14.2 zeigt. CSR in Zusammenhang basiert auf den drei grundlegenden Elementen, der Innovationsstrategie, der Ideengenerierung sowie -bewertung und der finalen Umsetzung von Initiativen im CSR-Innovationsmanagement (Distrelec 2020) [147].

Beispiele innovativer Umsetzungen von nachhaltigen Ideen und Innovationen
- Entwicklung eines Solarflugzeuges durch die Ingenieure Bertrand Piccard und André Borschberg: Das Solarflugzeug Solar Impulse ist aus ultraleichten Werkstoffen gefertigt. In seine Tragflächen sind 17.000 Solarzellen integriert, die die vier Elektromotoren mit erneuerbarer Energie versorgen. Seine Lithium-Akkus mit hoher Energiedichte werden tagsüber aufgeladen, damit das Flugzeug auch nachts fliegen kann.

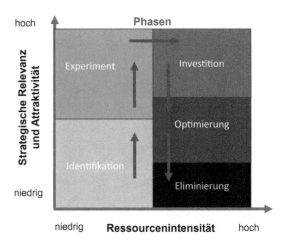

Abb. 14.1 Ebenen im Innovationsmanagement

Abb. 14.2 Lieferantenmanagement im Innovationsmanagement

- Recycling-Roboter Max-AI AQC durch Eugenio Garnica, Sadako/BHS (NRT): Max soll das Sortieren und Recyceln von Materialien beschleunigen und damit kosteneffizienter machen. Das große Ziel ist, den Anteil recycelter und wiederverwendeter Materialien zu erhöhen, damit wir der nächsten Generation eine sauberere und nachhaltigere Umwelt hinterlassen.
- Meerwasserentsalzungsanalage durch Rahul Nair: Meerwasser wird durch eine Membran aus Graphenoxid gespült, wobei das Salz aus der Flüssigkeit gefiltert wird. Seitenwände aus Epoxidharz verhindern, dass die Membran anschwillt, und sorgen dafür, dass die Poren stabil genug sind, um alle Partikel herauszufiltern. Das Graphensieb ermöglicht die Gewinnung von Trinkwasser aus Meerwasser und könnte damit eine effiziente, leicht zugängliche und kostengünstige Lösung für die Wasserknappheit in der Welt darstellen.
- Solarbetriebene Straße Wattway durch Jean-Luc Gautie, Colas: Jedes Modul umfasst 15 cm breite Zellen, die eine sehr dünne Schicht aus polykristallinem Silizium bilden und Solarenergie in Elektrizität umwandeln. Die Module sind mit durchsichtigem Siliziumharz beschichtet, um der Belastung durch den Verkehr standzuhalten, und können auf vorhandenen Straßen verlegt werden. Mit der Kombination aus Straßenbau und Photovoltaik-Technologie können die solarbetriebenen Wattway-Straßen saubere, erneuerbare Energie liefern, ohne dass dazu wertvolles Ackerland oder Naturräume aufgegeben werden müssen. 20 m^2 Wattway können einen Haushalt mit Strom versorgen.
- Meerwassergewächshaus durch Charlie Paton und Chris Rothera: Das Meerwassergewächshaus nutzt die kühlenden und luftbefeuchtenden Eigenschaften des Wasserdampfes, der beim Verdampfen von Salzwasser entsteht. Dabei simuliert Modellierungssoftware die Gewächshausumgebung und optimiert die Einstellungen. Die Technologie nutzt zwei reichlich vorhandene Ressourcen: Sonnenlicht und Meerwasser. Sie bietet eine grüne Lösung zur Steigerung des Pflanzenwachstums, hilft, dem Klimawandel entgegenzuwirken und minimiert die damit verbundenen Probleme und Kosten.

- Robobee durch Eijiro Miyako: Robobee ist eine autonome Bestäubungsdrone, die mit GPS, hochauflösenden Kameras und künstlicher Intelligenz ausgestattet ist. Ihre Unterseite ist mit Pferdehaar bedeckt und mit einem klebrigen Gel beschichtet. Wenn sie eine Blüte anfliegt, bleiben Pollenkörnchen an ihr haften und werden an der nächsten Blüte wieder abgestreift. Angesichts des steigenden Nahrungsmittelbedarfs und des drohenden Rückgangs der Bienenpopulationen sollen Robobees von Landwirten eingesetzt werden, um die Pflanzenbestäubung zu unterstützen und Ernteerträge zu steigern. Sie können außerdem helfen, die genetische Vielfalt zu erhöhen und die Qualität von Erntegut zu verbessern.

14.5 Aufgaben und Handlungsfelder im Innovationsmanagement

Das Innovationsmanagement bildet zwei maßgebende Säulen. Einerseits beinhaltet das Innovationsmanagement das Gestalten von geeigneten und strukturierten Rahmenbedingungen, damit im Unternehmen überall Ideen entstehen und zu erfolgreichen Innovationen umgesetzt werden. Dabei geht es sehr stark um Tätigkeiten der Organisationsentwicklung. Und zweitens das eigentliche Innovieren, das aktive Suchen, Entwickeln und Umsetzen von Ideen. Das erfordert zum Beispiel Kreativität und ein geeignetes Projektmanagement. Das Innovationsmanagement ist sehr vielseitig und facettenreich. Die Handlungsfelder des Innovationsmanagements umfassen unter anderem folgende Elemente:

- Zukunftsmanagement: Identifikation von Trends und zukünftigen Chancen und Risiken
- Entwicklung der Innovationsstrategie und Planung der Innovationsaktivitäten, wie zum Beispiel mit einer Innovation Roadmap
- Organisation und Rollenverteilung im Innovationsmanagement, wie etwa Entscheidungsstrukturen und Process Ownership
- Ideenmanagement zur Findung, Entwicklung und Bewertung von Ideen
- Innovationsprozess zur Transformation einer Idee in eine erfolgreiche Innovation: Konzeptentwicklung, Business-Plan, Lösungsentwicklung, Prototypen, Implementierung und Vermarktung
- Gestaltung einer Innovationskultur, die Innovationen fördert
- Portfoliomanagement und Innovationscontrolling (z. B. Innovationskennzahlen) zur Steuerung der Innovationsaktivitäten
- Umgang mit Patenten und Schutzrechten
- Open Innovation und Innovationsnetzwerke, um externe Innovationsquellen und Ressourcen zu nutzen
- Management des Wandels (Change Management) im Zuge von Innovationsprojekten (Abb. 14.3)

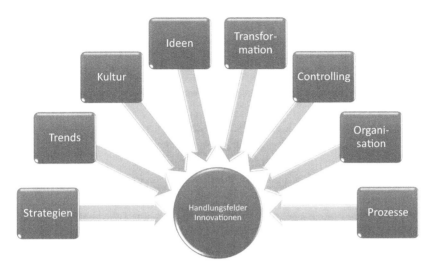

Abb. 14.3   Handlungsfelder im Innovationsmanagement

14.6   Verbesserungen und Innovationen

Innovation bedeutet Erneuern anhand von Ideen und Initiativen. Verbesserung ist auch die Umsetzung von etwas Neuem, allerdings mit einem niedrigerem Neuheitsgrad und sie ist meist die Optimierung oder Erweiterung von Bestehendem. Die Grenze zwischen Innovation und Verbesserung verschwimmt. Was Innovation ist und was Verbesserung, lässt sich nicht ganz klar abgrenzen und ist auch je nach Betrachter unterschiedlich. Das Verbesserungsmanagement hat schon eine lange Tradition in Unternehmen. Es umfasst eine Vielzahl von Managementmethoden und Ansätzen, die zur Verbesserung von bestehenden Produkten, Prozessen und Organisationen dienen. Viele davon haben ihren Ursprung im Qualitätsmanagement. Hier einige Beispiele:

- Kontinuierlicher Verbesserungsprozess (KVP): Alle Mitarbeiter werden motiviert und befähigt, in Teamarbeit ständig Prozesse zu hinterfragen und zu verbessern. Die Basis ist unter anderem der PDCA- Zyklus (Plan-Do-Check-Act).
- Kaizen: „Es soll kein Tag ohne irgendeine Verbesserung im Unternehmen vergehen" ist die Botschaft von Kaizen, das ihren Ursprung in Japan hat und ähnlich dem KVP ist.
- Total Quality Management (TQM): Die Steigerung der Qualität der Prozesse und Produkte unter Einbeziehung der Mitarbeiter zur Erhöhung der Kundenzufriedenheit steht im Mittelpunkt.

- Betriebliches Vorschlagswesen (BVW): Ziel ist es, die Mitarbeiter zum Mitdenken anzuregen. Man gibt ihnen dabei die Möglichkeit, Ideen spontan einzureichen, die dann in einem klar geregelten Ablauf behandelt, umgesetzt und prämiert werden.
- Verbesserung und Innovation gehen Hand in Hand. Ein Unternehmen muss sich beides, die kontinuierliche Verbesserung und die Innovation, auf ihre Fahnen heften.

Innovationen sind im Vergleich zur Kaizen-Philosophie komplexe Neuerungen, wie Abb. 14.4 zeigt. Kaizen beinhaltet dagegen kleine und stetige Veränderungen (Helmold und Terry 2016). Außerdem sind Innovationen meist sehr komplexe Projekte, die mit hohen Kosten und Investitionen verbunden sind. In Projekten sind meist mehrere Interessenvertreter (Engl.: Stakeholder) integriert, die Ingenieure, Einkäufer, Verkäufer, staatliche Organisationen, Kunden und Lieferanten beinhalten (Helmold et al. 2019). Aufgrund der Ressourcenintensität und Komplexität sind Innovationen häufig schwer umkehrbar, sodass eine vernünftige Planung notwendig ist (Helmold et al. 2017). Daher werden Innovationen oft durch Berater und Experten begleitet.

Abb. 14.5. zeigt die Phasen im Innovationsmanagement. Die Darstellung eines Innovationsprozesses beginnt meist mit der Ideengenerierung und endet mit der Markteinführung. In der Praxis hat es sich jedoch als sinnvoll erwiesen, Innovationsziele als

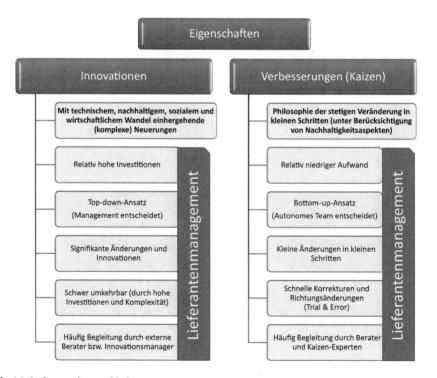

Abb. 14.4 Innovation vs. Verbesserung

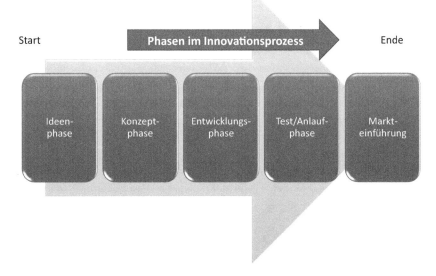

Abb. 14.5   Phasen des Innovationsmanagements

übergeordnete Bestandteile eines Innovationsprozesses zu begreifen und den Prozess auf die Ziele abzustimmen. Somit startet der Innovationsprozess nicht erst mit der Ideengenerierung, sondern bereits mit der Festlegung von Innovationszielen als Teil der Ideenphase. In Abstimmung mit der Unternehmensstrategie sollten die einzelnen Ziele klar definiert werden, d. h.: Welche Innovationsarten werden angestrebt? Wo liegt der Fokus? Wie hoch soll der Innovationsgrad sein? Wie viele Innovationen werden in welchen Bereichen angestrebt? Die Entscheidung für bestimmte Innovationziele markiert den Startpunkt des Innovationsprozesses und definiert die daraus abgeleiteten Strategien und Prozessschritte (Ideengenerierung, Konzept, Entwicklung etc.). Eine wichtige Phase ist die Konzeptphase. Aus der Ideenphase entwickeln sich konkretisierte und freigegebene Ideen mit Zielen und Erwartungen. Nun folgt eine intensive Analysephase, um möglichst viele Informationen zur Idee und für ihre weitere Bearbeitung zu sammeln:

- Markt- und Kundenanforderungen
- Marktpotential, z. B. Marktgröße, Marktattraktivität
- Chancen, z. B. Differenzierungsmöglichkeiten zum Wettbewerb
- Risiken und Machbarkeit, z. B. technische Machbarkeit, Markteintrittsbarrieren
- Rahmenbedingungen, z. B. Gesetze, Normen, Patente
- Was sind die Bedürfnisse der Kunden?
- Gibt es noch nicht erfüllte oder unbewusste Kundenbedürfnisse?
- Welche Kundenprobleme gibt es und sollen gelöst werden?
- Wie hoch ist die Wichtigkeit der Bedürfnisse?

Hier empfiehlt sich ein systematischer Zugang mit professionellen Methoden, wie Kundeninterviews, Fokusgruppen, Workshops oder Kundenbeobachtungen, um einen möglichst tiefen Einblick zu gewinnen. Auf Basis der Analysen entstehen erste Konzepte in Bezug auf die Lösung, Umsetzung und Vermarktung. In der Entwicklungsphase im Innovationsmanagement werden alle Aktivitäten und Tätigkeiten zur Lösung der technischen Aufgaben verstanden, die zu einem vermarktbaren Produkt führen. Die beiden klassischen Begriffe und Tätigkeiten Entwickeln (Forschung & Entwicklung: Vorentwicklung) und Konstruieren sind in der Produktentwicklung zusammengefasst worden. Produktentwicklung beginnt bereits bei der am Anfang stehenden Idee und reicht bis zur Markteinführung des Produkts (der technischen Lösung). Als Anlauf wird die Phase im Prozess der Umsetzung von Innovationen bezeichnet, in der der Übergang von Entwicklungsaktivitäten zu Produktionsaktivitäten erfolgt (Pfohl und Gareis 2000). Dabei werden Änderungen am Produktionssystem und in der Wertschöpfungskette vorgenommen, um das Zusammenspiel zwischen Produkt, Anlagen, Werkzeugen und Personal so aufeinander abzustimmen, dass eine reguläre Serienproduktion aufgenommen werden kann. In der letzten Phase der Markteinführung geht es darum, das Produkt an die potenziellen Kunden zu bringen. Das erfordert einerseits die physische Verfügbarkeit des Produktes. Dazu zählen Beschaffung, Produktion und Logistik auf Basis der definierten Konzepte. Andererseits wird beim Kunden ein Bedarf geweckt und dann erfüllt. Dazu werden alle möglichen Marketing- und Vertriebskanäle aktiviert. Als Basis muss der interne Vertrieb überzeugt und geschult werden, um im Hauptschritt die Produkte an die Kunden zu bringen. All diese Aktivitäten lassen sich als Innovationsmarketing zusammenfassen. Zum Abschluss der Innovationsphasen wird das neue Produkt in das Produktlebenszyklus-Management in die Verantwortung des Produktmanagements überführt. Auf Basis der kontinuierlichen Evaluierung und Analyse des Produktes am Markt durch beispielsweise Kundenfeedback oder quantitative Marktanalysen werden Maßnahmen zur Steigerung von Umsatz, Margen und Kundenzufriedenheit abgeleitet. Dabei bedient man sich unter anderem den sieben Elementen des Marketing-Mix (7Ps) Abschn. 6.2.

14.7 Gesellschaftliche Verantwortung als Teil des Innovationsmanagements

Insbesondere im Innovationsmanagement breitet sich derzeit die Erkenntnis aus, dass im Spannungsfeld Wirtschaft und Gesellschaft oft die weitreichendsten Innovationen entstehen. Dieser so genannte „Sweet Spot" in dem Unternehmens- und gesellschaftliche Interessen in Einklang gebracht werden, führt nicht nur zu neuen Produkt-, Prozess- und Managementinnovationen, sondern erschließt neue Märkte, Kundengruppen und führt zu nachhaltigen Geschäftsmodellen. Somit ist es logisch, dass die gesellschaftliche Verantwortung von Unternehmen ein zentraler Bestandteil des Innovationsmanagements von Unternehmen ist. Nur wenn es gelingt, gesellschaftliche und ökologische Themen in den

Innovationsprozess des Unternehmens zu integrieren, entstehen die Lösungen für die gegenwärtigen Probleme. Unternehmer sind sozusagen geborene Innovateure. Sie sind immer auf der Suche nach besseren Lösungen und Wettbewerbsvorteilen. Damit wird die Diskussion um die Verantwortung von Unternehmen (CSR) ein Innovationstreiber, von dem Wirtschaft und Gesellschaft gleichermaßen profitieren (Schmidtpeter 2014). Unternehmen werden nur dann dauerhaft auf Akzeptanz stoßen und erfolgreich wirtschaften, wenn sie sich aktiv an sozialen, wirtschaftlichen und ökologischen Lösungen mit ihrer ganzen unternehmerischen Kraft beteiligen. Dies ist nicht nur ethisch geboten, sondern ökonomisch notwendig und zudem lukrativ. So ist es folgerichtig, dass sich Themen wie „Verantwortungsvolle Unternehmensführung" (CSR) und Nachhaltigkeit zu proaktiven Managementthemen entwickeln (Stibbe 2019). Es geht nicht mehr nur um reine Pflichterfüllung, sondern darum, durch Kreativität und Unternehmertum Innovationen zu entwickeln, um eine Win–Win-Situation für alle Beteiligten zu generieren. Um Leadership auch in ökologischen und sozialen Fragen zu zeigen, stellen führende Unternehmen ihre Verantwortungsstrategie von einer reinen defensiven Compliance-Strategie in eine progressive CSR-Strategie um. Dabei spielt der Bereich des Innovationsmanagements eine zentrale Rolle. Es gilt die gegenwärtigen und zukünftigen Kundenwünsche zu identifizieren, um dann neue Lösungsansätze gemeinsam mit den Stakeholdern verantwortungsbewusst voranzutreiben. CSR ist dabei keine zusätzliche Aufgabe (Add-on), sondern ein integraler Bestandteil des Innovationsprozesses des Unternehmens. Innovation per se ist weder positiv noch negativ, sie bedeutet neutral gesehen, die „Schaffung" neuer Lösungen. CSR im proaktiven Sinne bedeutet, den Innovationsprozess im Unternehmen in eine Richtung zu treiben, die sowohl gesellschaftlichen, als auch unternehmerischen Mehrwert schafft. Der unternehmerische Beitrag zu gesellschaftlichen Innovationsprozesses sollte wie jede andere Produktinnovation oder Unternehmensinvestition gemessen und gesteuert werden. Innovation wird so zu einem messbaren Faktor einer soliden CSR-Strategie und die wechselseitigen Synergien zwischen CSR und Innovationsmanagement werden sichtbar. Hauptvorteil der direkten Integration von CSR in die Innovationsprozesse des Unternehmens ist die Tragfähigkeit der daraus entstehenden Lösungen. Je mehr gesellschaftliche Innovationen von einem reinen Zusatzgeschäft, zum betrieblichen Kerngeschäft werden, desto mehr gewinnen sie an betriebswirtschaftlicher Bedeutung für das Unternehmen. CSR eingebettet in die Innovationsbemühungen des gesamten Unternehmensportfolios ist somit der Garant dafür, dass auch in wirtschaftlich schwierigen Zeiten die CSR-Strategie nachhaltig umgesetzt wird.

14.8   Innovationsmanagement und Green Marketing

Grünes Marketing (Engl.: Green Marketing) umfasst Aktivitäten zur Generierung und Erleichterung menschlicher Bedürfnisse, damit die Befriedigung dieser Bedürfnisse nur minimale negative Auswirkungen auf die natürliche Umwelt hat Kap. 6. Mit dem wachsenden Bewusstsein für globale Erwärmung, Umweltverschmutzung und andere Umweltprobleme wechseln Unternehmen und Verbraucher zunehmend zu umweltfreundlichen Produkten und Dienstleistungen und schaffen so eine Plattform für eine nachhaltige Entwicklung. Die Ressourcen sind begrenzt und die menschlichen Bedürfnisse sind unbegrenzt. Daher ist es für den Vermarkter sehr wichtig, die Ressourcen effizient zu nutzen und gleichzeitig das Unternehmensziel zu erreichen. Green Marketing ist die am besten geeignetste Lösung für dieses Problem. Die Verbraucher von heute sind sich des Umweltschutzes bewusster. Sie sind aufgeklärte Verbraucher und als grüne Verbraucher bekannt. Laut der American Marketing Association (AMA) umfasst grünes oder umweltbezogenes Marketing alle Aktivitäten, die darauf abzielen, einen Austausch zu generieren und zu erleichtern, der die menschlichen Bedürfnisse oder Wünsche befriedigen soll, sodass die Befriedigung dieser Bedürfnisse und Wünsche mit minimalen nachteiligen Auswirkungen auf die Natur erfolgt Umwelt. Laut den jüngsten Statistiken verlagern Verbraucher ihre Marken auf der Grundlage des umweltfreundlichen Mechanismus des Produkts von einem Produkt zum anderen. Hier wurde versucht, die Herausforderungen und ihre mildernden Strategien für eine nachhaltige Entwicklung zu entfalten, und hat dies getan mit Green Marketing als ein ideales Werkzeug innerhalb des Innovationsmanagements (Scholz et al. 2015).

14.9 Fallstudie: Innovationen durch Design Thinking bei Continental

Für den Neubau eines Ingenieurszentrums von Continental wurde ein Design Thinking Pool als Teamarbeit einer Gruppe entwickelt. Continental befasst sich als Automobilzulieferer mit neuen und innovativen Technologien im Automobilbereich. Es wurde ein räumliches Konzept entwickelt, das neue Kommunikationsstrukturen und die Kreativität innerhalb der Teams fördert. Der flexible Raum bietet sowohl für Gruppen, als auch in Einzelarbeit einen neuartigen Rahmen. er Raum ist in allen Ebenen bespielbar, alle Flächen sind beschreibbar, magnetisch etc., um neue Ideen, Material- und Rechercheeindrücke zu visualisieren. Die komplexe technische Planung des Raumes erlaubt variable, technologisch basierte Raumatmosphären. Für das Realisierungskonzept haben die Studierenden Entwurf, Werkplanung und Ausschreibungsunterlagen erstellt und danach spezielle Raummöbel gebaut. Design Thinking ist eine systematische Herangehensweise an komplexe Problemstellungen aus allen Lebensbereichen. Der Ansatz geht weit über die klassischen Design-Disziplinen wie Formgebung und Gestaltung hinaus. Im Gegensatz zu vielen Herangehensweisen in Wissenschaft und Praxis, die von der technischen Lösbarkeit die Aufgabe angehen, stehen Nutzerwünsche und -bedürfnisse sowie nutzerorientiertes Erfinden im Zentrum des Prozesses. Design Thinker schauen durch die Brille des Nutzers auf das Problem und begeben sich dadurch in die Rolle des Anwenders. Design Thinking fordert eine stetige Rückkopplung zwischen dem

Entwickler einer Lösung und seiner Zielgruppe. Design Thinker stellen dem Endnutzer Fragen, nehmen seine Abläufe und Verhaltensweisen genau unter die Lupe. Lösungen und Ideen werden in Form von Prototypen möglichst früh sichtbar und kommunizierbar gemacht, damit potenzielle Anwender sie – noch lange vor der Fertigstellung oder Markteinführung – testen und ein Feedback abgeben können. Auf diese Weise erzeugt Design Thinking praxisnahe Ergebnisse. Innovation und Antworten auf komplexe Fragestellungen entstehen am besten in einem heterogenen Team aus fünf bis sechs Personen. Unterschiedliche fachliche Hintergründe und Funktionen sowie Neugier und Offenheit für andere Perspektiven sind das Fundament der kreativen Arbeitskultur Design Thinking. In Design-Thinking-Workshops wird jedes Team von einem methodisch ausgebildeten Coach während des Prozesses begleitet. So können sich die Teilnehmer auf die konstruktive Zusammenarbeit an Inhalten fokussieren und die gesteckten Ziele erreicht werden. Der Erfolg von Design Thinking wird maßgeblich durch eine gemeinschaftliche Arbeits- und Denkkultur bestimmt. Um den größtmöglichen Lerneffekt zu erzielen, arbeiten die Teams immer auf konkrete Ergebnisse hin. Diese werden zudem regelmäßig mit den anderen Teams ausgetauscht. Die Aufteilung in kleine Gruppen stellt sicher, dass jede Perspektive berücksichtigt werden kann. Innerhalb der Teams entsteht ein starker Zusammenhalt, der durch die hohe Akzeptanz für die entstehenden Konzepte nachhaltig wirkt. Der Design-Thinking-Prozess ist an den Arbeitsprozess angelehnt, dem Designer intuitiv folgen. Er führt Teams in iterativen Schleifen durch sechs verschiedene Phasen:

- Verstehen: Das Team steckt den Problemraum ab.
- Beobachten: Die Teilnehmer sehen nach außen und bauen Empathie für Nutzer und Betroffene auf.
- Sichtweise definieren: Die Teilnehmer definieren die Sichtweise. Die gewonnenen Erkenntnisse werden zusammengetragen und verdichtet.
- Ideen finden: Das Team entwickelt zunächst eine Vielzahl von Lösungsmöglichkeiten, um sich dann zu fokussieren.
- Prototypen entwickeln: Die Phase dient der Entwicklung konkreter Lösungen, die an den passenden Zielgruppen getestet werden können.

Literatur

Distrelic (2020). Nachhaltige Innovationen. Abgerufen am 18.2.2020. https://www.distrelec.de/current/de/technologien/10-technische-innovationen-fur-eine-nachhaltigere-zukunft/.

Granig, P., Hartlieb, E. & Heiden, B. (2018). Mit Innovationsmanagement zu Industrie 4.0: Grundlagen, Strategien, Erfolgsfaktoren und Praxisbeispiele. Springer Gabler Wiesbaden.

Helmold, M. & Terry, B. (2016). Global Sourcing and Supply Management Excellence in China. Springer Singapur.

Helmold, M. & Dathe, T. & Büsch, M. (2017). Praxisbericht aus der Bahnindustrie – Bombardier Transportation. Veränderte Anforderungen durch Global Sourcing. In: Beschaffung aktuell. Retrieved 4.5.2017. https://beschaffung-aktuell.industrie.de/einkauf/veraenderte-anforderungen-durch-global-sourcing/.

Helmold, M., Dathe, T. & Hummel, F. (2019). Erfolgreiche Lieferantenmanagement. Best-in-Class Empfehlungen für den Verhandlungsdurchbruch. Springer Gabler Wiesbaden.

Helmold, M. & Samara, W. (2019). Progress in Performance Management. Industry Insights and Case Studies on Principles, Application Tools, and Practice. Springer Heidelberg.

Müller-Prothmann, T. & Dörr, N. (2019). Innovationsmanagement: Strategien, Methoden und Werkzeuge für systematische Innovationsprozesse. Hanser Verlag München.

Nelke, A. (2016). Kommunikation und Nachhaltigkeit im Innovationsmanagement von Unternehmen: Grundlagen für die Praxis (Wirtschaftsförderung in Lehre und Praxis). Springer Wiesbaden.

Pfeiffer, W., Metze, G., W. Schneider & Amler, R. (1991). Technologie-Portfolio zum Management strategischer Zukunftsgeschäftsfelder. 6. Auflage. Göttingen 1991.

Pfeiffer, W. & Weiß, E. (1995). Methoden zur Analyse und Bewertung technologischer Alternativen. In: E. Zahn (Hrsg.): Handbuch Technologiemanagement. Stuttgart 1995, S. 663–679.

Pfohl, H.-C. & Gareis, K.: Die Rolle der Logistik in der Anlaufphase. In: Zeitschrift für Betriebswirtschaft, 11 (70) 2000, S. 1189–1214.

Schmidtpeter, R. (2014). CSR treibt Innovationen. Online-Interview. 16.09.2014. Abgerufen am 12.2.2020. https://www.springerprofessional.de/unternehmensstrategie/corporate-social-responsibility/csr-treibt-innovationen/6597648.

Scholz, U., Pastoors, S. & Becker, J.H. (2015). Einführung in nachhaltiges Innovationsmanagement und die Grundlagen des Green Marketing. Tectum Marburg.

Stibbe, R. (2019). CSR-Erfolgssteuerung. Den Reformprozess verstehen, Reporting und Risikomanagement effizient gestalten. Springer Gabler Wiesbaden.

Claim Management und Nachforderungen bei Leistungsstörungen

*Wer noch nie einen Fehler gemacht hat, hat sich noch nie an etwas
Neuem versucht.*

Albert Einstein (1879–1955)

15.1 Claim Management und Nachforderungsmanagement

Ein Claim ist eine rechtlich begründete Forderung oder Geltendmachung einer
kommerziellen und monetären Entschädigung, Zahlung oder Erstattung durch einen
Antragsteller für eine Störung, Schlechtleistung, einen Mangel oder ein Versagen eines
vereinbarten Zustands eines Produkts, eines Prozesses, einer Funktion bei der Erfüllung
eines Vertrags oder einer Vereinbarung. Das Claim Management oder Nachforderungsmanagement ist die systematische Überwachung und Beurteilung von Abweichungen bzw.
Änderungen und deren wirtschaftlichen Folgen zwecks Ermittlung und Durchsetzung von
Ansprüchen durch einen Claim- oder Lieferantenmanager. Grundsätzlich stellt das Nachforderungsmanagement einen Gegensatz zu partnerschaftlicher Zusammenarbeit dar, da
es sich auf die Schuldfrage für Abweichungen fokussiert und nicht auf die gemeinsame
Lösung von Problemen (Helmold und Terry 2016). Zudem bindet die Auseinandersetzung
der Projektpartner über die Höhe und Rechtfertigung von Nachforderungen erhebliche
Ressourcen auf beiden Seiten. Auch wenn Kunden- und Lieferantenbindungen partnerschaftlich verlaufen sollten, sollten Unternehmen ein strukturiertes und präventives Claim
Management aufbauen. Claim Management (auch Nachforderungsmanagement bzw. Nach-
tragsmanagement, Regression) ist die Überwachung und Beurteilung von Abweichungen
bzw. Änderungen und deren wirtschaftlichen Folgen zwecks Ermittlung und Durchsetzung von Ansprüchen. Das Claim Management gehört im Lieferantenmanagement
sowohl zum Instrumentarium des Auftraggebers als auch des Auftragnehmers, sollte aber

nur als Abschreckung dienen. Dabei ist es das Ziel, die beim Vertragsabschluss nicht vor-hersehbaren Ereignisse im Projektverlauf in ihren kommerziellen Folgen einvernehm-lich zu klären. Nach Erteilung eines Auftrages durch den Kunden/Auftraggeber an den Lieferanten/Auftragnehmer kommt es in der Regel, insbesondere bei Kaufgeschäften und Transaktionen, zu Änderungen, Nachträgen oder Erweiterungen. Mögliche Gründe sind meist Mängel an Produkten oder Dienstleistungen, Lieferausfälle, Verspätungen oder Qualitäts-Non-Konformitäten. Auch Lieferausfälle durch höhere Gewalt, wie Hoch-wasser oder Erdbeben, werden regressiert. Nicht zu Nachforderungen führen Änderungen oder Erweiterungen, die durch den Auftrag erfasst sind. Ist dies nicht der Fall, kann der Auftragnehmer eine Nachforderung für die bei ihm zusätzlich anfallenden Kosten an den Verursacher der Änderung oder Erweiterung stellen (Änderungsmanagement). Der Ver-ursacher kann dabei der Auftraggeber oder auch ein anderer Auftragnehmer desselben Projektes sein. Organisationen vermeiden durch ein präventives Anlaufmanagement, durch Erstbemusterungen, Serienfähigkeitsnachweise, Produktaudits oder andere Werkzeuge, z. B. Prozessaudits oder Gutachten, einen sicheren Anlauf und Störungen in der Serien-fertigung aus Richtung der Zulieferkette. Leider nicht immer mit Erfolg, wie empirische Untersuchungen in der Automobil- und Schienenverkehrsindustrie zeigen (Helmold und Terry 2016). Obwohl die Werkzeuge, wie oben beschrieben, eingesetzt werden, treten in der Praxis meist im Produktanlauf und in der Serie weiterhin Störungen auf, die sich negativ auf Kosten- und Lieferperformance auswirken und damit auch das Image beim Kunden beschädigen. Die Höhe des Mehraufwands ist abhängig von dem Zeitpunkt der umgesetzten Korrekturmaßnahmen. Werden sofortige Korrekturmaßnahmen eingeleitet, so ist der Schaden noch zu begrenzen. Wird der Schaden erst mit einer Verzögerung behoben, so können sich die Kosten schnell auf einen sechsstelligen Betrag kumulieren. Zwei Fall-studien zeigen, dass eine „abgerissene Schraube" an einem sicherheitsrelevanten System Kosten in Höhe von 50 Tsd. bis 100 Tsd. EUR an Folgekosten mit sich ziehen kann, selbst wenn sofortige Korrekturmaßnahmen eingeleitet werden; insbesondere durch Nacharbeiten, Rückrufaktionen oder Qualitätssicherungsmaßnahmen. Bei Abstellmaßnahmen, die über mehrere Tage und Wochen verlaufen, gehen die Mehraufwände in den Millionen-EUR-Bereich.

15.2 Vertragliche Empfehlungen

Was also tun, wenn Leistungsstörungen durch Zuliefererteile auftreten? Das Rezept kann ein Phasenmodell sein, kombiniert mit dem Einsatz von sog. „Claim oder Contract Managern". Ein Claim Manager (CM) sollte eine Ausbildung als Jurist oder Wirt-schaftsjurist haben und dient als Unterstützung bei Vertragserstellungen und Ver-handlungen der Einkäufer und Projekt-Einkäufer. Seine Aufgaben beinhalten die Aufbereitung von Claims aus technischer und kaufmännischer Sicht mit Ermittlung ver-traglicher und rechtlicher Anspruchsgrundlagen sowie Sicherung von Ansprüchen gegen

Lieferanten und Versicherungen sowie die Durchführung des Claim Management von der Abwicklungs- bis in die Gewährleistungsphase, insbesondere im Bereich Lieferstörungen und Prüfung der vertraglichen und gesetzlichen Anspruchsgrundlagen. Der Claim Manager erstellt den claim-relevanten Schriftverkehr und führt die die Claim-Verhandlungen gemäß dem 6-Phasen-Modell in Abb. 15.1. In der ersten Phase wird von einer Fachabteilung (z. B. Einkauf, Qualität, Marketing oder Produktion) eine Schlechtleistung, eines Mangels oder einer Leistungsstörung durch eine andere Partei (Lieferanten, Kunden, Berater oder Dienstleister) festgestellt und bekannt gemacht. Der Claim Manager wird hinzugezogen. In Phase zwei wird der Claim Manager zu Bewertung der rechtlichen Lage und des wirtschaftlichen Schadens in den Fall eingebunden. Hier erfolgt eine erste Einschätzung, ob Schadenersatzforderungen geltend gemacht werden können. Phase drei ist ein wichtiger Schritt, denn hier findet die Definition einer Claim-Strategie auf Basis der rechtlichen, vertraglichen und wirtschaftlichen Grundlage statt. Ein wichtiger Teil der Phase drei ist die vollständige Dokumentation. In Phase vier erfolgt die Anzeige des Claims und Forderung der Schadenersatzleistung gegenüber den Verursachern der Schlechtleistung, des Mangels oder der Leistungsstörung. Phase fünf ist die Umsetzung der Claim-Strategie in Verhandlungen (finanzielle Entschädigung, Schadenersatz, zusätzliche Lieferungen, Preisnachlässe oder andere Lösungen, z. B. Goodwill). Phase sechs ist der Abschluss und die Vertragsratifizierung des Ergebnisses der Verhandlungen sowie Empfang der Schadenersatzleistung. Zur minimalen Claim-Dokumentation gehören Datum des Eintritts des Ereignisses, Beschreibung/Begründung des Claims, die Bewertung/Kalkulation sowie die Nachweise und Beweise. Hier können Rechnungen, Zeugen, Fotos, Schriftwechsel oder Gutachten als Beweise dienen. Moderne Unternehmen haben eine zentrale und elektronische Erfassung der Mehraufwände auf einem gesonderten Kostenträger, wobei konventionelle Organisationen den Papierweg wählen. Claim Manager sollten außerdem ein ausgeprägtes Interesse und Verständnis für juristische Sachverhalte besitzen und

Abb. 15.1 Prozesse und Phasen im Claim Management

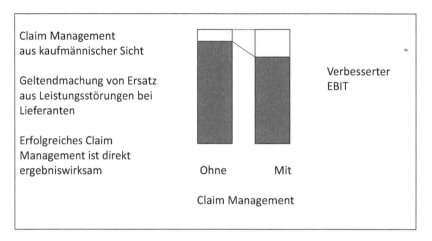

Claim Management
aus kaufmännischer Sicht

Geltendmachung von Ersatz
aus Leistungsstörungen bei
Lieferanten

Erfolgreiches Claim
Management ist direkt
ergebniswirksam

Verbesserter
EBIT

Ohne   Mit

Claim Management

Abb. 15.2 Claims sind erfolgswirksam

komplexe technische Sachverhalte analysieren können. Claims aufgrund von Leistungsstörungen sind aus kaufmännischer Sicht sofort ergebniswirksam, wie Abb. 15.2 zeigt
und verbessern das Projektergebnis.

15.3   Defensive und offensive Claim-Strategien

Claims und Nachforderungen werden meist nach ihrer Claim-Strategie unterschieden. Eine defensive Claim-Strategie beinhaltet eine partnerschaftliche und passive
Behandlung von Leistungsstörungen, wohingegen die aggressive (offensive) Claim-
Strategie auf eine finale Kompensation und Schadenersatz fokussieren. Tab. 15.1 vergleicht die jeweiligen Strategien.

15.4   Arten der Schiedsgerichtbarkeit

Die internationale Handelsschiedsgerichtsbarkeit ist eine Methode zur Beilegung von
Streitigkeiten und Meinungsverschiedenheiten, die sich aus internationalen Handelsver-
trägen ergeben. Es wird als Alternative zu Rechtsstreitigkeiten verwendet und unterliegt
in erster Linie den zuvor von den Vertragsparteien vereinbarten Bedingungen und nicht
den nationalen Rechtsvorschriften oder Verfahrensregeln. Internationale Schiedsgerichtsbarkeit ist eine Beilegung von Konflikten zwischen Unternehmen oder Einzelpersonen
in verschiedenen Ländern, in der Regel durch Aufnahme einer Bestimmung für künftige
Streitigkeiten in einen Vertrag.

Tab. 15.1 Defensive und offensive Claim-Strategien. (Quelle: Eigene Darstellung)

	Defensive Claim-Strategie	Aggressive Claim-Strategie
Bei Vertragsabschluss	Akzeptieren von bewusst partnerfreundlichen Verträgen	Pochen auf den eigenen Vorteil
Umgang mit eigenen Claims	Claiming nur bei eindeutiger Sachlage, generell kulantes Verhalten	Claiming bei allen verdächtigen Anlässen
Umgang mit Fremd-Claims	Vorbehaltlose Akzeptanz berechtigter Claims	Grundsätzliche Ablehnung aller Forderungen, Aufbau einer schlagfertigen Gegenargumentation
Claim-Höhe	Maximal-Kompensation der eigenen Nachteile	Maximal mögliche Höhe zum eigenen Vorteil (z. T. bewusst überhöht), bewusste Inkaufnahme von Nachteilen des Partners
Claim-Entstehung/ Claim-Vermeidung	Ausschöpfung aller (Präventiv-) Maßnahmen zur Claim-Verhütung	Förderung eigener Claims durch Unterlassen, bewusste Provokation eigener Claims
	Defensive Claim-Strategie	Aggressive Claim-Strategie

Arten von Schiedsverfahren

- Handelsschiedsgerichtsbarkeit ist die häufigste Streitigkeit, d. h. es handelt sich um einen Streit zwischen zwei Handelsunternehmen.
- Verbraucherschiedsgerichtsbarkeit umfasst Streitigkeiten zwischen einem Verbraucher und einem Lieferanten von Waren oder Dienstleistungen.
- Die Arbeitsschiedsgerichtsbarkeit umfasst die Beilegung von arbeitsrechtlichen Streitigkeiten. Dieses Formular oder Schiedsverfahren kann in zwei Hauptkategorien unterteilt werden: Rechtsschiedsgerichtsbarkeit und Interessenschiedsgerichtsbarkeit.

15.5 Internationale Schiedsgerichte

Es gibt mehrere große internationale Institutionen und juristische Personen, die Schiedsrichter für internationale Handelskonflikte ernennen dürfen (Helmold et al. 2020). Die wichtigsten sind in Tab. 15.2 dargestellt. Schiedsgerichtsbarkeit ist eine Form der Streitbeilegung. Schiedsgerichtsbarkeit ist die private, gerichtliche Entscheidung eines Rechtsstreits durch einen unabhängigen Dritten. Eine Schiedsgerichtsverhandlung kann die Verwendung eines einzelnen Schiedsrichters oder eines Gerichts beinhalten. Ein Tribunal kann aus einer beliebigen Anzahl von Schiedsrichtern bestehen, obwohl einige Rechtssysteme aus offensichtlichen Gründen und um ein Unentschieden zu vermeiden, auf

Tab. 15.2 Internationale Schiedsgerichte. (Quelle: Helmold et al. 2020)

Institution	Abkürzung	Ort	Jahr
International Court of Arbitration	ICC	Paris, Frankreich	1923
Korean Commercial Arbitration Law	KCAB	Seoul, Südkorea	1966
London Court of International Arbitration	LCIA	London, Vereinigtes Königreich	1892
American Arbitration Association (International Center for Dispute Resolution)	AAA (ICDR)	New York, U.S.A	1926
Swiss Chamber´s Arbitration Institution	SCAI	Genf, Schweiz	2004
Vienna International Arbitral Center	VIAC	Wien, Austria	1975
Ljublijana Arbitration Centre	LAC	Ljublijana, Slovenia	1928
Arbitration Institute of the Stockholm Chamber of Commerce	SCC	Stockholm, Schweden	1917
Singapore International Arbitration Centre	SIAC	Singapur	1991
International Domestic Arbitration Centre India	IDAC India	Vadodara, India	2016
Hong Kong International Arbitration Centre	HKIAC	Hong Kong, China	1985
Mumbai Centre For International Arbitration	MCIA	Mumbai, India	2016
Chinese International Economic and Trade Arbitration Center	CIETAC	Hong Kong, China	1956

einer ungeraden Anzahl bestehen. Eins und drei sind die häufigste Anzahl von Schiedsrichtern. Die Streitparteien geben ihre Entscheidungsbefugnis an den/die Schiedsrichter ab. Schiedsgerichtsbarkeit ist eine Alternative zu Gerichtsverfahren (Rechtsstreitigkeiten) und im Allgemeinen ebenso endgültig und bindend (im Gegensatz zu unverbindlichen Mediationen, Verhandlung und Schlichtung).

Allgemeine Grundsätze der Schiedsgerichtsbarkeit

- Gegenstand des Schiedsverfahrens ist es, eine faire Beilegung von Streitigkeiten durch einen unparteiischen Dritten ohne unnötigen Aufwand oder Verzögerung zu erreichen.

- Den Parteien sollte es freigestellt sein, zu vereinbaren, wie ihre Streitigkeiten beigelegt werden, vorbehaltlich der Schutzmaßnahmen, die im öffentlichen Interesse erforderlich sind.
- Gerichte sollten sich nicht einmischen.
- Schiedsrichter oder Tribunal-Mitglieder werden üblicherweise auf drei Arten ernannt:
  1. direkt von den Streitparteien (im gegenseitigen Einvernehmen oder von jeder Partei, die einen Schiedsrichter ernennt)
  2. von bestehenden Tribunalmitgliedern (zum Beispiel ernennt jede Seite einen Schiedsrichter und dann ernennen die Schiedsrichter einen dritten)
  3. von einer externen Partei (z. B. dem Gericht oder einer von den Parteien benannten Person oder Institution)

Die Schiedsgerichtsbarkeit wird zwar als „Methode zur Beilegung von Streitigkeiten durch Geschäftsleute" bezeichnet, unterliegt jedoch dem staatlichen und bundesstaatlichen Recht. Die meisten Staaten haben Bestimmungen in ihren Zivilpraxisregeln für Schiedsverfahren. Diese bieten eine grundlegende Vorlage für das Schiedsverfahren sowie Verfahren zur Bestätigung eines Schiedsspruchs (das Dokument, das die Entscheidung eines Schiedsrichters enthält und erläutert), ein Verfahren, das einem Schiedsspruch die Kraft und Wirkung eines Urteils nach einem Gerichtsverfahren in einem Verfahren verleiht Gericht. Viele Staaten haben das Einheitliche Schiedsgesetz verabschiedet, obwohl einige Staaten spezifische und individuelle Regeln für die Schiedsgerichtsbarkeit haben.

15.6   Fallstudie: Nachforderungsmanagement bei der Deutschen Bahn und Bombardier

Wie lassen sich Schadenersatzansprüche durchsetzen, wo Verträge oft merkwürdig unscharf bleiben? Wie ist zu reagieren, ohne wichtige Geschäftspartner zu verprellen – und ohne vor Gericht zu ziehen? Hier schlägt laut Löwer die Stunde des Claim Managers (Nachforderungsmanagers). Ein seltenes, aber zukunftsträchtiges Berufsbild laut Ulrich Hagel von der Firma Bombardier Transportation ist die Position und Stellenbeschreibung eines Nachforderungsmanagers. Er sorgt im Vorfeld dafür, dass Verträge keine unangenehmen Überraschungen zulassen und Projekte optimal ablaufen. Sollte es dennoch zu Nachforderungen, etwa bei Leistungen und Honoraren kommen, ist es Hagels Aufgabe, diese wegzuverhandeln – oder auch eigene Ansprüche durchzusetzen (Löwer 2005). Das noch etwas exotisch klingende Thema gewinnt an Bedeutung: „Claim Management wird immer wichtiger, weil Projekte technologisch und personell immer komplexer werden", erklärt Hagel. „Wir schulen deshalb nicht nur unsere Mitarbeiter, sondern auch Externe." Eine schlechtere Zahlungsmoral und zunehmende Abhängigkeiten von Monopollieferanten verstärken die Notwendigkeit eines Claim Managements. Hinzu kommen Termin- und Kostendruck. „Falsch wäre es, dieses Instrument als Cash-Cow zu sehen, mit dem nach der Vertragsunterzeichnung das große Geld zu holen ist", stellt Jurist Hagen klar. „Uns geht es darum, Ansprüchen des Kunden oder Lieferanten vorzubeugen oder sie abzuwehren." Einer der wichtigsten Kunden von Bombardier Transportation ist die Deutsche Bahn. Die Deutsche Bahn will 25 neue Intercity-Züge wegen technischer Mängel nicht vom Hersteller Bombardier Transportation abnehmen. Offensichtlich gibt es Probleme mit der Software des Zugbetriebssystems. Bombardier räumte ein, dass die Doppelstockzüge vom Typ IC2 „aktuell nicht mit der von der DB und von Bombardier selbst erwarteten Zuverlässigkeit in Betrieb sind". Bombardier bedauere die Unannehmlichkeiten, die der Bahn und ihren Fahrgästen entstanden seien, heißt es in einer Stellungnahme des Unternehmens (Manager Magazin 2020). Die Bahn hatte mitgeteilt, man setze „auf eine schnelle Behebung der Mängel durch den Hersteller" und prüfe darüber hinaus alle rechtlichen Mittel. Bombardier stellte fest, gemeinsam mit der Bahn an einem Maßnahmenpaket und an einem Aktionsplan zu arbeiten, „um die Zuverlässigkeit der IC2-Züge zeitnah deutlich zu verbessern".

Literatur

Helmold, M. & Terry, B. (2016). Lieferantenmanagement 2030. Springer Gabler Wiesbaden.

Helmold et al. (2020). Successful international Negotiations. A Practical Guide for Managing Transactions and Deals. Springer Cham.

Löwer, C. (2005). Die Stunde der Claim Manager. Sie handeln, wo Chef und Syndikus versagen. Handelsblatt. Abgerufen 24.10.2020. https://www.handelsblatt.com/unternehmen/management/die-stunde-der-claim-manager-sie-handeln-wo-chef-und-syndikus-versagen/2490292.html.

Manager Magazin (2020). Hersteller Bombardier räumt Software-Probleme ein. Bahn nimmt neue Intercity-Züge wegen Mängeln nicht ab. Manager Magazin. Abgerufen 24.10.202. https://www.manager-magazin.de/unternehmen/artikel/bombardier-transportation-deutsche-bahn-nimmt-ic-2-zuege-nicht-ab-a-1304390.html.

Nichts spornt mich mehr an als die drei Worte: Das geht nicht.
Wenn ich das höre, tue ich alles, um das Unmögliche möglich zu
machen.

Harald Zindler (1971-today)

16.1 Definition Änderungsmanagement

Unter Veränderungsmanagement (Engl.: Change Management, Jap.: 变更管理, Henkō Kanri) lassen sich alle Aufgaben, Maßnahmen und Tätigkeiten zusammenfassen, die eine umfassende, bereichsübergreifende und inhaltlich weitreichende Veränderung zur Umsetzung neuer Strategien, Strukturen, Systeme, Prozesse oder Verhaltensweisen in einer Organisation bewirken sollen. Änderungsmanagement kann als die Summe von Aufgaben, Maßnahmen und Aktivitäten definiert werden, die eine umfassende, abteilungsübergreifende und weitreichende Veränderung in einem Unternehmen oder einer Organisation bewirken sollen. Das Änderungsmanagement hin zu einem ganzheitlichen Lieferantenmanagement umfasst die Implementierung einer neuen Mission / Vision, neuer Strategien, Strukturen, Systeme, Prozesse und Verhaltensweisen in einer Organisation. Das ultimative Ziel des Wandels ist es, zu einem schlanken Unternehmen eine langfristig günstige Position auf dem Markt zu erreichen und einen nachhaltigen Wettbewerbsvorteil zu erzielen (Helmold 2020). In der Literatur gefundene Synonyme für den Terminus Änderungsmanagement sind Business Process Reengineering, Turnaround Management, Transformationsmanagement, Change Management, Innovationsmanagement oder Total Quality Management (Vahs 2019). Veränderungen bestimmen zunehmend die alltäglichen Geschäfte und Aktivitäten von Unternehmen. Um Veränderungen optimal zu managen, sind spezielle Change-Management-Techniken

M. Helmold, *Innovatives Lieferantenmanagement,*
https://doi.org/10.1007/978-3-658-33060-6_16

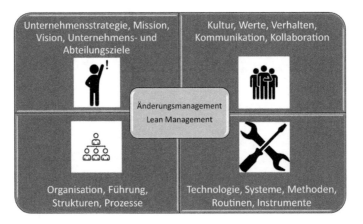

Abb. 16.1 Elemente im Änderungsmanagement

erforderlich, die unter dem Begriff Änderungsmanagement (Lauer 2019, 2020) zusammengefasst werden können. Der menschliche Faktor steht bei allen Überlegungen im Vordergrund, da die Umsetzung von Veränderungen von der aktiven Unterstützung der Mitarbeiter abhängt. Da jeder seine eigenen Bedürfnisse, Ideen und Erfahrungen hat, von denen einige nicht der offiziellen Unternehmensorganisation entsprechen, kann es kein einfaches Rezept für den erfolgreichen Umgang mit Veränderungen geben. Es ist vielmehr ein komplexer Prozess, der an drei Punkten beginnen muss: der Organisation und den betroffenen Personen, den Unternehmensstrukturen und der Unternehmenskultur (Lauer 2019). Ein weiteres wichtiges Element im Kontext ist der technologische Faktor, einschließlich Systeme, Routinen, Methoden und Instrumente. Abb. 16.1 fasst die Elemente des Änderungsmanagements zusammen. Änderungsmanagement ist ein holistischer Ansatz und fängt mit der Unternehmensstrategie, Mission, Vision sowie Unternehmens- und den Abteilungszielen an. Ferner wirken sich grundlegende Veränderungen auf die Kultur, Werte, Verhalten, Kommunikation und Zusammenarbeit aus. Führung und Organisation spielen eine tragende Rolle in der Transformation. Dafür müssen Technologien, Systeme, Methoden, Routinen und Instrumente angepasst werden.

16.2　Veränderungsmanagement nach Lewin

16.2.1　Veränderung in Phasen

Kurt Lewin war Psychologe und Sozialwissenschaftler. Lewin analysierte Veränderungsprozesse in der Gesellschaft oder kleineren sozialen Gruppierungen. Letztendlich hat er dabei charakteristische Phasen eines erfolgreichen Änderungsmanagements, aber auch typische, emotionale Reaktionen und Effizienzveränderungen identifiziert. Wer mit

Änderungsmanagement zu tun hat und es anwenden muss, sollte diese charakteristischen Phasen kennen. Der Grund liegt auf der Hand: Wer mit diesem Teil der Theorie nicht vertraut ist, wundert sich, warum die Effizienz in der Phase eines Veränderungsprozesses sinkt oder warum die Belegschaft bei der Ankündigung der Veränderungen geschockt ist. Doch das sind absolut typische Merkmale des Veränderungsprozesses, die zwar den richtigen Umgang erfordern, aber nicht zwingend Grund zur Sorge sind. Kurt Lewin geht davon aus, dass es in jeder Organisation „Driving forces" und „Restraining forces" gibt, d. h. Kräfte, die den Wandel antreiben und Kräfte, die dem Wandel entgegenwirken. Damit es zu Veränderungen kommt, müssen die Driving forces gestärkt werden – und das ist Aufgabe des Änderungsmanagements. Da diese Kräfte von den Mitarbeitern ausgehen, ist es wichtig die Mitarbeiter von Anfang an am Wandel zu beteiligen. Sie müssen vom Wandel überzeugt werden, um selbst zur treibenden Kraft zu werden. Das ist viel Arbeit, zahlt sich allerdings aus. Kurt Lewin führt die einzelnen Abschnitte eines Veränderungsprozesses im 3-Phasen-Modell auf. Um den Ablauf der psychologischen Phasen darzustellen, sollte man sich zunächst einmal ansehen, was im Rahmen des Änderungsmanagements auf der Sachebene passiert. Das Problem muss identifiziert werden, ein Änderungsmanager und ein Änderungsmanagementteam muss her. Wenn der Change durch einen Berater oder einen externen Manager begleitet werden soll, muss dieser auch von Anfang an mit im Boot sitzen. Dann steht die Situationsanalyse an, für die die üblichen Hilfsmittel zur Verfügung stehen: Benchmarks, Befragungen, SWOT-Analyse, Stakeholder-Analyse etc. Im nächsten Schritt geht es um die Ausarbeitung des Konzepts, inkl. Auswahl der Strategie (Bottom-up, Top-down, Both-directions). TCP-Matrix, Kommunikationsmatrix und Balanced Scorecard kommen als Instrumente infrage. Anschließend kommt der entscheidende Schritt der Implementierung. Klare Zeitvorgaben sind ebenso wichtig wie regelmäßiger Austausch über den Fortschritt und etwaige Probleme. Alle Veränderungen müssen ausführlich kommuniziert werden, zusätzlich sollte es einen Zuständigen für Fragen jedweder Art geben. Der letzte Schritt beinhaltet die Kontrolle, es wird geprüft, ob Nachjustierungen nötig sind.

16.2.2 Phase: Auftauen – Verändern – Einfrieren

Die erste Phase wird als „Unfreezing" oder „Auftauen" bezeichnet. In dieser Phase muss das Kräftegleichgewicht zugunsten der antreibenden Kräfte verlagert werden. Es geht darum, eine grundsätzliche Bereitschaft für den Wandel zu schaffen. Dies erfolgt durch offene Kommunikation, die insbesondere die Frage klärt, warum Veränderungen überhaupt nötig sind. In der zweiten Phase kommt es zur Implementierung der Veränderungen. Die Leistungskurve des Betriebs sinkt in dieser Phase vorerst ab. Unternehmer und Manager müssen sich darüber im Klaren sein, dass dieser Leistungsabfall Teil des Veränderungsprozesses ist. Die Mitarbeiter müssen sich erst einmal den neuen Gegebenheiten anpassen, was eine gewisse „Einarbeitungszeit" benötigt. In dieser Phase müssen auch die letzten Widerständler überzeugt werden. Der Leistungsabfall ist aber durchaus zu beeinflussen: In dieser Phase zahlt sich deutlich aus, inwieweit die vorherige Kommunikation ein Erfolg war. Je besser die Mitarbeiter über den Veränderungsprozess informiert sind, desto weniger Fragen bleiben offen – folglich geht die Annahme der neuen Gegebenheiten und die Anerkennung als Vorteil umso schneller. In der dritten Phase muss das kontinuierliche Leistungsniveau wiederhergestellt werden. Selbstverständlich sollte dieses Leistungsniveau höher liegen, als noch vor der Veränderung. Je nachdem was verändert wurde, neigen Mitarbeiter und auch Führungskräfte dazu, in alte Muster und Arbeitsweisen zurückzufallen. Damit das nicht passiert ist eine fortführende Ist-Analyse unabdingbar. Letztendlich sind die Veränderungen erst stabil, wenn sie auch im Unterbewusstsein angenommen werden. Wenn sie Teil des Alltags sind und keine besondere Beachtung mehr verlangen.

16.2.3 Der Faktor Mensch ist entscheidend

Lewin stellt beim seinem Änderungsmanagementkonzept bewusst den Faktor Mensch in den Mittelpunkt. Natürlich muss das Änderungsmanagement auch fachlich einwandfrei sein. Planung und Umsetzung sollten keine Unstimmigkeiten enthalten. Aber wer dem Faktor Mensch von Anfang an die höchste Priorität verleiht, Meinungen einholt, Umfragen macht, für Fragen der Mitarbeiter offensteht, transparent ist, mindert gleichzeitig das Risiko Fehler zu machen. Der Grund liegt auf der Hand: Transparenz funktioniert als Kontrollorgan. Wenn es Unstimmigkeiten gibt, kommen die bei offener Kommunikation durch Nachfragen zutage. Außerdem führt die Kommunikation dazu, Abläufe wieder und wieder durchzugehen, was wiederum Fehler aufdecken kann. Diese oben beschriebenen Phasen korrelieren mit dem emotionalen Prozess, der bei Veränderungen in jedem Einzelnen abläuft (Abb. 16.2).

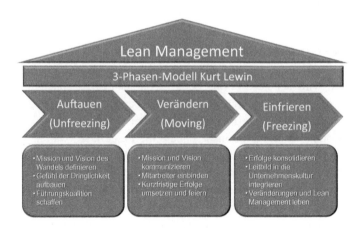

Abb. 16.2 Veränderungsmanagement in 3 Phasen nach Lewin

16.3 Veränderungsmanagementkurve nach Kübler-Ross

Die Änderungskurve beschreibt das emotionale Erleben von Menschen in Veränderungs-prozessen. Dieser siebenstufige Prozess wurde bereits 1969 veröffentlicht und beruht auf zahlreichen Kandidaten. Abb. 16.3 gibt einen Überblick über die sieben Phasen. Auf der X-Achse ist die Zeit aufgetragen, auf der Y-Achse die Veränderungsbereitschaft der betroffenen Personen. Welche Phasen macht ein Mensch auf der emotionalen Ebene durch, wenn er mit einer Veränderung konfrontiert ist (Kübler-Ross und Kessler 2005).

1. Phase: Schock
Am Anfang steht meist eine negative Vorahnung, die plötzlich real wird. Die Folge ist erst einmal ein Schock. Veränderung ist emotional immer ein Schock. Die Schwere des Schocks ist davon abhängig, welche Auswirkungen eine Veränderung für den Betroffenen mit sich bringt. Der Mensch ist und bleibt ein Gewohnheitstier.

2. Phase: Leugnung
Auf den Schock folgt eine heftige Abwehr-Reaktion. Die betroffenen Mitarbeiter wollen nämlich zeigen, dass alles gut ist wie es ist. Damit verbunden ist immer auch ein Stück Verdrängung: „Davon bin ich sicherlich nicht betroffen, das geht nur die Anderen etwas an." Diese Verneinung ist eine völlig normale Reaktion.

3. Phase: Ärger und Zorn
Nach erstem Schock und typischer Verneinung folgen Ärger und Zorn. In dieser Phase sind die Veränderungen meist mit Ablehnung und Widerstand verbunden. In schlimmen Fällen kann der Ärger sogar zu Depressionen führen.

Abb. 16.3 Änderungsmanagementkurve nach Kübler-Ross

4. Phase: Frustration und Konfusion

Nach Ärger und Zorn folgen Frustration und Verwirrung. In dieser Phase nimmt die Leistung stark ab und führt in die unausweichliche Krise.

5. Phase: Frustration und Konfusion

In dieser Phase ist es nicht möglich etwas bewegen zu wollen. Die Veränderungsbereitschaft ist am Boden angelangt. Als Führungskraft gilt es Feingefühl walten zu lassen, um die Mitarbeiter nicht zu überfordern.

6. Phase: Akzeptanz

Der Trauer folgt ein innerlicher Abschied des Alten, der mit der Akzeptanz des Wandels verbunden ist: „Ja, ich lasse das Alte los – es ist aus und vorbei – ich muss mich mit den neuen Gegebenheiten auseinandersetzen". Auf rationaler, nicht emotionaler Ebene wird die Entscheidung zur Veränderung akzeptiert. Auch hier hat es keinen Sinn, wenn die Führungskraft versucht von außen zu motivieren. Die Veränderungsbereitschaft ist nach wie vor im Keller.

7. Phase: Neuorientierung

Ich stelle mich langsam auf die neue Situation ein. Die Akzeptanz der neuen Situation auf emotionaler Ebene tritt ein. Die Veränderungsbereitschaft erhöht sich langsam. Nun ist es als Führungskraft an der Zeit Perspektiven aufzuzeigen. Die Energie ist jetzt sinnvoll investiert. Davor ist es nicht machbar in die Zukunft zu blicken. Ich versuche mich mit den neuen Gegebenheiten anzufreunden. Vielleicht hat die Veränderung auch ihr Gutes. Einfach mal probieren wie es mir damit geht. Warum nicht? Rückschläge aber auch Erfolge gehören mit dazu. Das Einfinden in der neuen Rolle oder Position beginnt. Ich habe mich mit der neuen Situation vertraut gemacht. Vielleicht mit der neuen Rolle oder Organisationsstruktur. Die veränderte Situation ist zur Normalität geworden. Nun gilt es sich einzuschwingen, damit in Zukunft alles glatt läuft und Stabilität einkehren kann bis zur nächsten Veränderung (Kübler-Ross und Kessler 2005).

16.4   Veränderungsmanagement nach Kotter

Das 8-Stufen-Modell von Kotter (Abb. 16.4) stellt einen ganzheitlichen Ansatz für die Umsetzung tief greifenden und nachhaltigen Wandels dar. Kotter weist darauf hin, dass alle acht Stufen komplett und in der vorgegebenen Reihenfolge durchlaufen werden müssen. Das Überspringen einzelner Schritte schafft lediglich die Illusion von raschem Fortschritt und führt nie zu einem befriedigenden Resultat. Die acht Schritte lassen sich in drei Phasen einteilen: das Schaffen eines Klimas für Veränderungen (Schritte 1 bis 3), die Einbindung und das Empowerment der gesamten Organisation (Schritte 4 bis 6) und die nachhaltige Umsetzung des Wandels (Schritte 7 bis 8; Kotter 2012).

Abb. 16.4 Veränderungsphasen nach Kotter

Schritt 1: Dringlichkeitsgefühl schaffen

Grundvoraussetzung für die erfolgreiche Umsetzung von Transformationsvorhaben ist, dass die Mehrheit der Mitarbeiter hinter den angestrebten Veränderungen steht und diese aktiv unterstützt. Daher sollte der erste Schritt des Änderungsmanagements stets darin bestehen, die Mitarbeiter von der Notwendigkeit und Dringlichkeit der Veränderungen zu überzeugen. Das ist alles andere als eine leichte Aufgabe. Dies gilt umso mehr für Unternehmen, die in der Vergangenheit sehr erfolgreich waren. Denn Selbstgefälligkeit ist einer der größten Hemmschuhe für Wandel. Kotter warnt aber auch vor falsch verstandener Dringlichkeit, die aus Angst oder Wut herrührt und sich in unkoordiniertem Aktionismus zeigt. Worauf es ankommt, ist vielmehr, sich auf das Wesentliche zu konzentrieren, und zwar kontinuierlich, jeden Tag aufs Neue. Dringlichkeit ist damit nicht nur der Zünder, sondern auch der Motor von Transformationsprozessen. Um ein Gefühl für Dringlichkeit unter den Mitarbeitern zu erzeugen, empfiehlt Kotter, ihnen die potenziellen Chancen und Risiken, die sich aus dem Unternehmensumfeld ergeben, aufzuzeigen. Dabei sollte nicht nur an den Verstand der Mitarbeiter, sondern vor allem auch an deren Emotionen appelliert werden. „Sehen-Fühlen-Verändern", so lautet Kotters Motto. Hierzu kann es hilfreich sein, Außenstehende, wie Unternehmensberater, Investoren oder Kunden, hinzuzuziehen, die den Mitarbeitern dabei helfen, die Dinge aus einem anderen Blickwinkel zu betrachten.

Schritt 2: Führungskoalition aufbauen

Der nächste wichtige Schritt für die erfolgreiche Implementierung von Change-Initiativen ist die Zusammenstellung einer starken Führungskoalition, die die gesamte Organisation repräsentiert. Um effektiv agieren zu können, sollte dieses Team über ausreichend Machtbefugnisse, Glaubwürdigkeit, Sachkenntnis und Führungsqualitäten verfügen und gemeinsame Ziele innerhalb des Veränderungsprozesses verfolgen. Gegenseitiges Vertrauen der Teammitglieder untereinander ist ebenfalls ein entscheidender Erfolgsfaktor. Dies lässt sich beispielsweise durch regelmäßige Off-site- Aktivitäten stärken.

Schritt 3: Eine Vision des Wandels entwickeln

Aufgabe des Führungsteams ist es nun, eine Vision für die Zukunft zu entwickeln. Eine klar formulierte Vision erfüllt nach Kotter drei wichtige Funktionen. Sie dient als Entscheidungsgrundlage und motiviert Menschen in die richtige Richtung aktiv zu werden, selbst wenn die ersten Schritte dorthin beschwerlich sind.

Schritt 4: Die Vision des Wandels kommunizieren

Als nächstes gilt es, die im vorangegangenen Schritt entwickelte Vision in der gesamten Organisation zu verbreiten, mit dem Ziel, die Akzeptanz und das Engagement der Mitarbeiter zu gewinnen. Der Aufwand, der hierfür nötig ist, wird von den meisten Unternehmen völlig unterschätzt, so Kotter. Er rät dazu, die Botschaft auf allen zur Verfügung stehenden Kommunikationskanälen kontinuierlich zu propagieren und bezüglich der Methodenauswahl eine gewisse Experimentierfreude an den Tag zu legen. Storytelling beispielsweise, ist eine exzellente Art, einer Vision Leben einzuhauchen und diese für jedermann begreiflich zu machen. Den Worten müssen allerdings auch Taten folgen. Die Führungskoalition sollte daher stets mit gutem Beispiel vorangehen und ihre Verhaltensweisen entsprechend der neuen Vision und Strategie anpassen. Dadurch wird mögliches Misstrauen abgebaut und die Motivation und Kooperationsbereitschaft der Mitarbeiter gefördert.

Schritt 5: Hindernisse aus dem Weg räumen

Akzeptanz und Veränderungswille innerhalb der Belegschaft allein reichen jedoch nicht aus, um Wandel erfolgreich voranzutreiben. Es müssen auch die innerbetrieblichen Strukturen und Systeme an die Anforderungen der neuen Vision und Strategie angepasst werden, um die Mitarbeiter handlungsfähig zu machen. Neben den Personalsystemen spielen hierbei insbesondere die Informationssysteme eine wichtige Rolle, wie Kotter betont. Der Zugriff zu aktuellen Wettbewerbs- und Marktinformationen und der reibungslose abteilungsübergreifende Informationsaustausch sind Voraussetzung dafür, dass die Mitarbeiter ihre Arbeit so effizient wie möglich erledigen können.

Schritt 6: Kurzfristige Ziele festsetzen

Große, langfristig angelegte Veränderungsprojekte verlieren häufig schon im Anfangs-stadium an Fahrt. Um die Motivation und das Bewusstsein für Dringlichkeit aller Beteiligten aufrecht zu halten, sollten daher kurzfristige Ziele geplant und bei Erreichen entsprechend gewürdigt werden. Schnelle Erfolge haben zudem den positiven Effekt, dass sie Kritikern und Zynikern den Wind aus den Segeln nehmen. Studien zeigen, dass Unternehmen, die signifikante kurzfristige Erfolge einfahren, mit deutlich höherer Wahr-scheinlichkeit den Transformationsprozess erfolgreich zum Abschluss bringen.

Schritt 7: Erfolge konsolidieren und weitere Veränderungen ableiten

Kurzfristige Erfolge sollten jedoch in keinem Fall dazu verleiten, sich auf den gewonnenen Lorbeeren auszuruhen oder gar frühzeitig das gesamte Vorhaben als Erfolg zu verbuchen. Es gilt vielmehr, die durch die kurzfristigen Erfolge geschaffene Glaubwürdigkeit nun gezielt zu nutzen, um weitere und größere Veränderungsprojekte in Angriff zu nehmen. Zu diesem Zweck sollten weitere Personengruppen in den Ver-änderungsprozess involviert werden. Gleichzeitig sollte die Führungskoalition dafür Sorge tragen, die Dringlichkeit, Transparenz und den Fokus aufrechtzuhalten.

Schritt 8: Veränderungen in der Unternehmenskultur verankern

Zu guter Letzt müssen die neuen Verhaltensnormen und gemeinsame Werte tief in die Unternehmenskultur verankert werden. Anderenfalls besteht die Gefahr, dass sie wieder verloren gehen, sobald der Änderungsdruck abnimmt. Um Nachhaltigkeit zu bewirken, empfiehlt Kotter, regelmäßig zu kommunizieren, wie die neuen Ansätze, Verhaltensweise und Einstellungen die Gesamtperformance des Unternehmens beeinflusst haben. Darüber hinaus sollte sichergestellt werden, dass neue Mitarbeiter und aufstrebende Führungs-kräfte an die neue Ausrichtung glauben und diese nach außen hin verkörpern. Tief greifende Transformationsprozesse verlangen Unternehmen viel ab. Kotter's 8-Stufen-Modell bietet eine solide Checkliste für die meisten Dinge, die es während eines solchen Prozesses zu beachten gilt. Wichtige Voraussetzungen für jeden einzelnen Schritt sind dabei die Steuerung durch erstklassige Führungskräfte, ein Gefühl für Dringlichkeit, offener Informationsaustausch und die fortlaufende Kommunikation auf allen Ebenen.

16.5   Veränderungsmanagement nach McKinsey

16.5.1 Beschreibung des 7S-Modells von McKinsey

Das 7-S-Modell bietet einen Bezugsrahmen zur ganzheitlichen Betrachtung einer Organisation, insbesondere zur Identifizierung von Schwachstellen. Aufgrund der ganz-heitlichen Betrachtungsweise durch Einbeziehung von harten und weichen Erfolgs-faktoren kann das 7-S-Modell darüber hinaus im Zusammenhang mit der Initiierung von Veränderungsprozessen und der Implementierung von Strategien zur Anwendung kommen. Peters und Waterman leiteten Ende der 70er Jahre eine interne Forschungs-gruppe der Unternehmensberatung McKinsey & Company, in der sie exzellente Unternehmen untersuchten, um die Faktoren für deren Unternehmenserfolg herauszuarbeiten. Sie waren der Auffassung, dass keine gute Struktur ohne Berücksichtigung des menschlichen Faktors existiert. Mit ihrer Untersuchung arbeiteten sie neben der Strategie weitere in Wechselwirkung zueinanderstehende harte und weiche Faktoren heraus, welche die Organisation beschreiben und von denen der Unternehmenserfolg abhängt (McKinsey 2020).

16.5.2 Harte und weiche Faktoren bei Änderungen

Während die harten Faktoren (Strategie, Struktur und Systeme) die Effektivität und Effizienz eines Unternehmens bestimmen, bilden die weichen Faktoren (Selbstver-ständnis, Spezialkenntnisse, Stil und Stammpersonal) den menschlichen Faktor und das interne Führungskonzept ab (Abb. 16.5.) Zwischen den Faktoren bestehen Inter-dependenzen, und die Veränderung eines Faktors kann Auswirkungen auf die übrigen Faktoren haben. Nach Peters/Waterman stimmen erfolgreiche Unternehmen die einzel-nen Elemente konsistent aufeinander ab, um auf diese Weise die Nutzenpotenziale der sieben Erfolgsfaktoren auszuschöpfen (McKinsey 2020).

Abb. 16.5 McKinsey 7S Modell

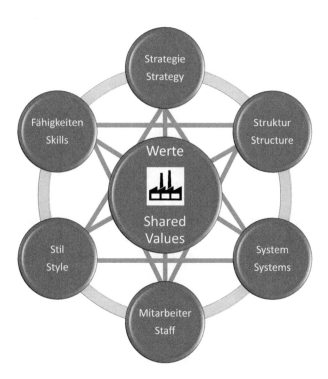

16.6   Veränderungsmanagement und Persönlichkeiten

16.6.1 Bereitschaft für den Wandel zum modernen Lieferantenmanagement

Veränderungsmanagement ist ein systematischer Ansatz für den Umgang mit dem einem Ziel, Kultur, Prozesse, Struktur oder Technologien eines Unternehmens zu verändern. Das Ziel des Änderungsmanagements besteht darin, Strategien zur Bewältigung und Steuerung des Wandels und zur Unterstützung der Partner, Kunden und Mitarbeiter bei der Anpassung an diesen umzusetzen. Zu solchen Strategien gehören ein strukturiertes Verfahren für die Anfrage nach Änderungen bei der Geschäftsleitung sowie Mechanismen für die Reaktion auf Anfragen und deren Weiterverfolgung. Um wirksam zu sein, muss der Prozess für das Änderungsmanagement berücksichtigen, wie sich das Ändern oder Ersetzen bestimmter Vorgänge im Unternehmen auf andere Prozesse, Systeme und Mitarbeiter innerhalb der Organisation auswirkt. Änderungsprozesse müssen von Menschen, den Führungskräften, Mitarbeitern und Interessenvertretern, geführt und begleitet werden. Bei Änderungen und einem Wandel gibt es daher immer unterschiedliche Persönlichkeiten, die Änderungen positiv oder negativ gegenüberstehen.

16.6.2 Visionäre und Missionare

Visionäre und Missionare sind ihrer Zukunft voraus, sie tragen eine Vision mit sich. Das Lean Management und die Transformation zu einem schlanken, zukunftsorientierten und innovativen Unternehmen sind die Antreiber von Visionären und Missionaren. Das schlanke Unternehmen umschreibt somit eine leistungsorientierte, exzellente, effiziente und sich stets selbstoptimierende Organisation, in der sämtliche Prozesse am Kunden ausgerichtet werden, um so nicht-wertschöpfende Aktivitäten zu eliminieren. Visionäre und Missionare können andere für Ihre Ideen, Werte und Leitbilder begeistern.

16.6.3 Pioniere

Pioniere sind Wegbereiter und stellen eine wichtige Gruppe für die Transformation zum Lean Management dar. Pioniere sind meist Spezialisten im Lean Management, die durch Ihre Erfahrung Lean-Management-Projekte leiten um umsetzen können. Pioniere werden außerdem für Schulungen eingesetzt. Pioniere habe eine sehr hohe Bereitschaft zum Wandel und treiben diesen an.

16.6.4 Aktive Unterstützer

Aktive Unterstützer sind Mitarbeiter, die an die Transformation zu einem schlanken Unternehmen glauben. Unterstützer sind hilfreich bei der Transformation und helfen die Motivation zu fördern. Unterstützer sind dem Wandel positiv aufgeschlossen und arbeiten aktiv bei Projekten mit.

16.6.5 Opportunisten

Opportunisten sind Mitarbeiter und Personen, die zweckmäßig handeln, um sich der jeweiligen Lage anzupassen und einen Vorteil daraus zu ziehen. Opportunismus wird häufig mit politischem und sozialem Bezug als grundsatz- oder charakterloses Verhalten beschrieben. Obwohl diese Personen von dem Wandel nicht überzeugt sind, unterstützen sie den Veränderungsprozess und arbeiten an Projekten mit.

16.6.6 Untergrundkämpfer

Untergrundkämpfer sind Bedenkenträger, die den Wandel nicht gutheißen und somit nicht unterstützen. Untergrundkämpfer agieren im Verborgenen und sabotieren den Wandel. Untergrundkämpfer behindern die Transformation zum Lean Management mit verdecktem oder latentem Widerstand. In diesem Zusammenhang hat der Widerstand ausübende Mitarbeiter üblicherweise kein Interesse daran, erkannt zu werden. Aus persönlichen oder taktischen Gründen agieren sie aus dem Verborgenen heraus. Ihre Interessen sind meist destruktiver Natur, d. h., sie wollen etwas verhindern ohne als die Verursacher erkannt zu werden. In vielen Fällen ist es paradoxerweise den Widerstand leistenden Personen noch nicht einmal bewusst, dass sie Widerstand leisten. Dadurch wird der Umgang mit dieser Form des Widerstandes zusätzlich erschwert. Wird der verdeckte Widerstand nicht rechtzeitig erkannt, entstehen leicht tickende Zeitbomben, die sich in ihrer Zerstörungskraft mit der Zeit immer weiter aufladen und Veränderungsprozesse, wie auch Projekte scheitern lassen können. Symptome und Ausprägungen des verdeckten Widerstandes lassen sich in der praktischen Projektarbeit häufig und in vielfachen Ausprägungen beobachten:

- Lustlosigkeit bei der Arbeit
- sich häufende Abwesenheit, die nicht konkret nachvollziehbar ist oder aus vorgeschobenen Gründen bis hin zu steigender Krankheitsquote
- sich unwissender stellen als man ist
- sich häufende Fragen zu unwichtigen Themen
- wiederholtes in Frage stellen bereits getroffener Entscheidungen
- Ausweichen auf konkrete Aufforderungen etwas zu tun oder zu lassen

- zunehmende Rückdelegation bereits angenommener Aufgaben
- das Aussitzen von Problemen
- hektischer Aktionismus in unwesentlichen Bereichen
- Einfordern von maximaler Einbeziehung von unwesentlichen Stakeholdern
- Schweigen an Stellen, an denen Kommunikation angesagt wäre
- Fernbleiben von wichtigen Zusammentreffen bzw. das Entsenden nicht entscheidungsbefugter Vertreter
- Forderung nach perfekten Lösungen
- Forderung, dass andere sich zuerst bewegen
- ausgiebige Betrachtung und Diskussion von Sonderfällen
- grundsätzliches Zustimmen bei gleichzeitiger Anmeldung von Vorbehalten, die später geklärt werden sollen

Eindeutig zu diagnostizieren sind verdeckter oder latenter Widerstand nur in besonders ausgeprägten Fällen, da einzelne Symptome durchaus auch andere Ursachen haben können.

16.6.7 Offene Widerständler

Offener Widerstand zeichnet sich dadurch aus, dass er von dem Widerstand ausübenden Personen bewusst ausgeübt wird und diese damit auch ein Ziel verbinden. Darüber hinaus legen es Widerstand ausübende Personen ganz bewusst darauf an, dass ihr Widerstand als solcher wahrgenommen und ihnen auch zugeordnet werden kann. Sie tun dies meist aus einer Position, der sie selber eine relative Machtfülle beimessen. Dieser offene Widerstand hat deshalb den Vorteil, dass er Gegenstand von Lieferantenmanagement und Bearbeitung sein kann, die Karten liegen gewissermaßen auf dem Tisch. Ausprägungen des offenen Widerstandes können sein:

- offener Widerspruch
- offene Kritik und / oder Beschwerden
- offene Interventionen oder Aktivitäten, die sich gegen das geplante Vorhaben richten

Üblicherweise liegen diesem offenen Widerstand rationale Ursachen zugrunde, die sich mit den Betroffenen besprechen lassen und an deren Überwindung alle Beteiligten ein Interesse haben. Diese Form des Widerstandes ist meist konstruktiv, sodass der Umgang mit offenem Widerstand möglich ist. Dadurch kann die Energie, die die Personen in ihren Widerstand investiert haben, im Sinne der Projektzielerreichung kanalisiert werden, oder vereinfacht ausgedrückt: Der Gegenwind wird zu Rückenwind.

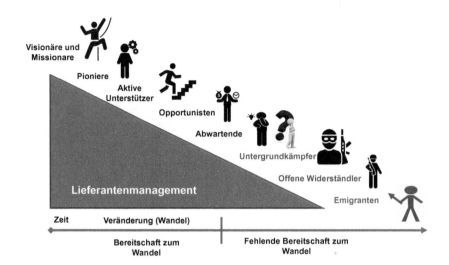

Abb. 16.6 Veränderungen und Persönlichkeiten

16.6.8 Emigranten

Emigranten sind Personen, die dem Wandel kritisch gegenüberstehen und sich aus der Gruppe entfernen (Abb. 16.6).

16.7   Umgang mit Widerstand

16.7.1 Erste Strategie: Interne Stakeholdergruppen analysieren

Fast jedes Projekt ruft Stakeholder auf den Plan. „Insbesondere interne Stakeholder werden häufig vergessen oder unterschätzt, der Fokus liegt meist auf dem Kunden oder der Öffentlichkeit", warnt Thomas Waldorf. Versierte Projektmanager analysieren deshalb immer, welche Gruppen im Unternehmen durch ihr Vorhaben berührt werden – und versuchen, sich danach über die einzelnen Gruppen Klarheit zu verschaffen. Wo liegen die Interessen der einzelnen Gruppen? Welches Verhalten ist von den einzelnen Gruppen zu erwarten? Welchem Handlungsmuster werden sie vermutlich folgen?

16.7.2 Zweite Strategie: Die Hintergründe des Projekts erklären

Projekte bringen Veränderungen und Veränderungen bieten Chancen. Doch allein mit diesen Chancen kann man nicht alle Stakeholder von einem Projekt überzeugen. Echte Orientierung bieten Antworten auf die Frage, warum etwa ein Veränderungsprojekt durchgeführt wird. Erst dann wird erklärt, wie das Projekt ablaufen soll und was sich konkret ändert. „Projektmanager sollten besonders die Antworten auf die Frage nach dem ‚Warum' so konkret und nachvollziehbar wie möglich erklären", empfiehlt Thomas Waldorf.

16.7.3   Dritte Strategie: Mit Opponenten richtig umgehen

Fast jedes Projekt hat Gegner und Opponenten, die sich gegen Veränderungen sperren. Die Frage ist nur, wie sich der Projektmanager optimal gegenüber diesen Opponenten verhält – und wie er auf sie zugeht. „Opponenten sind weder ‚uneinsichtige' noch ‚schlechte' Kollegen", erklärt Thomas Waldorf. Häufig spricht Angst aus der Abwehr, gefühlte Unsicherheit: Angst etwa um liebgewonnene Gewohnheiten und um das vertraute Umfeld. Oder auch die Befürchtung, bei dem Projekt „über den Tisch gezogen" zu werden. Der größte Fehler beim Umgang mit Opponenten ist es, schlechte Nachrichten zurückzuhalten und zu verschweigen. Denn viele Menschen haben ein gutes Bauchgefühl für die Wahrheit. Sie erahnen die Konsequenzen von Projekten. Und das Gefühl, dass etwas verschwiegen wird, verstärkt Misstrauen und Widerstand. Deshalb informieren Projektprofis früh und offen auch über die Schattenseiten ihres Vorhabens.

16.7.4   Vierte Strategie: Gutes bewahren und weiterentwickeln

Viele Stakeholder sperren sich nicht grundsätzlich gegen die Neuerungen eines Projekts. Allerdings wünschen sie, dass Bewährtes und Gutes erhalten bleibt. Dieses Interesse der „Bewahrer" sollten Projektmanager nicht von der Hand weisen. Zum einen neigen Projektmanager dazu, „tabula rasa" zu machen und unnötig auch Bewährtes zu tilgen. Zum anderen hilft es Stakeholdern, wenn sie bei aller Neuerung weiterhin Bekanntes und Geschätztes wiederfinden. Beispielsweise kann man Gutes, das man vorfindet, in das Veränderungskonzept einfügen – und sogar durch kluge Kombination mit dem Neuen noch weiter verbessern. „Auf diese Weise gewinnt der Projektmanager die Sympathie vieler ‚Bewahrer'", sagt Thomas Waldorf. Erfahrene Projektmanager informieren deutlich und nachdrücklich auch über das, was durch das Projekt nicht verändert wird und als wertvoll erhalten bleibt.

16.7.5   Fünfte Strategie: Das „Tal der Tränen" bewusstmachen

Ein Problem vor allem bei organisationsverändernden Projekten: Es dauert, bis die Neuerungen – etwa umgestellte Arbeitsabläufe oder ein neuer Zuschnitt von Abteilungen – wirklich reibungslos funktionieren. „Veränderungen bringen ein bislang oft gut schwingendes System durcheinander", erklärt Thomas Waldorf. Es vergeht Zeit, bis sich das veränderte System stabil wieder eingeschwungen hat – dann aber auf höherem Niveau als vorher. Diese Zeitspanne nennen Projektmanager das „Tal der Tränen": die Wochen und Monate, in denen sich die versprochenen Vorteile (noch) nicht einstellen. Empfehlung der Experten: Die Stakeholder früh auf das „Tal der Tränen" hinweisen und mit der Einsicht vertraut machen, dass lohnende Veränderung auch Geduld braucht. Anderenfalls verspielt der Projektmanager die Akzeptanz.

16.7.6 Sechste Strategie: Individuell informieren

So wichtig Hintergründe und Vorgehensweisen in einem Projekt sind: Die Stakeholder wollen vor allem wissen, wie sich das Vorhaben auf ihren Arbeitsalltag auswirkt, ganz konkret und individuell. Projektmanager entwickeln deshalb für jede Anspruchsgruppe eine individuelle Informationsstrategie. Thomas Waldorf empfiehlt eine vierstufige Vorgehensweise: Zunächst jeder Gruppe erläutern, was jeweils aus ihrem Bereich wertvoll ist und erhalten bleibt. Dann zweitens: Was wird eine Gruppe jeweils verlieren? Was wird sich für sie durch das Projekt verändern, auf was muss sie künftig verzichten? Drittens: Was hat der Einzelne von der Veränderung? Und viertens: Welche Chancen und Vorteile ergeben sich für das Gesamte, beispielsweise für das Unternehmen oder den Auftraggeber? „Manche Projektmanager präsentieren ständig die allgemeinen Vorteile für das Unternehmen", erklärt der Experte, „strategisch geschickter ist es aber, darüber ganz am Ende zu sprechen und zuerst den Einzelnen in seinen Bedürfnissen ‚abzuholen'."

16.8   Fallstudie: Unternehmenskultur bei Toyota

Die Organisationskultur der Toyota Motor Corporation definiert die Reaktionen der Mitarbeiter auf Herausforderungen, denen sich das Unternehmen auf dem Markt gegenübersieht. Als weltweit führendes Unternehmen der Automobilindustrie nutzt Toyota seine Organisationskultur, um die Humanressourcen bei Innovationen zu maximieren (Helmold 2020). Das Unternehmen profitiert auch von seiner Organisationskultur in Bezug auf die Unterstützung bei der Problemlösung. Die unterschiedlichen Merkmale oder Merkmale der Organisationskultur von Toyota weisen auf einen sorgfältigen Ansatz zur Erleichterung des organisatorischen Lernens hin. Das Unternehmen erfährt von Zeit zu Zeit erhebliche Veränderungen, was sich in der Änderung seiner Organisationsstruktur im Jahr 2013 widerspiegelt. Die Organisationskultur von Toyota unterstreicht die Bedeutung der Entwicklung einer geeigneten Kultur zur Unterstützung des globalen Geschäftserfolgs. Die Organisationskultur von Toyota unterstützt effektiv die Bemühungen des Unternehmens um Innovation und kontinuierliche Verbesserung. Ein Verständnis dieser Unternehmenskultur ist hilfreich, um Überzeugungen und Prinzipien zu identifizieren, die zur Stärke des Geschäfts und der Marken des Unternehmens beitragen. Nach der 2013 durchgeführten Umstrukturierung hat sich die Organisationskultur von Toyota entsprechend geändert. Vor 2013 betonte die Organisationskultur ein Gefühl von Hierarchie und Geheimhaltung, was sich in der Wahrnehmung der Mitarbeiter niederschlug, dass alle Entscheidungen vom Hauptsitz in Japan aus getroffen werden müssen. Nach 2013 sind die Merkmale der Organisationskultur von Toyota jedoch nach Bedeutung sortiert:

- Zusammenarbeit
- kontinuierliche Verbesserung durch Lernen
- Qualität
- Geheimhaltung
- Zusammenarbeit

Toyota setzt in den meisten Geschäftsbereichen Teams ein. Eines der Prinzipien des Unternehmens ist, dass die Synergie der Teamarbeit zu mehr Fähigkeiten und Erfolg führt. Dieser Teil der Organisationskultur betont die Einbeziehung der Mitarbeiter in ihre jeweiligen Teams. Um sicherzustellen, dass die Teamarbeit ordnungsgemäß in die Organisationskultur integriert ist, durchläuft jeder Toyota-Mitarbeiter ein Teambuilding-Schulungsprogramm. Die Organisationskultur von Toyota erleichtert die Entwicklung des Unternehmens als lernende Organisation. Eine lernende Organisation nutzt Informationen, die durch die Aktivitäten einzelner Arbeitnehmer gewonnen wurden, um Strategien und Programme für bessere Ergebnisse zu entwickeln. Die Organisationskultur von Toyota unterstreicht das Lernen als einen Weg, um Lösungen für Probleme zu entwickeln. Auf diese Weise kann das Unternehmen mit Unterstützung seiner Organisationskultur Prozesse und Output kontinuierlich verbessern. Qualität ist das Herzstück der Organisationskultur von Toyota. Der Erfolg des Unternehmens wird in der Regel auf seine Fähigkeit zurückgeführt, qualitativ hochwertige Automobile anzubieten. Um Qualität effektiv in seine Unternehmenskultur zu integrieren, verwendet das Unternehmen das Prinzip Nr. 5 des Toyota Way, das besagt: „Bauen Sie eine Kultur des Anhaltens auf, um Probleme zu beheben und die Qualität beim ersten Mal richtig zu machen." Der Toyota Way ist eine Reihe von Grundsätzen, die die Geschäftsansätze definieren, die in der Organisationskultur von Toyota verwendet werden, und ein beträchtliches Maß an Geheimhaltung aufweisen. In den letzten Jahren hat sich die Geheimhaltung nach der Umstrukturierung des Unternehmens im Jahr 2013 jedoch verringert. Vor 2013 müssen Informationen über Probleme am Arbeitsplatz über den Hauptsitz des Unternehmens in Toyota City, Japan, eingeholt werden. Nach der Umstrukturierung wird in der Organisationskultur des Unternehmens die Geheimhaltung jedoch weniger betont. Beispielsweise werden Probleme, die in US-Werken auftreten, jetzt in der nordamerikanischen Geschäftseinheit von Toyota verbreitet, analysiert und gelöst. Die Merkmale der Organisationskultur von Toyota ermöglichen es dem Unternehmen, weiter zu wachsen. Innovation basiert auf kontinuierlicher Verbesserung durch

Lernen. Qualitätsverbesserung und Problemlösung werden durch die Aktivitäten von Arbeitsteams erreicht. Das Geheimhaltungsmerkmal der Unternehmenskultur von Toyota weist jedoch mögliche Nachteile auf, da es die organisatorische Flexibilität bei der schnellen Problemlösung verringert.

Literatur

Helmold, M. & Samara, W. (2019). Progress in Performance Management. Industry Insights and Case Studies on Principles, Application Tools, and Practice. Springer Heidelberg.

Helmold, M. (2020). Lean Management and Kaizen. Fundamentals from Cases and Examples in Operations and Supply Chain Management. Springer Cham.

Kotter, J.P. (2012). Leading Change. Harvard Business Press Harvard.

Kübler-Ross, E. & Kessler, D. (2005). On Grief and Grieving: Finding the Meaning of Grief Through the Five Stages of Loss. Scribner New York.

Lauer, T. (2019). Change Management. Der Weg zum Ziel. Springer Gabler Wiesbaden.

Lauer, T. (2020). Change Management. Fundamentals and Success Factors. Springer Cham.

McKinsey (2020).7-S-Framework. Retrieved 21.8.2020. https://www.mckinsey.com/business-functions/strategy-and-corporate-finance/our-insights/enduring-ideas-the-7-s-framework.

Vahs, D. (2019). Organisation: Ein Lehr- und Managementbuch. Schäffer-Poeschel Stuttgart.

Werkzeuge im Lieferantenmanagement zur Identifizierung von Verschwendung

17

Wenn der Weg schön ist, lass uns nicht fragen, wohin er führt!

Anatole France (1844–1924)

17.1 Ishikawa-Diagramm

Ishikawa-Diagramme (auch Fischgräten-Diagramme, Fischgräten-Diagramme, Ursache-Wirkungs-Diagramme oder Fishikawa genannt) sind von Kaoru Ishikawa (Japanisch: 石川 馨 Ishi-kawa Kaoru, 1915–1989) erstellte Kausaldiagramme, die die Ursache-Wirkung zeigen Situation eines bestimmten Ereignisses. Häufige Verwendungen des Ishikawa-Diagramms sind Bereiche wie Design, Lieferung, Produktion und Verhinderung von Qualitätsfehlern, um potenzielle Faktoren zu identifizieren, die einen Gesamteffekt verursachen. Jede Ursache oder jeder Grund für die Unvollkommenheit ist eine Quelle der Variation. Die Ursachen werden normalerweise in Hauptkategorien eingeteilt, um diese Variationsquellen zu identifizieren und zu klassifizieren. Das Ziel von Wertschöpfung und Qualität wird als nach rechts gerichtetem Fischkopf dargestellt, wobei sich die Ursachen als Fischgräten nach links erstrecken. Die Rippen verzweigen sich aus Hauptgründen vom Rückgrat, die Unterzweige aus Hauptursachen auf so viele Ebenen wie erforderlich. Abb. 17.1 und 17.2 zeigen zwei Beispiele für das Ishikawa-Diagramm. Die Kategorien im Ishikawa-Diagramm variieren, jedoch werden meist die folgenden Elemente auf Wertschöpfung und Verschwendung hin untersucht (6M):

- Mann oder Mensch
- Material
- Maschine

M. Helmold, *Innovatives Lieferantenmanagement*, https://doi.org/10.1007/978-3-658-33060-6_17

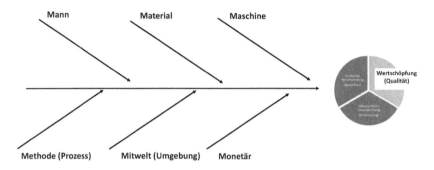

Abb. 17.1 Ishikawa-Diagramm als Werkzeug zur Identifikation von Verschwendung

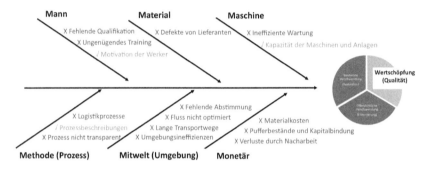

Abb. 17.2 Ishikawa-Diagramm mit Beispielen

- Methode
- Mitwelt
- Monetäre Größen

Anhand einer detaillierten Untersuchung werden alle Kategorien auf Verschwendung hin untersucht. In der Praxis haben sich (√) der Haken für wertschöpfende Prozesse und Aktivitäten und ein Kreuz (X) für Verschwendung bewährt wie Abb. 17.2 zeigt. Auch werden meist Farben eingesetzt: Die Farbe Grün für Wertschöpfung, die Farbe Rot für Verschwendung.

17.2 Lieferantenaudits und Workshops

Audits und Lieferantenworkshops sind systematische und strukturierte Analysen und Bewertungen eines Systems, Prozesses, Produkts oder anderen Teilbereichs mit dem Ziel, diesen Bereich durch Auditoren oder Lieferantenmanager anhand standardisierter Kriterien zu bewerten und zu verbessern. Lieferantenaudits und Lieferantenworkshops werden in den Kapiteln 7, 8 und 9 detailliert beschrieben.

17.3 Brainstorming

Brainstorming ist eine von Alex F. Osborn 1939 entwickelte und von Charles Hutchison Clark modifizierte Methode zur Ideenfindung, die die Erzeugung von neuen, ungewöhnlichen Ideen in einer Gruppe von Menschen fördern soll. Brainstorming ist die Abkürzung für „using the brain to storm a problem", was im Deutschen so viel heißt wie „das Gehirn dazu verwenden ein Problem zu stürmen". Es ist also eine Methode Ideen von mehreren Menschen zusammenzutragen.

Schritte, die beim Brainstorming eingehalten werden müssen
- Formulierung des Themas
- Auswahl der Teilnehmer (empfohlen maximal 6 Teilnehmer)
- Bestimmung eines Moderators
- sichtbare Darstellung des Themas als Satz
- Sammeln der Ideen, zunächst jeder Teilnehmer für sich
- Äußern der Ideen durch die Teilnehmer
- Sammeln der Ideen durch den Moderator, z. B. auf Flipchart, Folie, Wand
- Ergänzung weiterer Ideen (angeregt durch die vorgetragenen Ideen)
- Strukturierung der gesammelten Ideen in Gruppen
- Formulierung von Überschriften bzw. Kernaussagen zu den Gruppen
- Festlegung der weiteren Vorgehensweise

Regeln bei der Durchführung von Brainstorming
- möglichst viele Ideen finden! (Quantität vor Qualität!)
- Verständnisfragen sind erlaubt, Kritik ist verboten!
- freies und spontanes „Spinnen" ist erlaubt! Ideen anderer können aufgegriffen und weitergeführt werden.
- Bei Verwendung von Karten sollte für jede Idee eine Karte verwendet werden, dadurch ist die Strukturierung einfacher.

Die Sammlung und Darstellung der Ideen/Arbeitsergebnisse kann in Form eines Affinitätsdiagramms erfolgen.

17.4 Pareto-Analyse

Die Pareto-Analyse strukturiert die Fehler eines Problems (Teilprobleme eines Gesamtproblems) nach ihrer Häufigkeit. Grundlage ist die Erkenntnis, dass 70 % der Auswirkungen durch nur 30 % der Fehler verursacht werden. Die Pareto-Analyse liefert eine Aussage darüber, welche Fehler bzw. Teilprobleme zuerst bearbeitet werden sollten.

Vorgehensweise in sechs Schritten
1. Auflistung und Sammlung der Fehler eines Problems.
2. Ordnung der Fehler (z. B. nach Häufigkeit oder nach verursachten Kosten).
3. Auftragung der Fehler in absteigender Reihenfolge von links nach rechts in einem Säulendiagramm.
4. Auftragung der Summenkurve (kumulierte Anteile der Fehler).
5. Analyse des Diagramms nach wesentlichen und unwesentlichen Fehlern und Bildung von Klassen (A, B, C) – Zur Klasse A gehören die wenigen wesentlichen Fehler, die zusammen ca. 70 % des Problems ausmachen – Zur Klasse B gehören die weniger bedeutenden Fehler, die ca. 20 % des Problems ausmachen – Zur Klasse C gehören die vielen, in ihrer Auswirkung unwesentlichen Fehler, die die restlichen 10 % des Problems ausmachen (6).
6. Bearbeitung der Fehler der Klasse A.

17.5   Korrelationsdiagramm

Die Korrelationsanalyse dient dazu, vermutete (statistische) Zusammenhänge zwischen zwei beliebigen, messbaren Merkmalen nachzuweisen bzw. zu verwerfen. Mithilfe grafischer Auswertungen wird untersucht, ob und wie stark ein linearer Zusammenhang z. B. zwischen einer vermuteten Fehlerursache und einem bestimmten Fehler besteht.

Vorgehen
1. Festlegen der zwei Merkmale, zwischen denen ein Zusammenhang vermutet wird.
2. Paarweises Erfassen der Werte der beiden Merkmale, d. h. Erfassen der Werte zum gleichen Zeitpunkt (bei zeitabhängig veränderlichen Merkmalen) bzw. an jeweils einem Objekt (bei objektabhängig veränderlichen Merkmalen).
3. Darstellung der Wertepaare in einem x/y-Diagramm.
4. Interpretation des Zusammenhangs anhand des Diagramms (typische Fälle: starke positive oder negative lineare Korrelation).

17.6   Netzplan

Mit Hilfe von Netzplänen lässt sich die zeitliche Reihenfolge und die Abhängigkeit von Teilprojekten/Vorgängen eines Projektes/Arbeitsablaufs darstellen. Damit lassen sich einerseits die Gesamtdauer des Projekts/Arbeitsablaufs optimieren sowie die Zeitanforderungen für die einzelnen Teilprojekte/Vorgänge und deren frühestmögliche bzw. späteste Anfangs- und Endzeitpunkte bestimmen. Andererseits lassen sich zeitkritische Verknüpfungen von Teilprojekten/Vorgängen aufdecken, die einer besonderen Terminüberwachung bedürfen. Zur Erstellung eines Netzplans werden alle zur Bearbeitung des Projektes/Arbeitsablaufs notwendigen Vorgänge gesammelt, die notwendigen

Zeiten festgestellt und auf Karten notiert. Die Karten werden spaltenweise an eine Tafel geheftet, wobei links die Teilprojekte/Vorgänge angeheftet werden, die zu Projektbeginn (also ohne Vorgängervorgang) stattfinden können. Die nächste Spalte enthält die Teilprojekte/Vorgänge, die nach Abschluss der ersten Spalte stattfinden können usw. Sind alle Karten einsortiert, werden durch Verbindungspfeile zwischen den Karten die zeitlichen Zusammenhänge der Teilprojekte/Vorgänge verdeutlicht.

17.7 Problementscheidungsplan

Der Problementscheidungsplan dient der vorbeugenden Identifikation möglicher Probleme in Projekten und der Erarbeitung und Zuordnung möglicher Gegenmaßnahmen. Damit wird erreicht, dass auch bei Eintritt ungünstiger Umstände das Projektziel erreicht werden kann. In einer Gruppe werden die notwendigen Tätigkeiten zur Erreichung eines Projektziels gesammelt, auf Karten notiert und z. B. in Form eines Baumdiagramms an eine Tafel geheftet. Zu diesen Tätigkeiten werden jeweils alle möglichen Schwierigkeiten ermittelt (z. B. mit Hilfe von Brainstorming) und geeignete Gegenmaßnahmen erarbeitet mit dem Ziel, wirkungsvolle Maßnahmen auszuwählen. Wo möglich, sollten die Gegenmaßnahmen bereits vor dem Auftreten des Problems im Projekt besprochen werden.

17.8 W-Fragen

Die Fragetechnik dient der Eingrenzung eines Problems. Mögliche Problemursachen können gefunden und eingegrenzt werden. Die Prinzipien der Fragetechnik sind: sich im Vorfeld Gedanken zu machen, welche Informationen benötigt werden und entsprechende Fragen zu formulieren sowie eine strukturierte und umfassende Informationssammlung:

- Warum? – Informationen/Daten werden häufig benötigt, um Probleme genauer analysieren zu können.
- Welche? – Die Erforschung von Problemursachen erfordert die „richtigen" Daten. Allgemeingültige Hinweise, welche Daten gebraucht werden, können hier nicht gegeben werden. Zu bedenken ist, dass Daten wertlos sein können, wenn die Zuordnung zu Zeit, Ursache, Materialcharge usw. fehlt.
- Wieviel? – Es ist festzulegen, welcher Datenumfang unbedingt erforderlich ist. Entscheidend zur Festlegung des Datenumfangs ist die eindeutige Interpretierbarkeit.
- Wo? – Es ist festzulegen an welchem Ort die Daten erfasst werden (zum Beispiel an welcher Maschine).
- Wer? – Mitarbeiter, die Daten erfassen, müssen ausreichend qualifiziert und informiert sein.
- Wann? – Der Termin für den Abschluss einer Untersuchung ist unter Berücksichtigung der Dringlichkeit und anderen Rahmenbedingungen festzulegen.

17.9   Flussdiagramm

Das Flussdiagramm dient der bildlichen Darstellung von Abläufen (Prozessen). Man erkennt z. B.:

- in welcher Beziehung verschiedene Prozessschritte zueinanderstehen und wo eventuelle Problembereiche vorhanden sind
- überflüssige Arbeitsschritte und Schleifen, bei denen Vereinfachungen oder Standardisierungen möglich sind
- Tätigkeiten, welche die Prozessleistung beeinflussen können
- Punkte, an denen weitere Daten gesammelt und untersucht werden können;
- Verbesserungsmöglichkeiten beim Vergleich eines realen Prozesses mit einem idealen Prozessablauf
- Zuständigkeiten zu bestimmten Prozessschritten.

17.10 Pro- und Kontralisten

Eine Pro- und Kontraliste ist eine Tabelle mit zwei Spalten. Eine Spalte bekommt die Überschrift „Pro" und die andere die Überschrift „Kontra". In der Pro-Spalte werden alle Vorteile, Chancen, und Argumente für die Entscheidung aufgelistet. In der Kontra-Spalte werden die Nachteile und Risiken aufgelistet. Eine Pro- und Kontra-Erörterung dient dazu, dass sich eine Gruppe intensiver mit einem Problem auseinandersetzt und die jeweiligen Argumente dafür oder dagegen transparent macht. Hierbei wägt das Team Argumente ab, die für oder gegen das Thema sprechen. Schlussendlich führt es dazu, dass man sich eine Meinung bildet und eine Entscheidung trifft.

17.11 Fehlermöglichkeits- und -einflussanalyse (FMEA)

FMEA (Engl.: Failure Mode and Effects Analysis, Dt.: Fehlermöglichkeits- und -einflussanalyse oder kurz Auswirkungsanalyse) sowie FMECA (Engl.: Failure Mode and Effects and Criticality Analysis) sind analytische Methoden der Zuverlässigkeitstechnik. Dabei werden mögliche Produktfehler nach ihrer Bedeutung für den Kunden, ihrer Auftretenswahrscheinlichkeit und ihrer Entdeckungswahrscheinlichkeit mit jeweils einer Kennzahl bewertet. Im Rahmen des Qualitätsmanagements bzw. Sicherheitsmanagements wird die FMEA zur Fehlervermeidung und Erhöhung der technischen Zuverlässigkeit vorbeugend eingesetzt. Die FMEA wird insbesondere in der Design- bzw. Entwicklungsphase neuer Produkte oder Prozesse angewandt. Weit verbreitet ist diese Methode in der Automobilindustrie sowie der Luft- und Raumfahrt, aber auch in anderen Industriezweigen ist eine sachgemäß durchgeführte FMEA häufig gefordert.

FMEA zielt darauf, Fehler von vornherein zu vermeiden, statt sie nachträglich zu entdecken und zu korrigieren. Bereits in der Entwurfsphase sollen potenzielle Fehlerursachen identifiziert und bewertet werden. Damit werden Kontroll- und Fehlerfolgekosten in der Produktion oder gar beim Kunden vermieden. Durch die dabei gewonnenen Erkenntnisse wird zudem die Wiederholung von Entwurfsmängeln bei neuen Produkten und Prozessen vermieden. Die Methodik der FMEA soll schon in der frühen Phase der Produktentwicklung (Planung und Entwicklung) innerhalb des Produktlebenszyklus angewandt werden, da eine Kosten-/Nutzenoptimierung in der Entwicklungsphase am wirtschaftlichsten ist (präventive Fehlervermeidung). Je später ein Fehler entdeckt wird, desto schwieriger und kostenintensiver wird seine Korrektur sein. Die FMEA kann in mehrere Arten unterteilt werden:

- Design-FMEA (D-FMEA) oder Konstruktions-FMEA (auch K-FMEA): dient in der Entwicklung und Konstruktion dazu, die Fertigungs- und Montageeignung eines Produkts möglichst frühzeitig einzuschätzen. Die Betrachtung beinhaltet systematische Fehler während der Konstruktionsphase.
- System-FMEA (S-FMEA: untersucht das Zusammenwirken von Teilsystemen in einem übergeordneten Systemverbund bzw. das Zusammenwirken mehrerer Komponenten in einem komplexen System und zielt dabei auf die Identifikation potenzieller Schwachstellen, insbesondere auch an den Schnittstellen, die durch das Zusammenwirken der einzelnen Komponenten oder die Interaktion des eigenen Systems mit der Umwelt entstehen könnten. Die Betrachtung beinhaltet zufällige und systematische Fehler während des Betriebes.
- Hardware-FMEA: hat zum Ziel, Risiken aus dem Bereich Hardware und Elektronik zu analysieren, zu bewerten und mit Maßnahmen abzustellen.
- Software-FMEA: Sie leistet dieselbe Aufgabe für erzeugten Programmierungscode.
- Prozess-FMEA (auch P-FMEA): kann sich auf die Ergebnisse der Konstruktions-FMEA stützen, aber auch isoliert durchgeführt werden. Sie befasst sich mit möglichen Schwachstellen im Prozess zum Ziele der Qualitätssteigerung.

Die Vorgehensweise einer FMEA gestaltet sich in den folgenden Schritten:

a) Systemanalyse und Aufzeichnung und Visualisierung des betrachteten (fehlerhaften) Produktes (z. B. Bauteile) oder Fertigungsprozesses (Teilprozesse). Unterlagen zur Unterstützung: Konstruktionszeichnungen (Produkt), Explosionszeichnungen (Produkt), Fertigungsablaufplan (Prozess)
b) Funktionen und Funktionsstrukturen festlegen. Definition der Funktionen der einzelnen Systemelemente (vgl. Schritt 1) und Festlegung der Funktionen der Systemelemente – Bauteile oder Teilprozesse – zueinander
c) Fehleranalyse (Fehlerursache-Fehler-Fehlerfolge). Definition von möglichen Fehlerursachen/Fehlern und Fehlerfolgen bezogen auf die betrachteten Systemelemente/Bauteile oder Teilprozesse. Hinweis: Betrachtung der gesamten Fehlerfolge-Kette

bis zur Ebene „Gesamtsystem" (Gesamtprodukt oder Fertigungsprozess). Beispiel –
Fehlerursache: Korrosion Motor-Steckverbindung (Fensterheber), Fehler: Falsche
Motoransteuerung, Fehlerfolge: „Fenster fährt nicht zu", weitere Fehlerfolgen:
„Undichtigkeit"; „Kunde verärgert"

d) Risikobewertung durchführen. Zielsetzung ist es, subjektive Fehlereinschätzungen in
objektive, strukturierte Fehlerbewertungen zu überführen. Die Bewertung wird nach
dem folgenden Schema vorgenommen:

- B = Maß für die Bedeutung der Fehlerfolge; Punktzahl [1–10] (Bsp.: Vergabe der
  Punktzahl „10" bei „Sicherheitsrisiko")
- A = Maß für die Auftretenswahrscheinlichkeit der Fehlerursache; Punktzahl
  [1–10]; (Bsp.: Vergabe der Punktzahl „10" bei hoher Wahrscheinlichkeit)
- E = Maß für die Entdeckungswahrscheinlichkeit der auftretenden Fehlerursache
  (Bezug: Ort der Fehlerentstehung); Punktzahl [1–10] (Bsp.: Vergabe der Punkt-
  zahl „10" bei geringer Entdeckungswahrscheinlichkeit) Die Risikoprioritätszahl
  unterstützt bei der Abschätzung, ob ein Risiko vorliegt und somit Handlungsbedarf
  besteht. Die Berechnung erfolgt durch Multiplizieren der Einzelbewertungen.
- ***Risikoprioritätszahl: RPZ = B x A x E.***

e) Maßnahmen bestimmen und Optimierungen durchführen. Hohe Risikopriori-
tätszahlen (RPZ) und/oder hohe Einzelbewertungen (B/A/E) erfordern Fehler-
Vermeidungs- oder -Entdeckungsmaßnahmen und somit eine Optimierung des
betrachteten Produktes bzw. Prozesses. Es existieren drei grundlegende Möglichkeiten: Erhöhung der Konzeptzuverlässigkeit (Fehlerursachenminimierung),
Ausschluss der Fehlerursache durch Konzeptänderung (Baugruppen-/Bauteil-/
Prozessänderung), Maßnahmen zur wirksamen Entdeckung der Fehlerursache

17.12 Statistische Prozesslenkung

Die statistische Prozesslenkung (auch statistische Prozessregelung oder statistische
Prozesssteuerung, Engl.: Statistical Process Control, SPC) wird üblicherweise als eine
Vorgehensweise zur Optimierung von Produktions- und Serviceprozessen aufgrund
statistischer Verfahren verstanden. Im Rahmen von SPC stellen Qualitätsregelkarten
(QRK) ein Werkzeug zur Analyse, Beurteilung und Lenkung von Fertigungsprozessen
auf statistischer Basis dar. Durch den Einsatz der Qualitätsregelkarte werden entsprechende Signale für den Fall aufgezeigt, dass ein Prozess nicht länger als beherrscht
bzw. qualitätsfähig bewertet werden kann.

SPC wurde von Walter A. Shewhart entwickelt. Die wissenschaftlichen Grundlagen
wurden von ihm 1931 in dem Buch „Economic Control of Quality of Manufactured
Product" umfassend hergeleitet und beschrieben. Ausgelöst wurde diese Arbeit durch
die Absicht des Managements der Hawthorne Plant der Western Electric Company in
Chicago, möglichst einheitliche und somit zuverlässige Produkte herzustellen. Der Versuch, dies mit Mitteln des gesunden Menschenverstandes zu bewerkstelligen, schlug

fehl. In der Folge wurde Shewhart von den Bell Telephone Laboratories aus New York um Unterstützung gebeten. Shewhart ging von der Vermutung aus, dass die Qualität des Endproduktes im Wesentlichen von der Kombination der Streuung der Parameter der Einzelteile abhängt. Als Ursache für diese Streuung fand er zwei grundsätzlich verschiedene Mechanismen:

1. Streuung aufgrund von allgemeinen Ursachen (zufällige Abweichungen vom Mittelwert, die sich aufgrund eines stochastischen Prozesses ergeben Rauschen (Physik))
2. Streuung aufgrund von besonderen Ursachen (Materialfehler, Maschinenfehler, Konstruktionsfehler etc.)

Die zweite wichtige Erkenntnis von Shewhart war, dass nun bei dem Versuch, diese Streuung zu minimieren, zwei Fehler gemacht werden können:

- Fehler 1: Eine Abweichung einer besonderen Ursache zuweisen, obwohl sie von einer allgemeinen Ursache hervorgerufen wurde
- Fehler 2: Eine Abweichung einer allgemeinen Ursache zuweisen, obwohl sie von einer besonderen Ursache hervorgerufen wurde

Es kann zwar entweder der eine oder der andere Fehler komplett vermieden werden, aber nie beide gleichzeitig. Es musste also ein Weg gefunden werden, die Kosten der Fehlervermeidung zu minimieren. Umfangreiche statistische Untersuchungen und Theoriebildung führten Shewhart schließlich zur Entwicklung von control charts (Qualitätsregelkarten) als optimales Werkzeug, um die gewonnenen Erkenntnisse in die tägliche Praxis umzusetzen.

Ihre erste industrielle Anwendung fand SPC im Zweiten Weltkrieg, wo sie bei der Herstellung von Rüstungsgütern angewendet wurde. Später erkannte William Edwards Deming, dass sich diese Erkenntnisse und Werkzeuge auf alle Arten von Prozessen (Geschäftsprozesse, Verwaltungsprozesse etc.) mit den gleichen positiven Ergebnissen anwenden lassen. Diese Lehre fiel vor allem in Japan auf fruchtbaren Boden, wo sie unter anderem innerhalb des Toyota-Produktionssystem weiterentwickelt wurde. Heute wird die statistische Prozessregelung als Bestandteil eines Qualitätsmanagementsystems gesehen und begleitet als Serviceprozess den Kernprozess der Produktion oder Dienstleistung. Alle statistischen Methoden, die zur Überwachung und Optimierung des Kernprozesses dienen, werden unter dem Begriff statistische Prozesskontrolle zusammengefasst. Diese Methoden gehen über die verschiedenen Regelkartentechniken hinaus und schließen auch z. B. die Methoden der statistischen Versuchsplanung, die FMEA oder auch die Methodensammlung Six-Sigma mit ein. Größen der SPC fließen in Kunden-Lieferanten-Beziehungen als Prozessfähigkeitsindizes ein.

17.13 Mindmapping

Eine Mindmap (auch Mind-Map, Engl.: Mind Map; auch: Gedankenlandkarte, Gedächt-nislandkarte) beschreibt eine von Tony Buzan geprägte kognitive Technik, die man z. B. zum Erschließen und visuellen Darstellen eines Themengebietes, zum Planen oder für Mitschriften nutzen kann.

17.14 Qualitätsregelkarte (QRK)

Die Qualitätsregelkarte, auch Control Chart genannt, dient der Überwachung von Fertigungsprozessen auf statistischer Basis. Dazu werden Daten, die bei der Prüfung von Stichproben aus einem Fertigungsprozess ermittelt wurden, in ein Formblatt mit Koordinatensystem eingetragen. Bei den Daten handelt es sich um Messwerte oder daraus errechnete Kennzahlen, die in Verbindung mit vorher eingezeichnetem Mittelwert sowie Warn-, Eingriffs- und Toleranzgrenzen zur Untersuchung und zur Steuerung des betrachteten Prozesses dienen.

17.15 Portfolio

Ein Portfolio dient dazu, verschiedene Objekte (z. B. Produkte, Fehler, Lösungsvor-schläge) nach zwei unabhängigen Merkmalen zu gruppieren und die Gruppen bild-lich darzustellen. Die Merkmale können messbar oder klassiert sein (z. B. groß, mittel, klein). Für die Erstellung eines Portfolios müssen die zwei unabhängigen Merkmale festgelegt werden, nach denen die Objekte gruppiert werden sollen, und für die Objekte festgestellt/berechnet werden. Anhand der festgestellten/berechneten Merkmale werden die Objekte in einem zweiachsigen Diagramm (X–Y-Diagramm) angeordnet und zu Gruppen zusammengefasst.

17.16 Baumdiagramm

Mithilfe eines Baumdiagramms lässt sich die hierarchische Aufgliederung eines Systems oder eines Problems in seine Bestandteile darstellen und eine vollständige Erfassung von Bestandteilen gewährleisten. Baumdiagramme können z. B. für die Aufgliederung eines Produktes in seine Baugruppen und Bauteile oder die Aufgliederung eines Projektes in seine einzelnen Teilaufgaben verwandt werden.

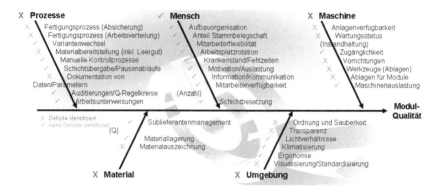

Abb. 17.3 Ishikawa-Diagramm im Lieferantenmanagement bei Porsche

17.17 Fallstudie: Ishikawa-Diagramm bei Porsche

Abb. 17.3 zeigt beispielhaft ein Ishikawa-Diagramm der Firma Porsche bei einem namhaften Bremsenhersteller in Italien mit insgesamt fünf Kategorien (Helmold 2020). Die Kategorien umfassen Prozesse, Umgebung, Mitarbeiter, Maschinen und Material. Insgesamt dauerte der Workshop mehr als sechs Wochen und wurde federführend von der Abteilung Lieferantenentwicklung mit Spezialisten durchgeführt. Durch den Workshop und andere Aktivitäten konnte der Lieferant in seiner Performance signifikant verbessert werden.

Literatur

Helmold, M. (2020). Lean Management and Kaizen. Fundamentals from Cases and Examples in Operations and Supply Chain Management. Springer Cham.

Ausblick und Zukunftsvision zum Lieferantenmanagement

18

Die beste Möglichkeit die Zukunft vorherzusagen, ist sie zu gestalten.

Abraham Lincoln (1809–1865)

18.1 Lieferantenmanagement als zentrale Schnittstelle im Unternehmen

Das Lieferantenmanagement sitzt an der Schnittstelle zu Lieferanten und der eigenen Unternehmung. Es plant, gestaltet und steuert die Wertschöpfungsnetzwerke und Partnerschaften mit Lieferanten. Die enge Zusammenarbeit mit internen und externen Partnern hat die Rolle des Lieferantenmanagements als Kostendrücker und Kostenoptimierer hin zum Wertegestalter und Werteoptimierer hin verändert. Gleichzeitig muss das Lieferantenmanagement seine eigenen Abläufe standardisieren, digitalisieren und automatisieren. Daher braucht es an der Schnittstelle standardisierte, innovative und digitale Prozesse, Methoden und Konzepte, um Wertschöpfungsnetzwerke global zu steuern (Heß und Laschinger 2019). Das Lieferantenmanagement wird auch in der Zukunft in Verbindung mit dem klassischen Einkauf die Beschaffungsfunktion im Unternehmen beibehalten. Es managt und bündelt weiterhin Bedarfe, verhandelt Preise, selektiert Lieferanten, bewertet Lieferanten, qualifiziert Lieferanten und sorgt dafür, dass Materialien verlässlich in der gebotenen Qualität zur Verfügung stehen. Jedoch kommen weitere strategische Aufgaben und Prozesse hinzu. Das Lieferantenmanagement wird zu einer zentralen Kernfunktion im Unternehmen, zu einem Businesspartner aller Abteilungen wie Technologie und Entwicklung, Produktion oder Marketing auf Augenhöhe. Insbesondere durch Leistungsverlagerungen auf Lieferantennetzwerke (Outsourcing), die im Wettbewerb zu einander stehen, innerhalb der Wertschöpfungskette

M. Helmold, *Innovatives Lieferantenmanagement,*
https://doi.org/10.1007/978-3-658-33060-6_18

entstehen neue Leitbilder, Strategien, Verantwortlichkeiten und Prozesse, die von dem modernen Lieferantenmanagement zu bewältigen sind. Der Fokus in der Zukunft liegt somit schon lange nicht mehr nur auf der Hebung unternehmensinterner Kostenvorteile, sondern viel mehr im Informationsaustausch und der Ausschöpfung der globalen unternehmensübergreifenden Potenziale (Büsch 2019). Die strategische Planung und Steuerung von globalen Lieferketten werden die entscheidenden Aufgaben der Zukunft sein. Das setzt voraus, dass sich das Lieferantenmanagement in eine innovative und agile Organisation transformiert, die mit dem technologischen, wirtschaftlichen, ökologischen, politischen und kulturellen Wandel und den damit verbundenen Anforderungen an die Beschaffung (Nachhaltigkeit, Lieferrisiken, Innovationen) umgehen kann. Das Lieferantenmanagement nimmt daher in der Zukunft die zentrale Schlüsselrolle ein (Helmold und Terry 2017).

18.2   Automatisierungs- und Digitalisierungstrends im Lieferantenmanagement

Die digitalisierte Vision für den Einkauf bedeutet, dass sich vom Kunden ausgelöste Aufträge sich selbstständig und automatisiert durch die gesamte Wertschöpfungskette, von der Bestellung des Rohmaterials, Auswahl des optimalen Lieferanten bis hin zur Auslieferung an den Kunden, steuern. Ebenso lassen sich Abläufe und Performancekriterien transparent verfolgen. Die automatisierte Wertschöpfung ist ein zentraler Faktor für die Steuerung von globalen Lieferketten. Auch wenn die vollautomatisierte Beschaffung noch Zukunftsmusik ist, sind die Zeiten von klassischen Excel-Tabellen und undurchsichtigen Lieferantenlisten obsolet geworden. Stattdessen muss das Lieferantenmanagement intern oder mithilfe digitaler Werkzeuge fit für die Zukunft gemacht werden. Die Digitalisierung macht auch vor dem Einkauf von Unternehmen im B2B-Umfeld nicht Halt. Darauf verweisen zum Beispiel die Ergebnisse einer Umfrage des Softwareherstellers SAP und der Hochschule für angewandte Wissenschaft Würzburg-Schweinfurt zu den digitalen Trends im Einkauf. So sehen die 650 befragten Manager in Big Data (73 %) sowie Internet of Things und Industrie 4.0 (43 %) die relevantesten Zukunftsthemen für ihren Bereich. Im Arbeitsalltag ist beides oft heute schon Realität. (Thelen 2017) Viele Vorgänge, die noch vor ein paar Jahren von Mitarbeitern durchgeführt wurden, laufen mittlerweile vollautomatisiert ab. Daraus zu schließen, dass künstlichen Intelligenz und smarte Roboter den Menschen im Einkauf komplett verdrängen, ist aber unbegründet. Gerade bei nicht-standardisierten Produkten mit hohen Investitionsvolumen sind Einkaufsmitarbeiter mit Erfahrung und einem Gespür für Kommunikation nach wie vor unersetzlich. Fakt ist allerdings auch, dass die strategische Dimension in Zukunft wichtiger sein wird als die operative. Damit nimmt der Einkauf innerhalb der Organisation eine neue Rolle ein: Durch umfangreiches Wissen über aktuelle Entwicklungen und vorausschauende Investitionen kann er zum Innovationstreiber des gesamten Unternehmens werden.

18.3   Veränderte Kompetenzanforderungen im Lieferantenmanagement

Der Lieferantenmanager der Zukunft gestaltet und führt ein komplexes Beziehungsnetzwerk auf internationaler Ebene. Zu dem gehören Lieferanten und andere Anspruchsgruppen (Engl.: Stakeholder) ebenso, wie die anderen Fachabteilungen im Unternehmen. Durch ihre Kenntnis der eigenen Organisation und Abläufe, der weltweiten Märkte und Zulieferfirmen wissen die Mitarbeiter im Lieferantenmanager, welche Produkte und Dienstleistungen sie in welcher Qualität, zu welchen Kosten, zu welchen Konditionen wann, wo und wie schnell beziehen können. Materialien, die dagegen nicht zu kaufen sind oder keine Randkompetenzen darstellen, muss das Unternehmen mit eigenen Ressourcen entwickeln und produzieren, weil es sie auf dem Markt nicht gibt. Auch hier unterstützt das Lieferantenmanagement. Ferner müssen Lieferantenmanager strategisch und präventiv anhand digitaler Werkzeuge, Plattformen und Risikomanagement Situationen vorausschauend bewerten, in den es Lieferausfälle geben kann. Lieferantenmanager betrachten nicht mehr nur einzelne Lieferanten, sondern haben einen transparenten Überblick über die gesamte Wertschöpfungskette. So verabschieden sich Lieferantenmanager von der Bestellverwaltung und steigen zu Strategieberatern und Fortschrittskatalysatoren auf, die ihre Unternehmen flexibler und innovativer machen. Folgende Kompetenzanforderungen sind daher zwingend notwendig:

- Kommunikationsstärke
- Projektmanagementfähigkeiten
- Methodenwissen im Bereich Lieferantenmanagement
- Unternehmerisch-strategisches Denken
- Risikobewusstsein
- IT-Kompetenz
- Organisationstalent
- Kulturelle Erfahrung
- Internationalität

18.4   Internationalisierung von Wertschöpfungsketten

Die strategischen Ziele des Lieferantenmanagements befassen sich mit der mittel- bis langfristigen Optimierung der Lieferantenbasis des Unternehmens. Ausgehend von den sechs Phasen im Lieferantenmanagement (1) Lieferantenstrategie, 2) Lieferantenauswahl, 3) Lieferantenbewertung, 4) Lieferantenentwicklung, 5) Lieferantenintegration, 6) Lieferantencontrolling) gilt es, präzise Entwicklungsmaßnahmen zu definieren, die eine kontinuierliche Erhöhung der Lieferqualität oder eine Senkung der Beschaffungskosten ermöglichen und auf internationaler Basis verbessern.

Das Versorgungsrisiko kann beispielsweise durch die kollaborative Optimierung unternehmensübergreifender Prozesse nachhaltig reduziert werden. Der frühzeitige Aufbau von möglichen Alternativlieferanten und die gezielte Steuerung des Beschaffungsvolumens beugen Abhängigkeiten des Unternehmens vor. Zudem sollte die Beziehung zu strategisch wichtigen und zu schwer substituierbaren Lieferanten durch kooperative und integrative Maßnahmen gestärkt werden. Somit sichert man die Wettbewerbsfähigkeit des eigenen Unternehmens. Aufgrund der langfristigen Ausrichtung sollten alle Maßnahmen zur Erreichung der strategischen Ziele im Rahmen eines kontinuierlichen Prozesses regelmäßig überprüft und gegebenenfalls angepasst werden. In diesem Zusammenhang spielt die zunehmende Internationalisierung eine wichtigere Rolle für Unternehmen. Bei der Internationalisierung handelt es sich um die Ausdehnung der Geschäftstätigkeit und Lieferaktivitäten von Unternehmen über die Grenzen des eigenen Landes hinweg. Es gibt verschiedene Gründe für eine Internationalisierung. Hierbei spielen Veränderungen im Umfeld des eigenen Unternehmens, technologische Innovationen und vor allen Dingen global agierende Wettbewerber eine große Rolle. Als Gründer, Unternehmer oder Selbstständiger muss man sich bewusst sein, dass sich der Internationalisierungsprozess nicht nur auf dein Produkt oder deine Dienstleistung begrenzt. Sämtliche Unternehmensaktivitäten müssen berücksichtigt und bei der Strategieausrichtung überlegt werden.

18.5   Fallstudie: AirSupply and SupplyOn als integrierte Wertschöpfungssysteme

Airbus SE, ehemals Airbus Group SE, ist ein niederländisches Unternehmen, das in der Luft- und Raumfahrt- und Verteidigungsindustrie tätig ist. Das Unternehmen arbeitet in drei Segmenten: Airbus Commercial Aircraft, Airbus Helicopters und Airbus Defence and Space. Das Segment Airbus Commercial Air-craft konzentriert sich auf die Entwicklung, Herstellung, Vermarktung und den Verkauf von Verkehrsflugzeugen und Flugzeugkomponenten sowie auf die Flugzeugumrüstung und damit verbundene Dienstleistungen. Das Segment Airbus Helicopters ist spezialisiert auf die Entwicklung, Vermarktung und den Verkauf von Zivilen und Militärhubschraubern sowie auf die Bereitstellung von Helikopter-bezogenen Dienstleistungen. Das Airbus-Segment Defence and Space produziert militärische Kampfflugzeuge und Schulungsflugzeuge, bietet Entsperrelektronik und globale Sicherheitsmarktlösungen sowie Hersteller und Märkte für Raketen. Für die kommerzielle Seite werden mehr als 75 % der Wertschöpfung von Lieferanten gemacht. Die Lieferanten liefern Komponenten und Systeme, die von Air-Bus-Betriebsstandorten zu Teilsystemen zusammengebaut werden. Diese Baugruppen werden in vier verschiedenen Ländern hergestellt und dann gemäß Abb. 18.1 nachgelagert an die Endmontage geliefert. Die Baugruppen werden

Abb. 18.1 AirSupply als einheitliche Plattform zur Integration von Lieferketten

von verschiedenen nationalen Standorten zu den Endmontagelinien geliefert. Airbus nutzt das AirSupply-System, das ERP-Systeme auf der nachgelagerten Seite integriert. AirSupply ist eine einzige Lieferkette für Direktlieferungen von Zulieferern in der nachgelagerten Lieferkette an Airbus. Die Integration von ERP-Systemen macht die Versorgungs- oder Wertschöpfungskette sehr transparent, sodass Verbesserungen schnell auf Mängel verteilt werden können. Darüber hinaus wird das Modell dazu gebracht, die Fertigungs- und Logistiksysteme von Unternehmen digital und physikalisch durch den Einsatz von Lean Managementwerkzeugen zu synchronisieren. Das Portal wird von den wichtigsten europäischen Luft- und Raumfahrtunternehmen innerhalb des BoostAeroSpace-Hubs gemeinsam genutzt. Das kollaborative Drehkreuz AirSupply hilft Herstellern und Lieferanten, Sichtbarkeit zu gewinnen und Kontrolle und Integration für kritische Geschäftsprozesse sicherzustellen. Diese gemeinsame gesicherte Plattform für Die Akteure der europäischen Raumfahrt- und Verteidigungsindustrie ergibt sich aus der BoostAeroSpace-Kooperation unter der Leitung von Airbus, Dassault Aviation, Safran und Thales (Abb. 18.2). Es bietet: eine einzige Lösung für die Luft- und Raumfahrt-Community, die Erstausrüster (OEMs) und Zulieferer miteinander verbindet, standardisierte Supply Chain-Collaboration-Prozesse und gemeinsame Formate für den Datenaustausch sowie eine Plattform für eine einzige Supply-Chain-Prozesszusammenarbeit über das Internet (Software-as-a-Ser-vice von SupplyOn mit weltweitem Service).

Individuelle Lösungen ...

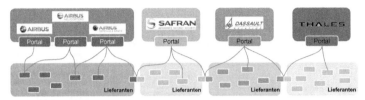

Standardisierte Gesamtlösung ...

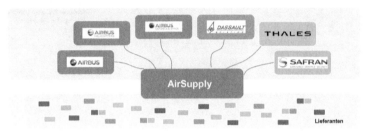

Abb. 18.2 AirSupply als Standardlösung

Literatur

Büsch, M. (2019). Fahrplan zur Transformation des Einkaufs. Springer Gabler Wiesbaden.

Helmold, M. & Terry, B. (2017). Global Sourcing and Supply Management Excellence in China. Springer Singapur.

Heß, G. & Laschinger, M. (2019). Strategische Transformation im Einkauf. Springer Gabler Wiesbaden.

Thelen, S. (2017). Studie der SAP Ariba und Hochschule Würzburg über die Zukunft des Procurements. Kloepfel Consulting. Befragung von mehr als 650 Einkaufs-, Finanz- und Supply-Chain-Managern aus Europa und den USA. Abgerufen 3.11.2020. https://www.kloepfel-consulting.com/supply-chain-news/supply-chain/studie-der-sap-ariba-und-hochschule-wuerzburg-ueber-die-zukunft-des-procurements-22459/.

Glossar

ABC-XYZ-Analyse Verfahren im Lieferantenmanagement zur Klassifizierung von Materialgruppen nach Verbrauch, Wertigkeit und der Prognosesicherheit des Verbrauchs von Beschaffungsumfängen in einem Unternehmen.

Agile Organisation Agile Unternehmen sind in der Lage, ihre Organisation und ihr Geschäftsmodell in kurzer Zeit auf neue Marktanforderungen auszurichten. Darüber hinaus sind agile Organisationen proaktiv und initiativ im Ergreifen von sich bietenden Chancen. Das gilt für alle Unternehmensbereiche. Agilität im Unternehmen ist die richtige Mischung aus „doing agile" (Methoden) und „being agile" (Mindset).

AirSupply Integrierte Plattform zur Synchronisierung von ERP-Systemen.

Audit Ein Audit ist eine systematische und strukturierte Bewertung/Evaluierung eines Systems, Prozesses, Produkts oder anderen Bereichs mit dem Ziel, Abweichungen vom Sollzustand zu identifizieren.

Beschaffung Versorgung der Bedarfsträger in den Produktionsstätten mit Gütern und Leistungen.

Beschaffung im weiteren Sinne Versorgung der Bedarfsträger in den Produktionsstätten mit Gütern und Leistungen. Dazu zählen auch die Beschaffung von Arbeitskräften, Informationen, Kapital, Rechten, Sachgütern und Dienstleistungen.

Beschaffungslogistik Physische Versorgung der Bedarfsträger. Kontrolle des Material- und Informationsflusses.

Corporate Social Responsibility (CSR) Der Begriff wurde 1953 von Howard R. Bowen in seinem Buch „Social Responsibilities of the businessman" verwendet und steht für die gesellschaftliche Verantwortung der Unternehmen.

Dienstleistungen Bei Dienstleistungen steht nicht die Fertigung eines Produktes oder der Handel mit Produkten im Vordergrund, sondern die Erbringung einer Leistung als Dienst am Kunden oder als Dienst für Kunden. Für die Ausführung wird ein Dienstleister zwar oftmals entsprechende Arbeitsmittel und Produkte, wie Handwerkzeug,

M. Helmold, *Innovatives Lieferantenmanagement*, https://doi.org/10.1007/978-3-658-33060-6_19

Messgeräte, Reinigungs- oder Schmiermittel einsetzen müssen, es wird jedoch (in der Regel) kein neues Produkt gefertigt. Ein Service ist der Prozess, die Aktion oder Aktivität einer Person oder einer Gruppe von Personen für einen Kunden oder eine Gruppe von Kunden, für die die Kunden bereit sind zu zahlen. Im Gegensatz zu Produkten können Dienstleistungen nicht berührt oder besessen werden.

Einkauf   Summe aller operativen und strategischen Tätigkeiten eines Unternehmens, die im Rahmen der Beschaffung von Werkstoffen, Waren, Betriebsmitteln und Dienstleistungen durchzuführen sind.

Failure Mode and Effects Analysis (FMEA, Fehlermöglichkeits- und -einflussanalyse oder Auswirkungsanalyse)   sowie Failure Mode and Effects and Criticality Analysis (FMECA) sind analytische Methoden der Zuverlässigkeitstechnik. Dabei werden mögliche Produktfehler nach ihrer Bedeutung für den Kunden, ihrer Auftretenswahrscheinlichkeit und ihrer Entdeckungswahrscheinlichkeit mit jeweils einer Kennzahl bewertet.

Gesamtanlageneffektivität (Overall Equipment Effectiveness bzw. Overall Asset Effectiveness, OEE)   Der Begriff bezeichnet eine vom Japan Institute of Plant Maintenance erstellte Kennzahl. Sie ist eines der Ergebnisse im Zuge der jahrzehntelangen Entwicklung des TPM-Konzeptes. Mit ihr können auf einen Blick sowohl die Produktivität einer Anlage als auch deren Verluste dargestellt werden. Die GAE einer Anlage ist als das Produkt der folgenden drei Faktoren definiert: Verfügbarkeitsfaktor, Leistungsfaktor und Qualitätsfaktor.

Heijunka   Der aus dem Japanischen stammende Begriff bedeutet so viel wie „Glätten" oder „Nivellieren". Im Lean Management steht er für „Produktionsglättung" oder „nivellierte Produktion" und bezeichnet eine bei Toyota in den 1950er Jahren entwickelte Methode der Arbeitsplanung (Toyota Produktionssystem). Ziel ist die weitgehende Harmonisierung des Produktionsflusses durch einen Abgleich der zu- und abfließenden Elemente in der Fertigungslinie, um Warteschlangen und damit Verschwendung (Muda) aufgrund von Liege- und Transportzeiten zu vermeiden.

Innovationsmanagement   Das Innovationsmanagement beschäftigt sich mit allen Maßnahmen, um Innovationen in Organisationen zu begünstigen und einen Nutzen zu generieren.

Ishikawa-Diagramme (auch Fischgräten-Diagramme, Ursache-Wirkungs-Diagramme oder Fishikawa genannt)   Sind von Kaoru Ishikawa (Jap.: 石川 馨 Ishi-kawa Kaoru, 1915–1989) erstellte Kausaldiagramme, die die Ursache und Wirkung zeigen.

Jidoka   Der Begriff (Jap.: 自働化, Autonomation für autonome Automation) bezeichnet eine „intelligente Automation" oder eine „Automation mit menschlichem Touch".

Kulturelles Web   Das kulturelle Netz oder Web (Cultural Web) ist eine Darstellung der grundlegenden Annahmen und Paradigmen, die eine Unternehmenskultur bestimmen sowie der physischen Auswirkungen der Kultur. Das Cultural Web, das 1992 von Gerry Johnson und Kevan Scholes entwickelt wurde, bietet einen Ansatz, um die Kultur des Unternehmens zu betrachten und zu verändern. Auf diese Weise können Unternehmen kulturelle Handlungsempfehlungen identifizieren sowie organisatorische und kulturelle Elemente mit der Unternehmensstrategie in Einklang bringen.

Kotter   Das 8-Stufen-Modell von Kotter stellt einen ganzheitlichen Ansatz für die Umsetzung tief greifenden und nachhaltigen Wandels dar. Kotter weist darauf hin, dass alle acht Stufen komplett und in der vorgegebenen Reihenfolge durchlaufen werden müssen. Das Überspringen einzelner Schritte schafft lediglich die Illusion von raschem Fortschritt und führt nie zu einem befriedigenden Resultat. Die acht Schritte lassen sich in drei Phasen einteilen: das Schaffen eines Klimas für Veränderungen (Schritte 1 bis 3), die Einbindung und das Empowerment der gesamten Organisation (Schritte 4 bis 6) und die nachhaltige Umsetzung des Wandels (Schritte 7 bis 8).

Lieferantenakte   Eine Lieferantenakte beinhaltet alle relevanten Informationen eines Lieferanten. Lieferantenakten werden vom Lieferantenmanagement zur gezielten Steuerung der Performance eingesetzt.

Lieferantenbewertung   Das Instrument bietet anhand vorher definierter Merkmale eine vergleichbare und systematische Bewertung der Leistungen von Lieferanten oder Dienstleistern und wird vor allem für die kontinuierliche und präventive Lieferantenbeobachtung genutzt.

Lieferantenlenkungskreis (LLK)   Abteilungsübergreifendes Gremium auf Leitungsebene, in dem sich regelmäßig alle betroffenen Fachbereiche, wie Qualität, Einkauf, Entwicklung, Produktion oder Logistik, treffen. Die Leitung und Moderation des LLK übernimmt das Lieferantenmanagement.

Lieferantenmanagement   Gesamtheitliche und präventive Planung, Steuerung und Kontrolle von Lieferantennetzwerken. Nutzung von standardisierten Werkzeugen. Integration aller Lieferaktivitäten in die Wertschöpfungskette. Ausrichtung zielt auf Lieferanten.

Lieferantenmanagement-Phasen   Ein optimales Lieferantenmanagement umfasst insbesondere folgende Schritte: Lieferantenstrategie (Lieferantenklassifizierung), Lieferantenselektion (Auswahl der Lieferanten), Lieferantenbewertung (Erfassung der Leistungsfähigkeit aufgrund einheitlicher Bewertungskriterien), Lieferantenentwicklung (Festlegung von Zielvorgaben für den Lieferanten durch gemeinsame Optimierungsprogramme), Lieferantenintegration (Erweiterung des Aufgabenspektrums für Lieferanten mit dem Ziel der Vorverlagerung von Aktivitäten), Lieferantencontrolling (kontinuierlicher Abgleich der Zielerfüllungsgrade, Schwächen frühzeitig erkennen und beseitigen).

Materialgruppe   Eine Material- oder Produktgruppe bzw. Kategorie (Commodity oder Category) fasst unterschiedliche Einzelteile oder Kategorien in einer Materialgruppe zusammen, die meist aus demselben Grundmaterial bzw. Rohstoff hergestellt oder in eine gleiche Kategorie eingeteilt werden können.

Mindmapping   Eine Mindmap (Mind-Map, Mind Map, Gedankenlandkarte, Gedächtnislandkarte) beschreibt eine von Tony Buzan geprägte kognitive Technik, die man z. B. zum Erschließen und visuellen Darstellen eines Themengebietes, zum Planen oder für Mitschriften nutzen kann.

Operativer Einkauf Grundsätzlich wird zwischen dem strategischen und dem operativen Einkauf unterschieden. Zum operativen Bereich gehören Funktionen, wie die Bestellung und Terminverfolgung sowie die Abwicklung von Retouren und Reklamationen. Es handelt sich also um die klassischen ausführenden Aufgaben im Rahmen der physischen Beschaffung.

Pareto-Analyse Strukturiert die Fehler eines Problems (Teilprobleme eines Gesamtproblems) nach ihrer Häufigkeit. Grundlage ist die Erkenntnis, dass 70 % der Auswirkungen durch nur 30 % der Fehler verursacht werden. Die Pareto-Analyse liefert eine Aussage darüber, welche Fehler bzw. Teilprobleme zuerst bearbeitet werden sollten. Die Vorgehensweise erfolgt in sechs Schritten.

Qualitätsregelkarte (Control Chart) Dient der Überwachung von Fertigungsprozessen auf statistischer Basis.

QCD Die primäre Aufgabe des klassischen Lieferantenmanagements liegt darin, anhand geeigneter Kriterien und Strategien wertschöpfende Lieferketten zu schaffen. Dies passiert auf Basis der Kriterien Qualität, Kosten, Lieferleistung und anderer signifikanter Aspekte (QCD plus Alpha).

Schiedsgerichtbarkeit Die Schiedsgerichtsbarkeit wird zwar als Methode zur Beilegung von Streitigkeiten durch Geschäftsleute bezeichnet, unterliegt jedoch dem staatlichen und bundesstaatlichen Recht.

Single Point of Contact Zentrale Anlaufstelle im Lieferantenmanagement für einen oder mehrere Lieferanten.

Strategisches Lieferantenmanagement Strategisches Management und strategisches Lieferantenmanagement werden als bewusste, logisch strukturierte Entscheidungen und Aktivitäten verstanden, welche die grundsätzliche Ausrichtung eines Unternehmens beeinflussen.

Supply Chain Management Steuerung der Wertschöpfungskette vom Lieferanten (ggf. Vorlieferanten) bis zum Endkunden. Die Ausrichtung zielt auf den Endkunden.

TIMWOOD Sieben Verschwendungsarten – Transport, Bestände, Bewegung, Wartezeiten, Überproduktion, Überarbeitung, Defekte.

Total Productive Maintenance (TPM) Steht für die Pflege und Instandhaltung von Maschinen und Arbeitsmitteln.

UN-Global Compact Ist ein prinzipienbasierter Rahmen für Unternehmen, in dem zehn Prinzipien in den Bereichen Menschenrechte, Arbeit, Umwelt und Korruptionsbekämpfung festgelegt sind.

Veränderungsmanagement (Change Management, Jap.: 変更管理, Henkō Kanri) Darunter lassen sich alle Aufgaben, Maßnahmen und Tätigkeiten zusammenfassen, die eine umfassende, bereichsübergreifende und inhaltlich weitreichende Veränderung zur Umsetzung neuer Strategien, Strukturen, Systeme, Prozesse oder Verhaltensweisen in einer Organisation bewirken sollen.

Verschwendung Offensichtliche (offene) Verschwendung beinhaltet alle Tätigkeiten und Aktivitäten, die offensichtlich nicht notwendig sind, um dem Produkt Mehrwert hinzuzufügen. Der Kunde ist nicht bereit für diese Aktivitäten ein Entgelt zu entrichten bzw. diese zu bezahlen. Die verdeckte Verschwendung umfasst Tätigkeiten, die keinen Wertzuwachs bringen, aber unter den gegebenen Umständen getan werden müssen. Auch für diese Aktivitäten sieht der Kunde keinen Grund zu bezahlen.

Virtuelle Organisation (VO)   Eine Form der Organisation, bei der sich rechtlich unabhängige Unternehmen und/oder auch Einzelpersonen virtuell (meist über das Internet) für einen gewissen Zeitraum zu einem gemeinsamen Geschäftsverbund zusammenschließen.

Wertekette   Wertschöpfungsketten stellen die Stufen der Produktion als eine geordnete Reihung von Tätigkeiten dar. Diese Tätigkeiten schaffen Werte, verbrauchen Ressourcen und sind in Prozessen miteinander verbunden. Das Konzept wurde erstmals 1985 von Michael E. Porter veröffentlicht. Nach Porter gibt es fünf Primäraktivitäten, die den eigentlichen Wertschöpfungsprozess beschreiben: interne Logistik, Produktion, externe Logistik, Marketing/Verkauf und Service. Außerdem gibt es vier Unterstützungsaktivitäten, die den Wertschöpfungsprozess ergänzen: Unternehmensinfrastruktur, Personal, Technologie-Entwicklung und Beschaffung.

Printed in France by Amazon
Brétigny-sur-Orge, FR

23775976R00161